AMOS 與 研究方法

Analysis of Moment Structures 第四版

榮泰生 著

五南圖書出版公司 印行

目　錄

四版序

Amos 的全名是 Analysis of Moment Structures，是由 James L. Arbuckle 所發展。Amos 自從 6.0 版以後已經成為 SPSS 的家族成員，現在已是 Amos 19 版。Amos（阿摩司）這個名字取得真有創意，因為它代表紀元前 8 世紀的希伯來先知，也代表《舊約聖經》中的阿摩司書。

Amos 適合進行共變異數結構分析（Analysis of Covariance Structures），是一種處理結構方程模式（Structural Equation Modeling, SEM）的軟體。SEM 是適用於處理複雜的多變量數據的探究與分析。Amos 可以同時分析許多變數，是一個功能強大的統計分析工具。Amos 是以視覺化、滑鼠拖曳方式來建立模式（路徑圖），表示變數之間的關係，從頭到尾不必撰寫程式指令，一氣呵成，著實掌握資料分析的效率。同時，利用 Amos 所建立的 SEM 會比標準的多變量統計分析還來得準確。此外，Amos 並可讓我們檢驗資料是否符合所建立的模式，以及進行模式探索（逐步建立最適當的模式）。

Amos 的應用範圍很廣，舉凡心理學研究、醫學及保健研究、社會科學研究、教育研究、行銷研究、組織行為研究等均有學者利用 Amos 進行分析。例如，在行銷研究上，研究者可利用 Amos 建立 SEM，來解釋顧客行為如何影響新產品銷售。在解釋不能直接測量的構念（construct）之間的因果關係方面，Amos 可以說是佼佼者。在社會科學研究、行為科學研究、專題研究（例如，影響線上購物顧客忠誠度因素之研究、網路商店形象與知覺風險對網路購買意願之影響）等方面，Amos 均普遍受到研究者的喜好。

但是工具再怎麼好用，如果我們對於研究程序沒有一個全盤觀念，充其量只不過是一個熟練的「技工」而已，是無法提升到「總工程師」這個層次的。要獨立進行研究，我們必須對於研究的每一程序具有充分的了解，例如，如何研究問題的界定、如何說明研究背景、動機與目的、如何進行文獻探討、如何建立觀念架構及研究假說、如何做研究設計、如何進行資料分析（包括建立 SEM 模式）、如何推導研究結論，以及如何根據研究結論提出具有創意的建議。

本書的撰寫充分的體認到如何進行研究，以及如何有效利用 Amos 以進行分析的重要性。作者在指導大三學生的專題論文、研究生的碩士論文時，對於同學們常遭遇到的問題，都能充分掌握，對於如何迎刃而解，也在本書中有詳細的說明。因此，本書是撰寫專題論文不可或缺的工具書。為了增加學習效果，本書在附錄 A 特別收錄了一個實際的研究題目，讀者可利用所附的資料檔，實際演練一番。本書的撰寫，秉持了以下的原則，這些原則構成了本書特色：

1. **平易近人，清晰易懂**。以平實的文字、豐富的例子來說明原本是艱澀難懂的觀念及功能，讓讀者很容易的了解。本書並沒有「曲高和寡」的公式推導，更沒有艱澀難懂的邏輯，所具備的都是以 Amos 19 作為分析工具（Amos 19 以前的版本亦適用），撰寫高品質論文所必須了解的相關知識與內容。

2. **目標導向，循序漸進**。根據作者指導研究生及大學生撰寫論文、專題研究的多年經驗，作者充分的了解讀者所需要的是什麼、所欠缺的是什麼。同時，本書的呈現次序是由簡而繁，也就是循序漸進說明要完成一個高品質研究、利用 Amos 軟體所應有的了解。

3. **百尺竿頭，更進一步**。本書的撰寫參考了許多網站對於 Amos 的說明。如果仔細閱讀本書所提供的內容，要撰寫一篇高品質的專題論文，是綽綽有餘的。如果讀者有興趣進一步的了解，可利用本書所提供的各網站資料。

本書得以完成，輔仁大學國貿系、管理學研究所良好的教學及研究環境使作者獲益匪淺。作者在波士頓大學及政治大學的師友，在觀念的啟發及知識的傳授方面更是功不可沒。父母的養育之恩及家人的支持是我由衷感謝的。

最後（但不是最少），筆者要感謝五南圖書出版公司。筆者也要感謝劉正夫教授（輔大統資所）、傅粹馨教授（高雄師範大學）、張偉豪先生、鄭光闓先生（成大博士班）、夏詠清先生（中正會資所）、李建軍先生（重慶大學博士班，本書大陸版外審）等對本書提供的寶貴意見，使本書在再版時變得更為完整與正確。本書的撰寫雖懷著戒慎恐懼的心態，力求嚴謹，在理論觀念的解說上，力求清晰及「口語化」，然而「吃燒餅哪有不掉芝麻粒的」，各位，歡迎撿芝麻！祝你撰寫論文順利。如果在撰寫論文的過程中，或者閱讀本書的過程中，有不了解的地方，歡迎寫信來討論。我的 e-mail: aponmanatee@gmail.com，或者請五南圖書出版公司的副總編輯張毓芬小姐轉寄亦可。

榮泰生（Tyson Jung）

輔仁大學管理學院

2011年元月

第 1 章
緒　論

AMOS

1.1 認識 Amos

Amos 早先是屬於 SmallWaters 公司的產品，但在 Amos 6.0 以後由 SPSS 獨家經銷，因此已儼然成為產品家族中重要的一員。SPSS 18.0 稱為 PASW（Predictive Analysis Software）Statistics 18。2010 年 10 月，IBM 收購 SPSS 之後發布了最新版本 IBM SPSS Statistics 19。如果你使用的是 SPSS 19（中文版與英文版共用，只要在 SPSS 中，按[Edit] [Options]，在「Options」視窗中，選擇[General]，然後在 User Interface 的 Language 處，選擇 Traditional Chinese，就會產生中文介面），你在安裝 SPSS 19 與 Amos 19（以下稱 Amos）之後，在 SPSS 中先開啟一個 SPSS 檔案，然後再在「分析」項下，直接點選[Amos 19]，就可進入 Amos 操作環境（圖 1.1）。

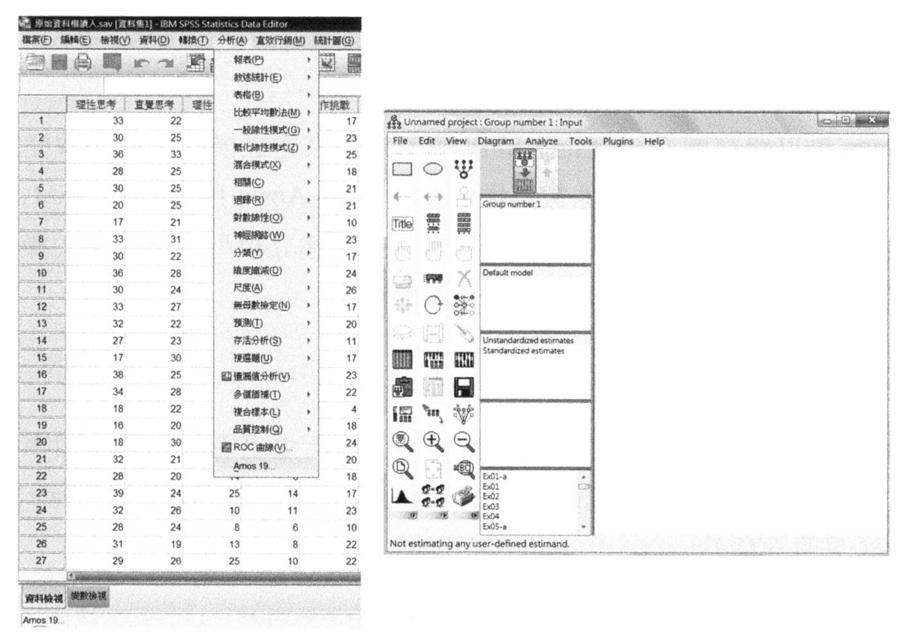

圖 1.1　由 SPSS 進入 Amos 19

我們也可以獨立使用 Amos，也就是說，直接啟動 Amos，不必透過 SPSS 進入 Amos。我們可以用 SPSS 來建立資料檔，也可以用 Microsoft FoxPro、Microsoft Excel、Microsoft Access、Lotus，或文字檔案（txt）來建立資料檔，再由 Amos 讀入以便進行資料分析，所以說是非常方便的。

Amos（Analysis of Moment Structures）[1]是由 James L. Arbuckle 所發展，適合進行共變異數結構分析（Analysis of Covariance Structures），是一種處理結構方程模式（structural equation modeling, SEM）的軟體。Amos 又稱為共變數結構分析、潛在變數分析、驗證性因素分析。Amos 是結合迴歸分析、因素分析、相關分析、變異數分析的多變量分析技術；它是功能強大、易學易用的 SEM 分析軟體，對於進行專業研究、撰寫博碩士論文、專題研究的資料統計分析，具有如虎添翼之效。

SEM 是適用於處理複雜的多變量數據的探究與分析。Amos 可同時分析許多變數的關聯性、可同時處理許多自變數與許多依變數的因果關係，讓研究者一窺全貌，是一個功能強大的統計分析工具。[2]

Amos特色

視覺化、繪圖導向

Amos 是以路徑圖的視覺化、滑鼠拖曳方式來建立模式，並檢視變數之間關係（關聯性或者因果性）的係數與顯著性。利用 Amos 所建立的 SEM 會比標準的多變量統計分析還來得準確。以繪圖的方式來建立模型，不僅易於操作，而且也可望圖生義。繪圖導向是 Amos 的一大特色。

遺漏值處理

Amos是以貝氏估計（Bayesian estimation）以產生更為精準的參數事後估計值與分配（圖1.2），同時可讓我們了解有無遺漏值。如果有，我們可用Data Imputation來處理（見第6章）。

---

[1] 這個名字取得真好。Amos（阿摩司）是紀元前8世紀的希伯來先知，也表示《舊約聖經》中的阿摩司書。

[2] 在針對多個自變數、多個因變數進行分析時，研究者常會用多個複迴歸分析來處理，但這種處理方式不僅麻煩，而且也無法一窺全貌，此時 Amos 就是最佳的分析工具。

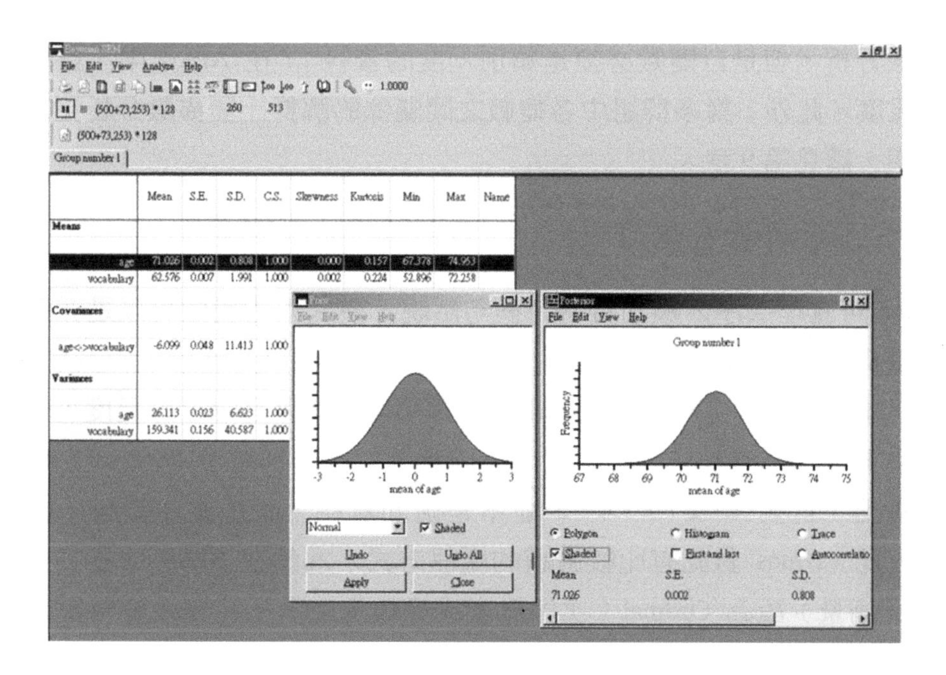

圖 1.2　參數事後估計值與分配

提供模式檢驗方法

Amos 並可讓我們檢驗資料是否符合所建立的模式，以及進行模式探索（逐步建立最適當的模式）。資料是否配合所建立的模式（路徑圖）可利用相關的配合度（或契合度）指標來判斷，並以 modification index 作為調整模式的依據。然後對某些變數加以連結以改善模式。我們也可以用設定模式探索（specification search）讓 Amos 幫我們判斷哪一個模式最為適合。

模式探索可以分為二種：（1）驗證性模式探索（confirmatory specification search）。只探索模式中若干個變數之間的關係，目的在於驗證；（2）探索性模式探索（exploratory specification search）。探索模式中許多變數之間的關係，目的在於探索。詳見第 8 章。

多群組分析

利用 Amos，我們可針對兩個以上的群組的各變數進行資料的比較與分析。多群組可能是經過集群分析之類產生的組別，也可能是變數（如性別）的兩類（男女）。在 SPSS 中處理這類問題（群組之間在依變數上有無顯著差異）是利用變異數分析，但是自變數必須是類別尺度的資料；[3]在 Amos 中，自變數不必是類別尺度。此外，對多群組中各變數之間關係的解釋比變異數分析更為詳盡。詳細說明，請見第 9 章。

次序／類別資料處理

Amos 可處理次序／類別資料，換句話說，模式中的變數可以是非數值資料或非計量資料（non-numeric data）。

在問卷中，以李克尺度法來衡量某一題項時，經常是以五點尺度，例如極不同意、略不同意、無意見、略同意、極同意，然後分別給予 1、2、3、4、5 的評點。事實上，這些 1、2、3、4、5 並不是區間資料，而是次序資料（或類別資料）。因此，Amos 對此有比較嚴謹的處理方式。當然在 SPSS 中要將此變數的 Measure（測量）設為 Ordinal（次序尺度或等級尺度）。在讀入資料檔時，要勾選「允許非數值資料」（圖 1.3）。

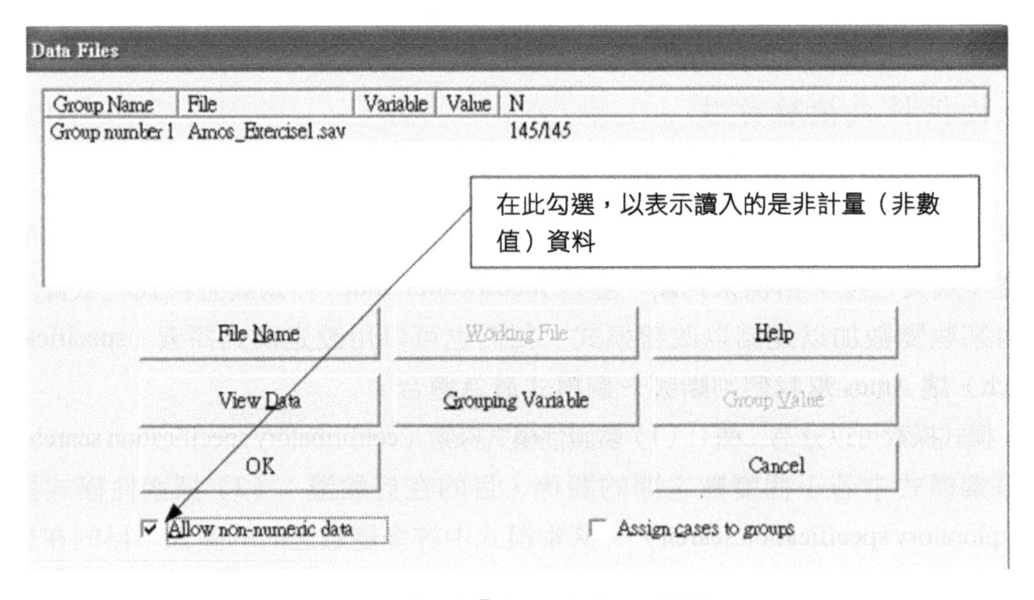

圖 1.3 勾選「允許非數值資料」

3 如欲了解如何利用 SPSS 進行變異數分析，可閱讀：榮泰生著，《SPSS 與研究方法》（台北：五南圖書出版公司，2007）。

Censored data 處理

在 Amos 的 Tools 工具列下的 Recode（圖 1.4（a））對資料重新編碼，以處理 censored data（設限資料）。Amos 在處理 censored data 時，除了假設其為常態分配之外，無須做其他任何假設。讀者可能納悶：在 SPSS 內不是已經有 Recode（重新編碼）的功能，為什麼要重複？原因是，在 SPSS 進行 Recode 之後，是將資料加以分群（或分成類別），例如 1、2、3 類（或者小、中、大三類）。

在 Amos 內，可將原始資料做這樣的分類，例如<2、2<<10、>10。所謂 censored data 是指你知道某個衡量（資料）超過或低於某一門檻，但你不知道或者無須知道超過或少了多少。假設你要測量受測者在解決某一問題上所花的時間，但是你不願意多花時間等待超過 10 分鐘以上的人（如果某人花了 90 分鐘解決此問題，你是不是要等很久？），因此如果某人超過了 10 分鐘，你就會喊停，並在「解決問題時間」欄內，記錄「超過 10 分鐘」，你對 7 個受測者的時間記錄可能是：

受測者	解決問題時間
1	6
2	3
3	8
4	>10
5	2
6	9
7	>10

如果我們將受測者 4、7 的數值設為遺漏值，或者專斷地給予某一數值，例如 11、12，這樣處理並不適當。因為視為遺漏值會扭曲樣本，而專斷地給予某一數值更明顯地偏離了事實（除非你真的願意花時間去測他實際上花了多少時間，而身為研究者的你，可能認為解決這個問題超過 10 分鐘的人，都是一樣「頭腦不清、反應遲緩」，所以無須記錄真正所花的時間）。在 Amos 中，你可利用 Recode，將資料重新編碼，將 10 分鐘以上的資料轉換成超過某一標準化數字的值（圖 1.4（b））。在此例中，超過 10 分鐘，已轉換成>0.56。

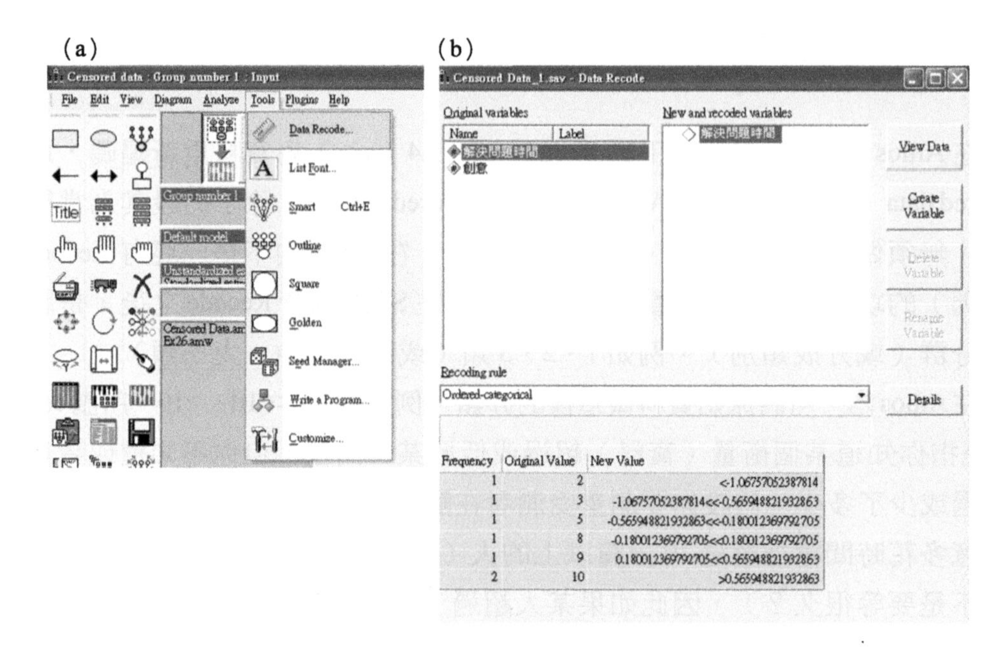

圖 1.4　Censored data

值得注意的是，在 Amos 的「Data Files」視窗中，要勾選「Allow non-numeric data」（允許非數值資料）。在「Data Recode」視窗中，我們也可以按[View Data]來看原始資料。圖 1.5 顯示了原始資料值與轉換後的新資料值。

Data

Original variables

	解決問題時間	創意
1	5	22
2	3	25
3	8	33
4	10	25
5	2	25
6	9	25
7	10	24

New and recoded variables

	解決問題時間
1	-0.565948821932863<;<-0.180012369792705
2	-1.06757052387814<;<-0.565948821932863
3	-0.180012369792705<;<0.180012369792705
4	>0.565948821932863
5	<-1.06757052387814
6	0.180012369792705<;<0.565948821932863
7	>0.565948821932863

Data

Original variables

	解決問題時間	創意
1	5	22
2	3	25
3	8	33
4	10	25
5	2	25
6	9	25
7	10	24

New and recoded variables

	解決問題時間
1	-0.565948821932863<;<-0.180012369792705
2	-1.06757052387814<;<-0.565948821932863
3	-0.180012369792705<;<0.180012369792705
4	>0.565948821932863
5	<-1.06757052387814
6	0.180012369792705<;<0.565948821932863
7	>0.565948821932863

圖 1.5　View Data

讀者可開啟 Amos 檔案（...\Chap01\Censored Data.AMW），資料檔為...\Chap01\Censored Data_1 SPSS 資料檔），來加以體會。或者利用 Amos 範例 26（...\Chap01\Ex26.AMW），資料檔為... \Chap01\Attg_old 文字文件來練習。

結合因素分析（驗證性因素分析）與路徑分析

以SPSS進行因素分析，是一種探索性的因素分析（exploratory factor analysis），易言之，我們是對一個變數探索其所具有的因素。而 Amos 的構成原理是屬於驗證性因素分析（confirmatory factor analysis），也就是先以因素（觀察變數，或稱預測變數）為建構基礎，來驗證是否能代表一個變數（潛在變數）。我們可以說 Amos是結合因素分析（驗證性因素分析）與路徑分析的有力工具。詳見 1.3 節。

更嚴謹的資料分析

Amos 適合小樣本、避免不允許的參數值出現（例如在共變數矩陣中對角線數值出現負的變異數）。Amos 提供了資料的常態性檢定、極端值的呈現，以便讓研究者進行更為嚴謹的資料分析。詳見第 6 章。

Amos 的應用

Amos的應用範圍很廣，舉凡心理學研究、醫學及保健研究、社會科學研究、教育研究、行銷研究、組織行為研究等都有許多利用 Amos 進行分析的論文。例如，在行銷研究上，研究者可利用 Amos 建立 SEM，來解釋顧客行為如何影響新產品銷售。在解釋不能直接測量的構念（construct）之間的因果關係方面，Amos 可以說是佼佼者。在社會科學研究、行為科學研究、專題研究（例如，總體經濟政策的形成、就業方面的歧視現象、消費者行為）等方面，Amos 均普遍地受到研究者的青睞。

基本條件

使用Amos模式必須在因果關係上滿足以下基本條件：（1）二變數之間必須要有足夠的關聯性；（2）假設的「因」必須要發生在「果」（也就是所觀察到的效應）之前；（3）變數之間的關係必須要有理論根據。

1.2 結構方程模式（SEM）

雖然 Amos 是一個相當複雜的技術，但是它可以使研究者分析複雜的共變數結構。利用測量模式、結構模式，研究者可以發掘潛在的、互依的（interdependent）或相互影響（reciprocal）的因果變數。

值得注意的是，SEM 所處理的是整體模型的比較，因此所參考的指標不是以單一的參數為主要考量，而是整合性的係數，此時，個別檢定是否具有特定的統計顯著性即不是 SEM 分析的重點所在。SEM 適用於大樣本之分析。由於 SEM 所處理的變數數目較多，變數之間的關係較為複雜，因此為了維持統計假設不致違反，必須使用較大的樣本數，同時樣本規模的大小，也牽動著 SEM 分析的穩定性與各種指標的適用性，因此，樣本數的影響在 SEM 當中是一個重要議題。一般來說，當樣本數低於 100 之時，幾乎所有的 SEM 分析都是不穩定的。[4]

潛在變數與觀察變數

要發揮 Amos 的強大功能，以便在建立模式時能夠順暢，我們必須先了解一些重要的基本觀念。

在結構方程模式（structural equation modeling, SEM）中，可以設定三種類型的變數：潛在變數、觀察變數、誤差變數：

- **潛在變數**（latent variable）又可稱為非觀察變數（unobserved variable）。潛在變數就是一個構念（可參考第 4 章，圖 4.1），它是無法測量的變數。在 Amos 中以橢圓形表示。
- **觀察變數**（observed variable）又稱測量變數、觀測變數（measurement variable）、顯性變數（manifest variables），是直接可以測量的變數，在 Amos 中是以長方形表示。如果我們以 SPSS 來建立基本資料，則在 SPSS 中的變

[4] 邱皓政，《結構方程模式》（台北：雙葉書廊，2005），第一章。出自原文：R. B. Kline, *Principles and Practice of Structural Equation Modeling* (New York: Guilford Press, 1988), pp. 8-13. 但是 Amos 已經克服了小樣本的問題。

數均為觀察變數。觀察變數是問卷中的所要蒐集的變數（在問卷中，某一變數可能由具有效度的一個或多個題項來衡量）。觀察變數又被稱為觀測變數，因為它代表著「可被觀察並加以測量」的雙重意義。

- **誤差變數**（unique variable）是不具實際測量的變數（這與潛在變數一樣）。每個觀察變數都會有誤差變數。在 Amos 中，誤差變數是以圓形表示。如果要進一步分析，我們還可以了解影響每誤差變異（error variance），也就是以觀察變數來衡量潛在變數的誤差值變異數。

在Amos中，觀察變數與誤差變數合稱為指標變數（indicator variable，或稱指示變數）。在 Amos 中的潛在變數也可分為外衍變數（亦稱外生變數、外因變數）與內衍變數（亦稱內生變數、內因變數）。外衍變數（exogenous variable）是指自變數，內衍變數（endogenous variable）是指依變數，依變數會有誤差變數。以上的說明如圖 1.6 所示。

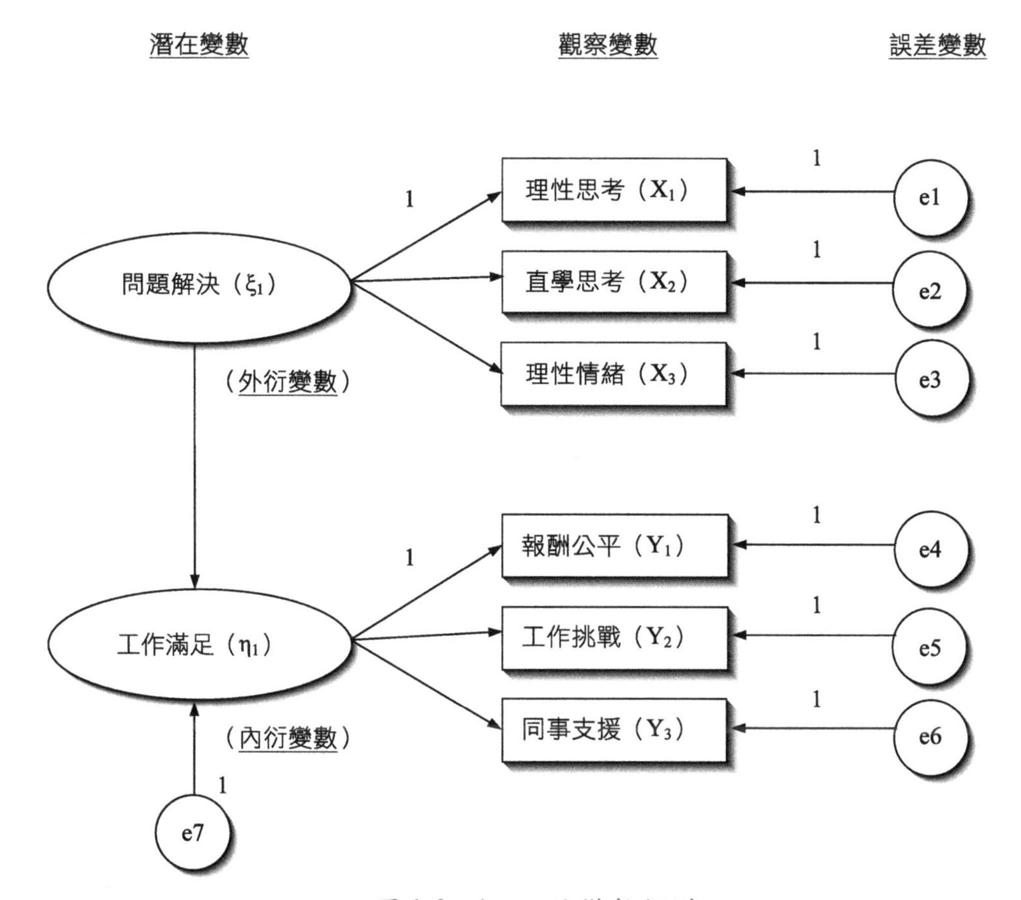

圖 1.6　Amos 的變數類型

進一步說，所謂外衍變數是模式中不受任何其他變數影響但會影響其他變數，也就是路徑圖中會指向任何一個其他變數，但不被任何變數以單箭頭指向的變數。內衍變數是指模式當中，會受到任何一個其他變數影響的變數，也就是路徑圖中會受到任何一個其他變數以單箭頭指向的變數。

構念與觀念

我們可將潛在變數視為構念；將觀察變數視為觀念。構念（construct）是心智影像（mental images）也就是浮在腦海中的影像或構想（ideas）。觀念（concept）就是伴隨著某特定的物件、事件、條件或情境的一系列意義（meaning）或特性（characteristics）。「觀念」產生的過程和我們如何獲得知覺（perceptions）是一樣的。詳細的說明見第4章。

測量模式與結構模式

在資料的計量領域中，結構方程模式（structural equation modeling, SEM）已經成為具有指標性的分析技術。在SEM分析的路徑圖（模式）中，包括了測量模式與結構模式兩部分。測量模式是指潛在變數與觀察變數之間的關係，結構模式是指潛在變數之間的關係，如圖1.7的（a）、（b）中的虛線所示。

Amos是測量共變數結構（covariance structure）的技術，它包含有兩個部分：測量模式（measurement model）、結構模式（structure model）。在測量模式方面，由於所假設的構念不能夠被直接的測量，所以就用測量模式將所觀察的、所記錄的，或所測量的建構成潛在變數（latent variable，也就是構念）。例如，在了解「問題解決」時，我們會用幾個變數來了解，這些變數包括：理性思考、直覺思考、理性情緒。測量模型對於建立構念非常重要，因為這些構念（例如，問題解決、工作滿足，甚至像是態度、感覺、激勵等這樣的構念）是不能（或很難）直接加以觀察的。

Amos的第二部分是結構方程式模式。這個模式顯示了潛在變數的因果關係，除此以外，它還能解釋因果效應（causal effect）以及未能解釋的變異（unexplained variance）。Amos常用圖形來表示，以便一目了然；它是路徑分析（path analysis）的一種形式，所產生的結果是路徑圖（path diagram）。以數學的術語來說，此模式是由一組線性結構方程式（linear structural equation）所組成的。

(a) 測量模式

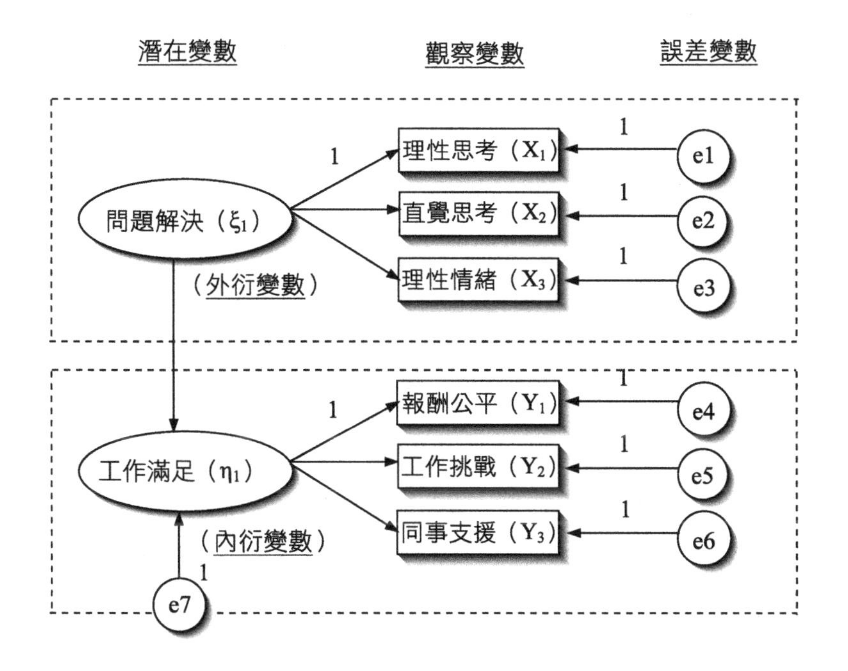

(b) 結構模式

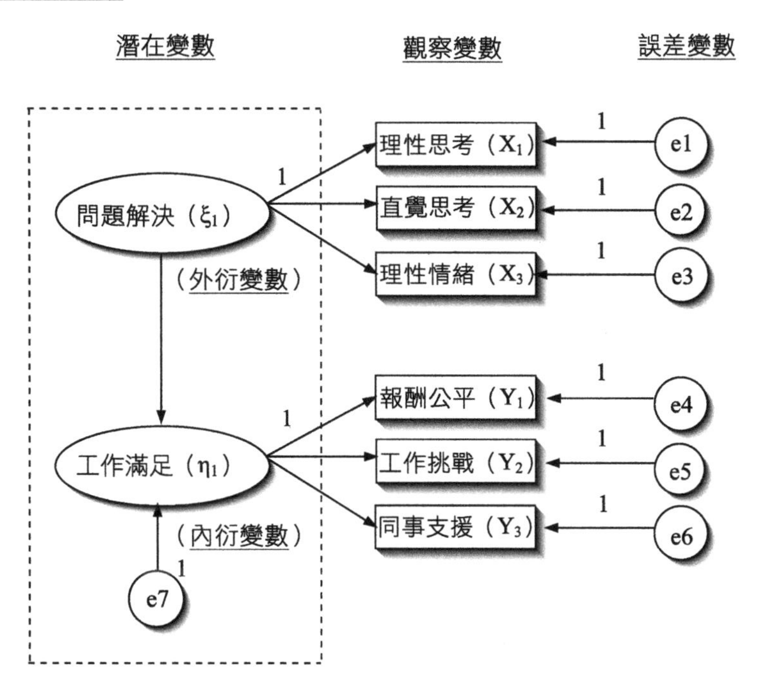

圖 1.7　測量模式與結構模式

從以上的說明，我們可以知道，Amos 是屬於「結構方程模式」（structural equation modeling, SEM）的一種，其功用在於探討多變數或單變數之間的因果關係。在 Amos 的基本理論中，其認為潛在變數（latent variables）是無法直接測量的，必須藉由觀察變數來間接推測得知。

觀察變數路徑分析（PA-OV）與潛在變數路徑分析（PA-LV）

Amos的路徑分析有兩種應用類型：觀察變數路徑分析（Path Analysis with Observed Variables, PA-OV）與潛在變數路徑分析（Path Analysis with Latent Variables, PA-LV）。

PA-OV 可以說是傳統的路徑分析（圖 1.8 上），僅以 Amos 來分析。PA-LV 則加入了 SEM 獨有的觀念與技術（圖 1.8 下），也就是利用統合模式的觀念與技術，以建立潛在變數的方式來探討變數之間的關係，因此超越了PA-OV的功能。

探索性與驗證性因素分析

以SPSS進行因素分析，是一種探索性的因素分析（exploratory factor analysis），易言之，我們是對一個變數探索其所具有的因素。而Amos的構成原理是屬於驗證性因素分析（confirmatory factor analysis），也就是先以因素（預測變數）為建構基礎，來驗證是否能代表一個變數（潛在變數）。我們可以說Amos是結合因素分析（驗證性因素分析）與路徑分析的有力工具。

傳統上，研究者在進行因素分析之前，對於變數的因素結構（此變數是由哪些因素構成）並沒有預設立場，而藉由 SPSS 進行因素分析之後，以因素負荷量來萃取因素，並對因素加以命名。這種因素分析帶有「探索」的意味，因此稱為探索性因素分析（exploratory factor analysis, EFA）。

PA-OV

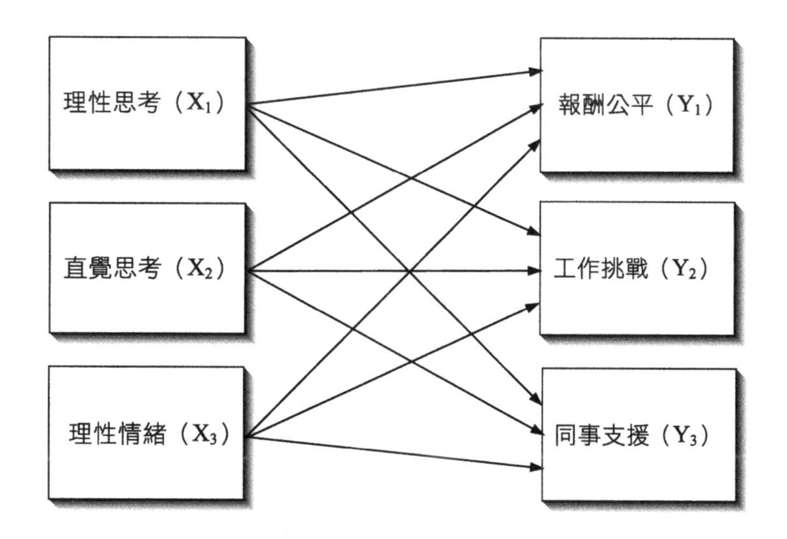

PA-LV

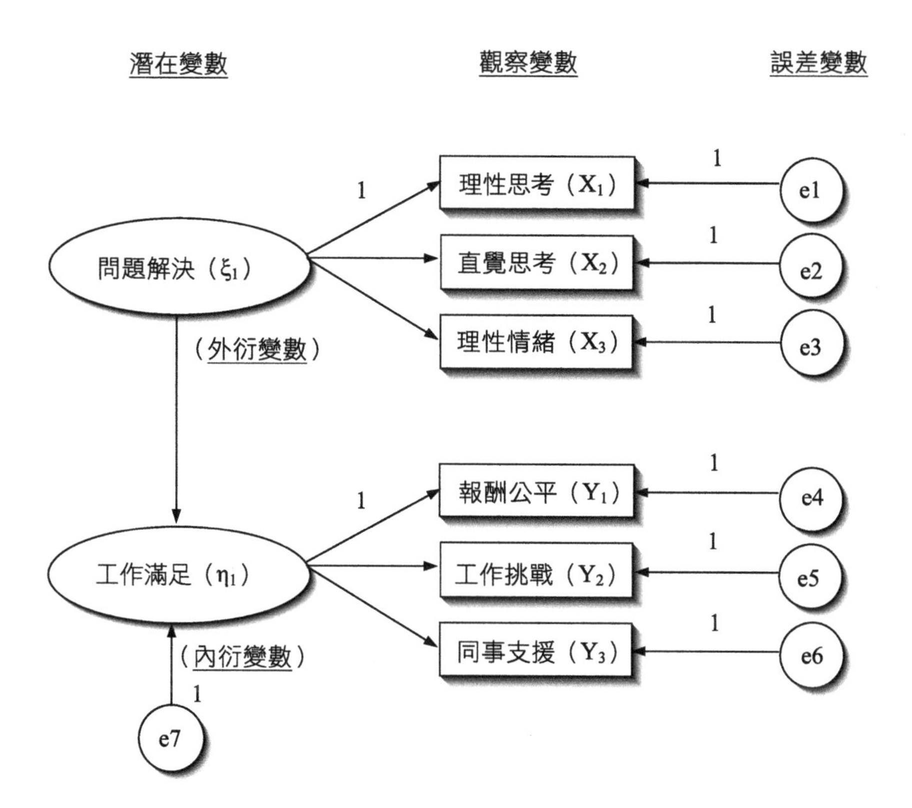

圖 1.8　PA-OV 與 PA-LV

但是有時候研究者在研究開始時，對於某個變數已經了解其結構關係，或者對於其結構關係具有相當的理論及推論基礎。例如，某個變數的測量是由若干個不同的子量表所組成，此時研究者所進行的因素分析，可以被用來驗證或確認這些因素是否可代表此變數。這種因素分析帶有「驗證」的意味，因此稱為驗證性因素分析（confirmatory factor analysis, CFA）。Amos 所處理的是 CFA。EFA 與 CFA 的差別如圖 1.9 所示。此圖也顯示了研究者在進行 EFA 之後，再利用 CFA 來進行驗證。

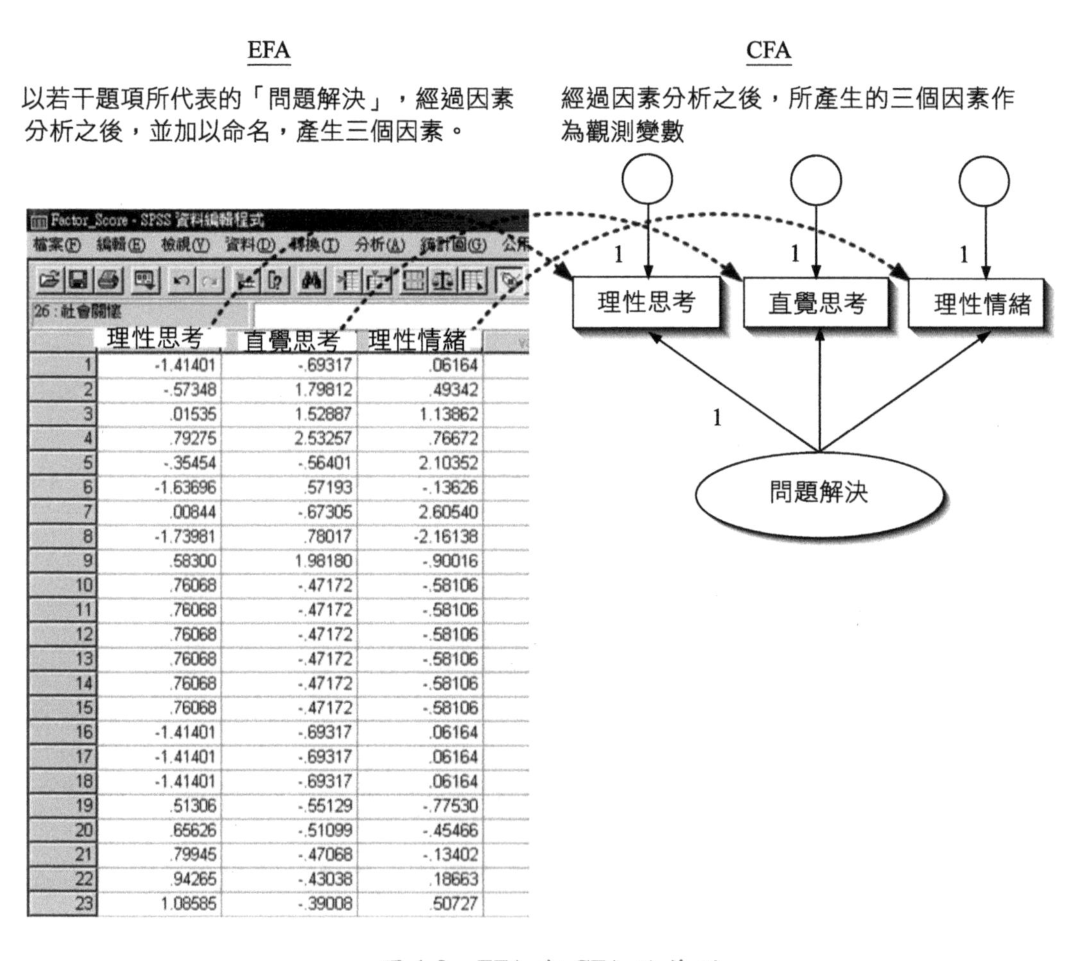

	理性思考	直覺思考	理性情緒
1	-1.41401	-.69317	.06164
2	-.57348	1.79812	.49342
3	.01535	1.52887	1.13862
4	.79275	2.53257	.76672
5	-.35454	-.56401	2.10352
6	-1.63696	.57193	-.13626
7	.00844	-.67305	2.60540
8	-1.73981	.78017	-2.16138
9	.58300	1.98180	-.90016
10	.76068	-.47172	-.58106
11	.76068	-.47172	-.58106
12	.76068	-.47172	-.58106
13	.76068	-.47172	-.58106
14	.76068	-.47172	-.58106
15	.76068	-.47172	-.58106
16	-1.41401	-.69317	.06164
17	-1.41401	-.69317	.06164
18	-1.41401	-.69317	.06164
19	.51306	-.55129	-.77530
20	.65626	-.51099	-.45466
21	.79945	-.47068	-.13402
22	.94265	-.43038	.18663
23	1.08585	-.39008	.50727

圖 1.9　EFA 與 CFA 的差別

初階因素與高階因素

驗證性因素分析除了可以用來檢驗一組類似的測量變數背後的潛在因素之外，以確認量表題目背後的概念結構，更可以用來檢驗理論模型的適切性。當CFA運用於檢驗理論模型時，基於理論模型複雜度的需求，潛在因素之間可能存在有更高階的潛在結構，亦即，觀察變數可能受到某一套潛在因素的影響，稱為初階因素（first-order factors），而這些潛在因素又受到某一個或某些共同因素的影響，此時，這些初階因素的背後存在著更高層次的共同因素，稱為高階因素（higher-order factors），如圖 1.10 所示。然而利用這些觀察變數之間特殊的組成方式來進行理論模式的檢驗，稱為因素效度（factorial validity）的檢驗，而這些涉及高階因素的 CFA 分析，稱為高階驗證性因素分析（higher-order confirmatory factor analysis; HCFA）。[5]

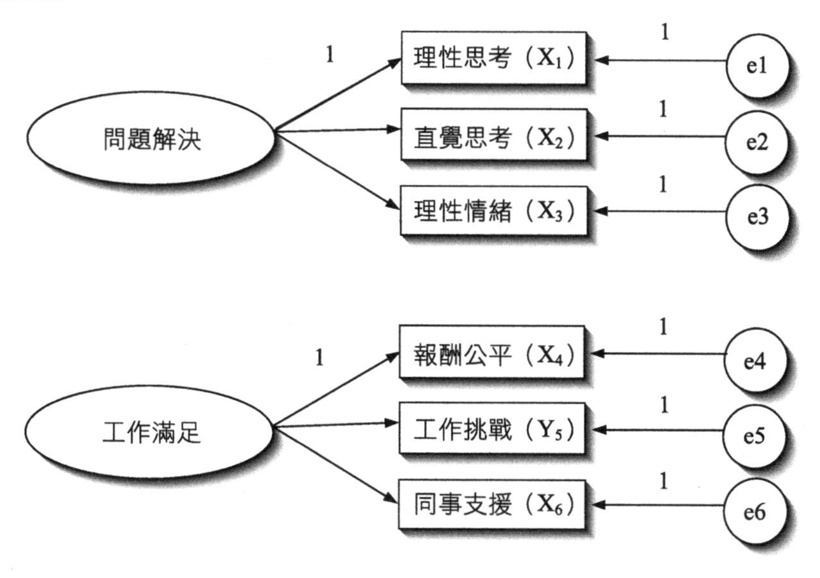

圖 1.10　初階因素與高階因素

[5] 邱皓政，《結構方程模式—LISREL 的理論、技術與應用》（台北：雙葉書廊，2003）。

高階因素

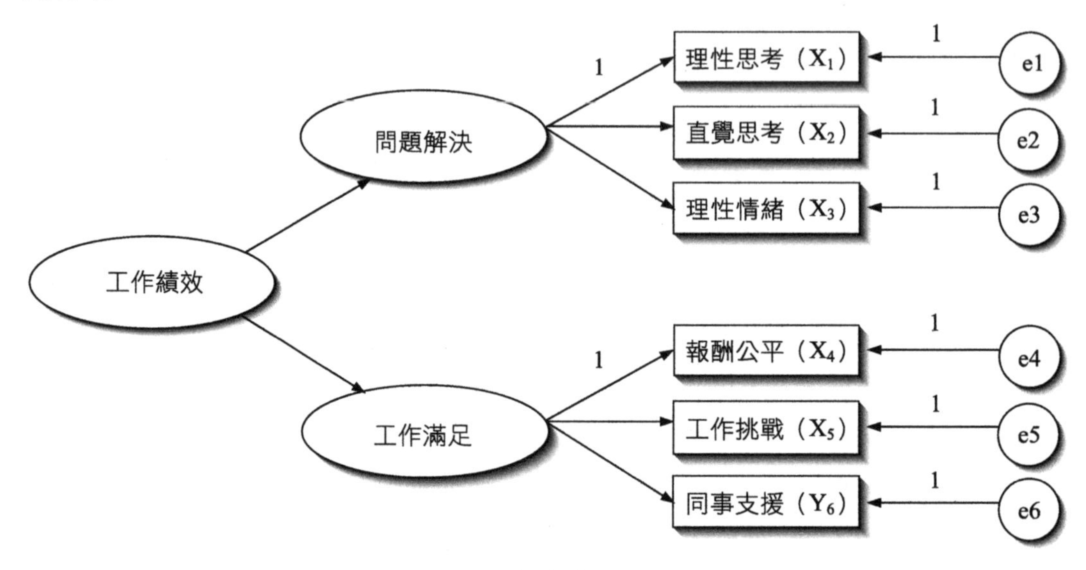

圖 1.10　初階因素與高階因素（續）

1.3 結構方程式公式與符號

如上所述，Amos 共有兩套理論模式，其中第一套是結構模式（亦稱結構方程模式，structural equation model）是用來界定潛在自變數與潛在依變數之間的線性關係，第二套模式是測量模式（measurement model），它界定了潛在變數與觀察變數之間的線性關係。各模式方程式如下所示：[6]

結構方程式：$\eta = \gamma\xi + \beta\eta + \zeta$
內衍變數（依變數）的測量方程式：$Y = \lambda\eta + \varepsilon$
外衍變數（自變數）的測量方程式：$X=\lambda\xi + \delta$

在結構方程式中，η（Eta）是向量類型，γ（Gamma）是迴歸類型，ξ（Xi）是向量類型，β（Beta）是迴歸類型。

6 Jöreskog, K. G. & Sörbom, D. (1999). *LISREL 8: User's Reference Guide*. Lincolnwood, IL: Scientific Software International, Inc., p. 67.

在內衍、外衍變數的測量方程式中，λ（Lamda）是迴歸類型；ε（Epsilon）及δ（Delta）是變異數／共變數類型。

在符號代表方面：

ξ：外衍變數
η：內衍變數
γ：外衍變數對內衍變數的作用
β：內衍變數對內衍變數的作用

完整的SEM

我們可將上述加以整理，並說明完整的SEM。一個完整的SEM如圖1.11所示。

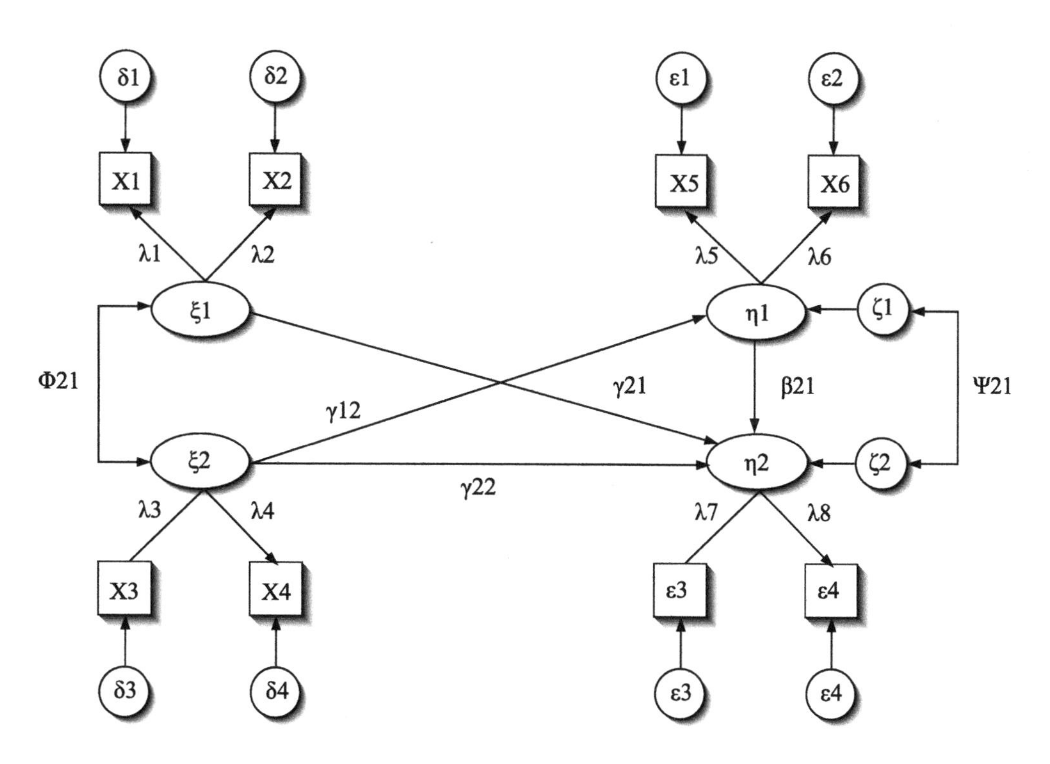

圖 1.11 完整的 SEM

SEM 分析中常用的符號、讀法、維度與說明如表 1.1 所示。

表 1.1　SEM 分析中常用的符號、讀法、維度與說明

符號	讀法	維度	說明
X		q x 1	ξ的觀察變數或測量指標
Y		p x 1	η的觀察變數或測量指標
ξ	xi	n x 1	外衍潛在變數（自變數）
η	eta	m x 1	內衍潛在變數（依變數）
δ	delta	q x 1	X 變數的測量誤差
ε	epsilon	p x 1	Y 變數的測量誤差
ζ	zeta	m x 1	內衍潛在變數的誤差
β	beta	m x m	內衍潛在變數之間的相關係數矩陣
γ	gamma	m x n	外衍潛在變數（ξ）與內衍潛在變數（η）之間的相關係數矩陣
Φ	phi	n x n	外衍潛在變數（ξ）的變異數／共變數矩陣（variance/covariance matrix）
Ψ	psi	m x m	內衍潛在變數（η）殘差項的變異數／共變數矩陣
λx	lamda x	q x m	X 與外衍潛在變數（ζ）之間的相關係數矩陣
λy	lamda y	p x m	Y 與內衍潛在變數（η）之間的相關係數矩陣
θ_δ	theta-delta	q x q	δ 變數間的變異數／共變數矩陣
θ_ε	theta-epsilon	p x p	ε 變數間的變異數／共變數矩陣
S 矩陣			樣本資料推演出的共變數矩陣
Σ矩陣			基於樣本的假設模式的共變數矩陣
p 為 Y 變數的個數；q 為 X 變數的個數；m 為η變數的個數；n 為ξ變數的個數			

一個完整的 SEM 模式的參數矩陣表如下：

矩陣名稱	數學符號	縮寫	矩陣維度	說明
LAMDA-X	Λx	LX	q x m	聯結 X 變數與ξ變數的係數
LAMDA-Y	Λy	LY	p x m	聯結 Y 變數與η變數的係數
GAMMA	Γ	GA	m x n	ξ變數對η變數影響的迴歸係數
BETA	B	BE	m x m	η變數的迴歸係數
PHI	Φ	PH	n x n	ξ變數間的共變數
PSI	Ψ	PS	m x m	η變數殘差項（ζ）間的共變數
THETA-DELTA	Θ_δ	TD	q x q	X 變數測量誤差（δ）間的共變數
THETA-EPSILON	Θ_ε	TE	p x p	Y 變數測量誤差（ε）間的共變數
p 為 Y 變數的個數；q 為 X 變數的個數；m 為η變數的個數；n 為ξ變數的個數				

附錄1.1 Amos系統要求與相關網站

系統要求

如欲有效執行 Amos 19，要滿足以下的系統要求：

- 作業系統，Windows® XP 或 Windows Vista®。
- 硬體，記憶體至少 256 MB，磁碟空間至少 125 MB。
- 軟體，Internet Explorer 6.0 以上。

以上的要求對於現在的一般電腦均不成問題。但是要注意，在安裝Amos前，必須先要安裝Microsoft.NET Framework 3.5 SP1 或以上版本。.NET是微軟公司所提出新一代的分散式軟體應用架構。它的目的是針對應用程式開發與執行，建構一個使用網際網路開放標準的環境，使任何人使用任何裝置，在任何地方與時間，都能存取網際網路上的資源與服務。目前愈來愈多的軟體都已使用微軟的.NET程式語言架構來開發，而許多由.NET所撰寫而成的軟體都必須先安裝Microsoft .NET Framework 才能夠順利執行。

學習輔助配件

我們對於Amos已經有了初步的了解。事實上，許多網站提供了許多有用的工具，以幫助初學者獲得清楚的認識，進而輕鬆上手。這些網站的網址及功能如下：

網址	說明
http://www14.software.ibm.com/webapp/download/	對Amos做精要說明，並提供最新消息。提供Amos 19試用版（有效期 14 天。要先加入會員）
http://www.vo2ov.com/SPSS-Amos-19-user-s-guide-megaupload-link.html	提供 Amos 19 Users' Guide（使用者手冊）PDF 版本（詳細的說明每一個範例）
http://www2.chass.ncsu.edu/garson/pa765/semAmosl.htm	對Amos輸出報表的解讀，有非常詳細的說明
http://Amosdevelopment.com/download/Tutorial-AB.pdf	說明如何撰寫及執行 Amos Basic 程式

你可利用 Google Search，鍵入關鍵字，例如 Amos 19.0 Users' Guide，就會出現許多網站供你選擇。

在安裝 Amos 之後，在 C:\Program Files\IBM\SPSS\Amos\ 19\Examples\English 資料夾中（或你指定安裝的資料夾中）會有 36 個範例可供研究。

附錄 1.2 SPSS 與 Amos

一般的研究論文的資料分析部分少不了對樣本的描述、對變數的進行探索式因素分析（EFA），然後再利用多變量分析技術或SEM來進行資料分析，最後提出研究結論（驗證假說），提出建議。基於這樣的了解，我們來看看 SPSS 與 Amos 所發揮的功能：

	SPSS	Amos
樣本描述	✓（非常詳盡）	✓
因素分析	EFA	CFA
多變量分析	變異數分析、區別分析、迴歸分析、多元尺度法等	建立SEM，進行路徑分析。多群組分析、Bootstrapping

SPSS 14.0 版以後已經將 Amos 整合到 SPSS 內，所以我們可以看到 SPSS 的分析工具非常完整。SPSS 與 Amos 的對應版本是這樣的：

SPSS	Amos
14.0	6.0
15.0	7.0
16.0	16.0
17.0	17.0
18.0（PASW Statistics 18）	18.0
19（IBM SPSS Statistics 19）	19（IBM SPSS Amos 19）

值得一提的是，SPSS 原為 Statistical Packages for the Social Sciences（社會科學統計套裝軟體）的啟頭字，近年來或由於其功能加強，或由於產品的重新定位，全文已經改成 Statistical Products and Services Solution（統計產品及服務之解決方案），但啟頭字仍然維持是 SPSS。SPSS 18.0 稱為 PASW Statistics 18，SPSS 被 IBM

收購之後，又被改回 SPSS 名稱，稱為 IBM SPSS Statistics 19。隨著版本的增加，SPSS 的功能愈來愈強，較新的版本可以支持客戶關係管理、資料採礦、知識發掘等重要企業決策。

附錄 1.3 Amos與LISREL

企管學院或商學院學生在撰寫研究論文（碩士、博士論文或專題研究）時，如果要建構 SEM，使用得比較普遍的是 Amos 或 LISREL。

Amos 與 LISREL 各有特色。Amos 的最大特色是視覺化，易學易懂，不必撰寫程式（當然你也可以利用 Amos 19 的新功能「Write a Program」產生 Amos Basic 程式）。LISREL 的特色是可進行多層次模式分析（multilevel modeling）。如果你的研究涉及到：（1）多個時間點（例如第一週、第二週、第三週……）的觀察；（2）不同的處理（例如不同的廣告刺激），以衡量結果（如以「讀半率」來衡量的廣告效果），那麼利用多層次模式來進行分析是很恰當的。因此 Amos 與 LISREL 愈來愈受到學生與研究者的青睞。附表 1.1 顯示了 Amos 與 LISREL 的比較。

附表 1.1 Amos 與 LISREL 的比較

項目 \ SEM	Amos 19	LISREL 8.8
特色	視覺化（利用繪圖方式建立路徑圖）	程式導向，亦可用 Setup 的功能逐步交代觀察變數與潛在變數，讓 LISREL 建立路徑圖中的上述變數。
操作方式	從工具箱中選擇適當的圖示（物件），然後在繪圖區製作 SEM，交代資料檔的來源，點選指令，產生結果。	撰寫程式（按 New，選擇 Syntax Only）。程式中要交代資料檔的來源、觀察變數與潛在變數的關係、產生路徑圖等，以產生結果。
可支持的資料檔類型	SPSS、Microsoft FoxPro、Microsoft Excel、Microsoft Access、Lotus，或文字檔案（txt）。	SPSS 或文字檔案（txt）、SAS、STATA、Statistica、Microsoft Excel、Systat、BMDP 檔案。
大小	490,106 KB	33,457 KB
免費版本與限制	Amos 19 試用版（14 天） （Amos 6.0 以後已成為 SPSS 裡面的一個功能）	LISREL 8.8 學生版 最多能支持 15 個觀察變數； 多層次模式分析最多能支持 15 個變數； （正式版 495 美元）。
功能	模式修正與模式設定探索 Markov chain Monte Carlo（MCMC）估計 為小樣本做適當調整 計算直接與間接效果	多層次模式分析 繪圖（單變數、雙變數、散布圖） 同質性檢定

第 2 章

如何進行研究

AMOS

2.1 研究程序

專題研究（不論是大三或大四的專題、碩博士論文、學者的研究、企業行銷部門所進行的專案研究）都具有清晰的步驟或過程，這個過程是環環相扣的。例如，研究動機強烈、目的清楚，有助於在進行文獻探討時對於主題的掌握；對於研究目的能夠清楚地界定，必然有助於觀念架構的建立；觀念架構一經建立，研究假說的陳述必然相當清楚。事實上，研究假說是對於觀念架構中各構念（潛在變數）之間的關係、因果或者在某種（某些）條件下，這些構念之間的關係、因果的陳述。觀念架構中各變數的資料類型，決定了用什麼統計分析方法最為適當。對於假說的驗證成立與否就構成了研究結論，而研究建議也必須根據研究結果來提出。研究程序（research process）以及目前碩、博士論文的章節安排如表 2.1 所示。[1]

表 2.1　研究程序

步驟	碩、博士論文章節
（1）研究問題的界定	
（2）研究背景、動機與目的	1
（3）文獻探討	2
（4）觀念架構及研究假說	3
（5）研究設計	
（6）資料分析	4
（7）研究結論與建議	5

專題研究是相當具有挑戰性的，正因為如此，它會讓動機強烈的研究者得到相當大的滿足感。但不可否認的，專題研究的道路上是「荊棘滿布、困難重重」的。專題研究之所以困難，有幾項原因：（1）研究者沒有把握蒐集到足夠的樣

---

[1] 這裡說明的研究程序是針對「定量研究」而說明的，對於「定性研究」略有不同。可參考：榮泰生著，《企業研究方法》，3 版（台北：五南圖書出版公司，2008），第 12 章。

本數資料，而這些樣本要能夠充分地代表母體；（2）研究者必須合理地辨識干擾變數並加以控制；（3）研究者必須具有相當的邏輯推理能力及統計分析能力，包括對統計套裝軟體（如 SPSS Basic、SPSS Amos）輸出結果的解釋能力。

循環性（circularity）

我們可將研究程序視為一個迴圈（圖 2.1）。研究者是從第一步驟開始其研究，在進行到「研究結論與建議」階段時，研究並未因此而停止。如果研究的結論不能完全回答研究的問題，研究者要再重新界定問題、發展假說，重新做研究設計，如此一來，整個研究就像一個循環接著一個循環。但實際上，研究者受到其能力、經費及時間的限制，整個研究不可能因為力求完美而永無止境地循環下去。

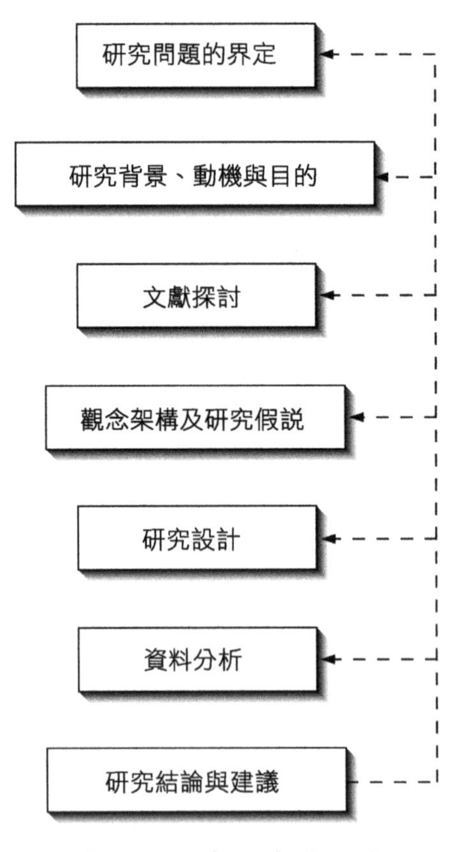

圖 2.1　研究程序的迴圈

環環相扣

如前述，專題研究的每個步驟或過程都是環環相扣的。把握這個原則非常重要，否則論文會變得結構鬆散。簡單地說，環環相扣的意思是這樣的：

（1）有怎樣的研究背景，就有怎樣的動機；
（2）有怎樣的動機，就有怎樣的目的；
（3）有怎樣的目的，就有怎樣的文獻探討範圍；
（4）有怎樣的目的，就會有怎樣的觀念架構；
（5）有怎樣的觀念架構，就會有怎樣的假說；
（6）有怎樣的觀念架構，就會有怎樣的操作性定義；
（7）有怎樣的操作性定義，就會有怎樣的問卷設計；
（8）有怎樣的假說，就會有怎樣的資料分析方法；
（9）有怎樣的資料分析方法，就會有怎樣的研究結論；
（10）有怎樣的研究結論，就會有怎樣的建議。

2.2 研究問題的界定

在管理學上，「問題」是實際現象與預期現象之間有偏差的情形。明確地形成一個研究問題並不容易，但是非常重要。研究者雖然由於智力、時間、推理能力、資訊的獲得及解釋等方面有所限制，因此在定義研究問題、設定研究目標時，並不一定能做得盡善盡美，[2]但是如不將問題界定清楚，則以後各階段的努力均屬枉然。

研究問題的形成比問題的解決更為重要，因為要解決問題只要靠數學及實驗技術就可以了，但是要提出問題、提出新的可能性、從新的角度來看舊的問題，就需要創意及想像。[3]美國行銷協會（American Marketing Association, AMA, 1985）

---

[2] 這是Herbert Simon（1947）所認為的「局部理性」的關係使然。如欲對局部理性及其相關的觀念加以了解，可參考：Herbert Simon, *Administrative Behavior*（台北：巨浪書局，1957）；或榮泰生著，《策略管理學》（台北：三民書局，2006）。

[3] Albert Einstein and L. Infeld, *The Evolution of Physics* (New York: Simon & Schuster, 1938), p. 5.

曾提到：「如果要在研究專案的各個階段中挑選一個最重要的階段，這個階段就是問題的形成。」在研究程序中，問題的界定非常重要，因為它指引了以後各階段的方向及研究範圍。

當一些不尋常的事情發生時，或者當實際的結果偏離於預設的目標時，便可能產生了「問題」（problem）。此時研究人員必須要與管理者共同合作，才能將問題界定清楚。[4] 管理者必須說明，研究的結果如何幫助他（她）解決問題、做決策，也必須說明造成問題的各種事件。這樣做的話，研究問題庶可界定得更為清楚。

症狀與問題的確認

問題的確認涉及到對於現象的了解。有些企業問題的症狀很容易確認，例如高的人員離職率、遊客人數在迅速成長一段時間後有愈來愈少的情形、員工的罷工、產品線的利潤下降等。這些情形並不是一個問題，而是一種症狀（symptom）。症狀是顯露於外的現象（explicit phenomena），也就是管理當局所關心的東西，而問題才是造成這些症狀的真正原因。

研究問題的形成

在對企業問題加以確認之後，就要將這些問題轉換成可以加以探索的研究問題（research questions）。但未必所有的企業問題都可以轉換成研究問題，造成這個情形的可能原因有：（1）管理當局認為研究的成本會大於其價值；（2）進行研究來解決管理問題的需求並不迫切；（3）研究的主題是不能研究的（unresearchable，例如所擬定研發的抗癌藥物施用於人體不僅違法，也不合乎道德標準）；（4）研究經費短缺、沒有合格的研究人員等。我們現在舉例說明症狀與問題的確認、研究問題的形成：[5]

---

[4] P. W. Conner, "Research Request Step Can Enhance Use of Results," *Marketing News*, January 4, 1985, p. 41.

[5] Problem Definition, *Marketing Research Techniques*, Series No. 2 (Chicago: American Marketing Association, 1958), p. 5.

症狀的確認

大海公司的程式設計員流動率愈來愈高，常聽到他們對於薪資結構的不滿。

問題的確認

（1）檢視企業內部及外部資料（了解他們不滿及離職率的情況；了解過去有無不滿的情形；其他公司是否有類似的情形）；（2）挑明此問題領域（各部門的薪資制度並不一致；離職面談顯示他們對於薪資結構的不滿；公平會最近警告本公司有關薪資歧視的問題）。

管理問題的陳述

目前的薪資結構公平嗎？

研究問題的陳述

大海公司影響程式設計員薪資高低的主要因素為何？

在定義問題的最後一個階段，就是要實際地選擇要研究的問題。在企業中，管理者所認為的優先次序，以及他們的認知價值決定了要進行哪一個研究。有關問題的形成應考慮的事項有：

（1）對問題的陳述是否掌握了管理當局所關心的事情？

（2）是否正確說明問題的所在？（這真正的是一個問題嗎？）

（3）問題是否清晰地界定？變數之間的關係是否清楚？

（4）問題的範圍是否清晰地界定？

（5）管理當局所關心的事情是否可藉著研究問題的解決而得到答案？

（6）對問題的陳述是否有個人的偏見？

在對企業研究問題的選擇上，[6]所應注意的事項如下：

（1）所選擇的研究問題與管理當局所關心的事情是否有關聯性？

（2）是否可蒐集到資料以解決研究問題？

（3）其他的研究問題是否對於解決企業問題有更高的價值？

---

[6] 從事獨立研究者，其研究問題的選擇主要是受到典範（paradigm）及價值觀的影響。

（4）研究者是否有能力來進行這個研究問題？

（5）是否能在預算及時間之內完成所選擇的研究問題？

（6）選擇這個研究問題的真正原因是什麼？

在學術研究上，研究者會確認哪些症狀呢？這和他們的觀察敏銳度、相關文獻的涉獵有關。換句話說，研究者對於問題愈具有敏銳性，以及對於有關文獻的探討愈深入，則對這個問題的確認會愈清楚。

在對學術研究問題的選擇上，所應注意的事項如下：

（1）所選擇的研究問題是否具有深度及創意？

（2）是否可蒐集到資料以解決研究問題？例如，針對醫院進行研究，是否有能力或「關係」蒐集到資料？

（3）研究者是否有能力來進行這個研究問題？（尤其是資料分析方面的能力）

（4）是否能在所要求的時間之內完成所選擇的研究問題？

（5）選擇這個研究問題的真正原因是什麼？

2.3 研究背景、動機與目的

研究背景是扼要說明與本研究有關的一些課題，例如研究此題目的重要性（可分別說明為什麼這些變數具有因果關係、為什麼研究這些變數的因果關係是重要的），同時如果研究的標的物是某產業的某產品，研究者可解釋為什麼以此產業、產品（甚至使用此產品的某一特定受測對象）為實證研究對象是重要的。

「研究動機與目的」是研究程序中相當關鍵的階段，因為動機及目的如果不明確或無意義，那麼以後的各階段必然雜亂無章。所以我們可以了解，研究動機及目的就像指南針一樣，指引了以後各階段的方向及研究範圍。

研究動機是說明什麼因素促使研究者進行這項研究，因此研究動機會與「好奇」或「懷疑」有關。不論是基於對某現象的好奇或者懷疑，研究者的心中通常會這樣想：什麼因素和結果（例如員工士氣不振、資金周轉不靈、網路行銷業績下滑、降價策略未能奏效等）有關？什麼因素造成了這個結果？

在「什麼因素和結果有關」這部分，研究者應如此思考：哪些因素與這個結果有關？為什麼是這些因素？有沒有其他因素？此外，研究者也會「懷疑」：如果是這些因素與這個結果有關，那麼各因素與結果相關的程度如何？為什麼某個因素的相關性特別大？

在「什麼因素造成了這個結果」這部分，研究者應如此思考：哪些因素會造成這個結果？為什麼是這些因素？有沒有其他因素？此外，研究者也會「懷疑」：如果是這些因素造成了這個結果，那麼各因素影響的程度如何？為什麼某個因素影響特別大？

上述的「結果」大多數是負面的，當然正面的結果也值得探索，以發現與成功（正面結果）有關的因素以及原因。負面的結果就是「問題」所在。「問題」（problem）是實際現象與預期的現象之間有偏差的情形。

研究的目的有四種：（1）對現象加以報導（reporting）；（2）對現象加以描述（description）；（3）對現象加以解釋（explanation）；(4) 對現象加以預測（prediction）。[7] 因此研究者應說明其研究的目的是上述的哪一種。

研究目的就是研究者想要澄清的研究問題，在研究問題的陳述上，通常是以變數表示，例如：「本研究旨在探討甲變數是否與乙變數具有正面關係」、「本研究旨在探討甲變數是否是造成乙變數的主要原因」等。

2.4 文獻探討

文獻探討又稱為探索（exploration），就是對已出版的相關書籍、期刊中的相關文章或前人做過的相關研究加以了解。除此之外，研究者還必須向專精於該研究主題的人士（尤其是持反面觀點的人士）請教，俾能擴展研究視野。

由於網際網路科技的普及與發展，研究者在做文獻探討時，可以透過網際網路（Internet）檢索有關的研究論文，例如進入「全國博碩士論文資訊網」（http://datas.ncl.edu.tw/theabs/1/）。

文獻探討的結果可以使得研究者修正他的研究問題，更確定變數之間的關係，以幫助他建立研究的觀念架構。

在撰寫專題學術論文方面，文獻探討分為幾個層次：（1）將與研究論文有關的文獻加以分類臚列；（2）將有關的論文加以整合並比較；（3）將有關的論

---

[7] D. R. Cooper and Pamela Schindler, *Business Research Methods* (New York, NY: McGraw-Hill Companies, Inc., 2003), pp. 10-12.

文加以整合並根據推理加以評論。顯然，第二層次比第一層次所費的功夫更多，第三層次比前兩個層次所費的思維更多。在台灣的碩士論文中，能做到第二層次的比較多；在美國的學術論文中，如 MIS Quarterly、Journal of Marketing，所要求的是第三層次。

2.5 觀念架構及研究假說

在對於有關的文獻做一番探討，或者做過簡單的探索式研究（exploratory study）之後，研究者可以對於原先的問題加以微調（fine-tuning）或略微修改。此時對於研究問題的界定應十分清楚。

觀念架構

研究者必須建立觀念架構。觀念架構（conceptual framework）描述了研究變數之間的關係，是整個研究的建構基礎（building blocks）。研究目的與觀念架構是相互呼應的。觀念架構可用圖形來表示，如此便會一目了然，如圖 2.2 所示。此圖（a）部分是在研究論文中所呈現的觀念架構，（b）部分是以 Amos 來繪製的觀念架構圖或路徑圖。圖形中的單箭頭表示「會影響」，雙箭頭表示「有關係」。

如果你的研究中有中介變數，在Amos路徑圖的表示方式如圖 2.2（b）所示。

「假說」（hypothesis）是對於研究變數所做的猜測或假定。假說是根據觀念架構中各變數的關係加以發展而得。假說的棄卻或不棄卻便形成了研究結論。假說的陳述應以統計檢定的虛無假說來描述。近年來，許多研究者傾向於以「正面」來敘述假說。

假說是以可測試的形式來加以描述的，並可以預測兩個（或以上）變數之間的關係。換句話說，如果我們認為變數之間有關聯性存在，必須先將它們陳述成為「假說」，然後再以實證的方式來測試這個假說。[8]

---

[8] 在以前統計學的書上都用「假設檢定」這個術語。但是近年來，為了分辨假設（assumption）與假說（hypothesis）的不同，所以將「假設檢定」稱為「假說檢定」。

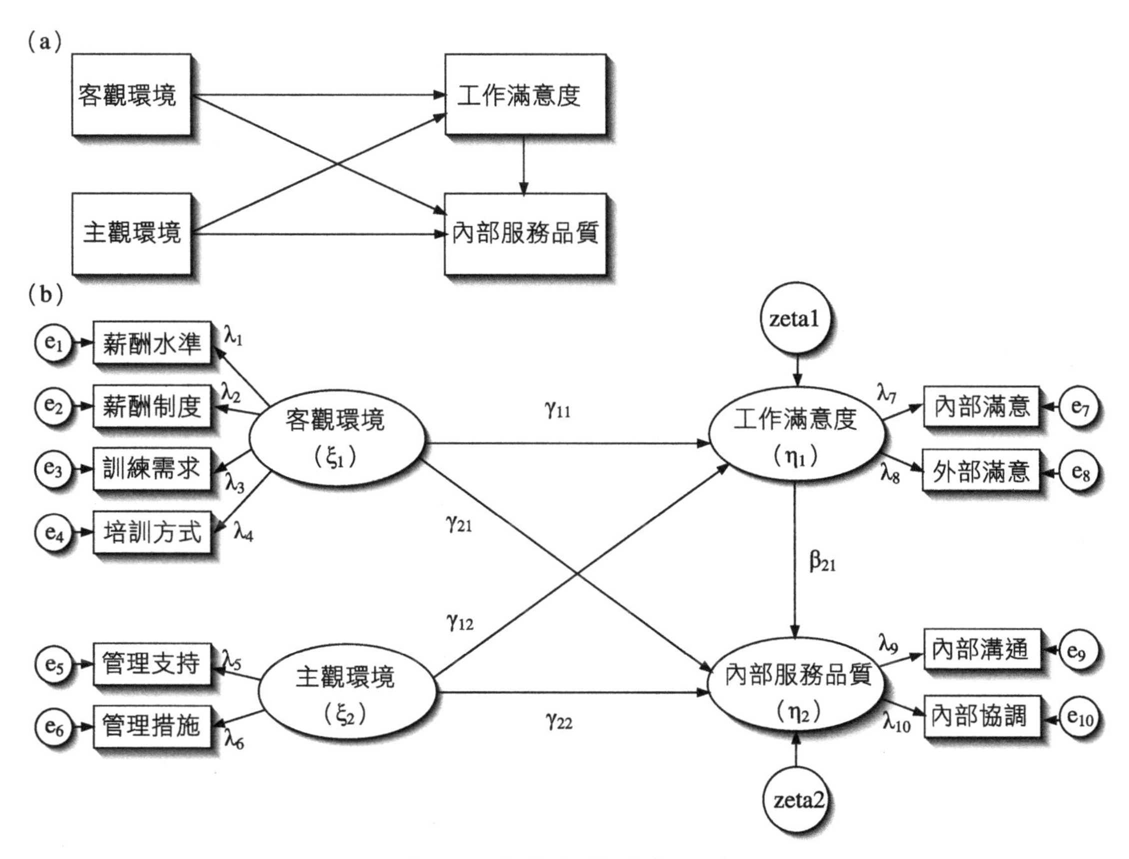

圖 2.2　觀念架構的表示法

「假說」的定義為：「暫時性的臆測（assumption），目的在於測試其邏輯性及實證性的結果。」「假說」代表著目前可獲得的證據不足，因此它只能提出暫時性的解釋。本書認為，「假說」是對現象的暫時性解釋，而測試此假說的證據至少是潛在可獲得的。一個陳述要如何，才可以稱得上是一個「假說」呢？首先，它必須是對「一個可以實證研究的事實」的陳述，也就是說，我們可以透過調查（及其他的研究方法）來證明其為真或偽的陳述。「假說」應排除價值判斷或規範性的（normative）陳述。例如，「每個人每週至少應上量販店一次」這個陳述是規範性的，因為它說明了人應該怎樣，而不是一件可以驗證其為真或偽的事實陳述。「50% 的台北市民每週至少上量販店一次」是對一件事實的陳述，因此可以被測試。

「假說」顯然不是期盼的事情或有關於價值的事（雖然研究者的價值觀會影響他如何選擇「假說」）。「假說」是事實的一個暫時性的、未經證實的陳述而已。這個陳述如要得到證實，必須經過測試；要經過測試，此陳述要盡可能的精確。例如，我們認為智慧和快樂可能有關，我們可以詢問的最簡單問題是：「智慧和快樂有關嗎？」

如果我們假設在這兩個變數之間的確存在著某種關係，就可以推測它們的關係。這個推理性的陳述（通常僅是預感或猜測）就是我們的「假說」。例如，我們聽說有許多天才都是鬱鬱寡歡的，就可以推測「人愈有智慧就愈不快樂」。如果智慧及快樂可以被適當地測量，則這是一個適當的「假說」。

「假說」是我們將變數指派到個案上的陳述。個案（case）是「假說」所討論（提及）的實體，而變數則是隸屬於個體的特性、特徵或屬性。[9] 例如，「榮經理（個案）具有高於一般水準的成就動機（變數）。」如果假說中個案的數目超過一個，此假說就稱為通則，例如，「大海公司的經理們（若干個個案）都具有高於一般水準的成就動機（變數）。」

在研究中，建立假說有三個優點：（1）它可以使研究者專注於所要探討的變數的關係；（2）它可使研究者思考研究發現的涵義；（3）它可使研究者進行統計上的測試。

在研究上，「假說」具有若干個重要的功能。「假說」最重要的功能在於它們能引導整個研究方向。在資訊充斥的現代研究環境，研究者常常因涉及到與研究主題無關的資訊，而使得研究報告顯得臃腫不堪；不僅如此，到後來也可能忽略了所要探討的主題。如果整個研究能夠盯住「假說」，就會很容易地判斷哪些資訊應該或不應該包含在其研究的範圍內。同時，「假說」也是研究結論的基礎（研究結論就是要對「假說」的棄卻與否提出證據的說明）。

在引導研究的方向方面，「假說」所扮演的角色如何？如果我們的「假說」是「在採購決策中，夫妻在角色扮演上的認知有所不同」，這個「假說」說明了研究的對象（夫妻）、研究系絡（research context）、採購決策及研究主題（他們對其角色的認知）。

根據上述「假說」的特性，最好的研究設計可能是以調查研究來蒐集資料（用實驗研究、觀察研究均不甚恰當）。除此之外，我們有興趣研究的是夫妻在採購決策中所扮演的角色，因此夫妻在其他場合或情境所扮演的角色就不在研究探討之列。對上述的「假說」再做深入的探討，可能還要考慮到夫妻之間的年齡

---

[9] W. N. Stephens, *Hypotheses and Evidence* (New York: Thomas Y. Crowell, 1968), p. 5.

差異、社會階層、教育背景、個性差異這些有關的變數，所以在我們的文獻探討、研究報告中要涵蓋、討論這些變數。

建立假說的靈感有很多來源。通常研究者從日常生活中、研究過程中都會看到某些現象，而對於描述這些現象的變數之間關係，研究者就可以建立一個假說來驗證。除此之外，過去的研究、既有的、似是而非的信念，都可以幫助我們建立假說。例如，許多研究顯示：在政治抱負上，大一學生比大四學生較為保守。這些研究告訴我們，學年與政治信念有關。我們可以針對不同的樣本重複測試這個假說，或將此假說加以延伸、調整之後再加以測試。

有許多既有的、似是而非的信念可以幫助我們建立假說，這些例子有：善有善報；天才與瘋子僅一線之隔；男大當婚、女大當嫁等。雖然社會科學家常被譏諷為「炒冷飯專家」，或盡是在不言而喻的常識上打轉，但是如果我們對「每個人所認定的就是真的」這個假說做測試，會發現其實並不是真的，因為「眾口鑠金，一時披靡」，以訛傳訛的現象在我們的社會比比皆是。

如何建立可測試的假說？

可測試及量化

「『假說』必須要能被測試」這句話需要澄清一下。我們以上述「天才都是鬱鬱寡歡的」這個陳述來說明。我們可以說這個陳述是命題（命題就是對變數之間的關係加以陳述的最原始形式）。除非我們可以對智慧及快樂這兩個觀念加以測量，並給予操作性定義，否則不能稱為可測試的假說。「可測試」是指可以用資料分析來棄卻（或不棄卻）此假說。命題由於陳述得相當籠統，其觀念的定義又不清楚，所以很難說資料分析的結果是否足以棄卻或不棄卻該命題。從這裡我們可以了解，將變數加以量化的重要性——量化可以剔除模糊性。例如，雖然智慧與鬱鬱寡歡不容易被測試（因為爭辯很多），但假如我們可以利用一個 IQ 量表來測量智慧，以及另外一個適當的量表來測量快樂，那麼我們就可以說：「IQ 分數愈高，在快樂測試的分數愈低。」這就是可測試的假說。

在建立假說時，常容易犯的錯誤是「二合一」（double barreled），也就是將兩個假說合而為一。如果棄卻其中一個假說，但是不棄卻另外一個假說的話呢？

研究實例

現在我們從有關的研究中舉三個有關於「假說」的例子。第一個例子似乎與我們的常識格格不入：過度學習會降低績效。[10] 這個假說是一個變數（過度學習）與另外一個變數（績效降低）的關係。由於這兩個變數的界定非常清楚，而且又可以測量，研究者就可進行此假說的測試。

第二個假說是以虛無的形式（null form）來建立的：心智功能的練習對於該功能的未來學習毫無影響。[11] 在這個假說中，變數之間的關係非常明確，其中一個變數（心智功能的練習，例如增加記憶力的練習）與另外一個變數的關係是「毫無影響」。但在這個假說中，我們會碰到如何測量「心智功能」及「未來學習」的問題。如果能解決測量的問題，這個假說就成立了。

第三個假說中的變數間的關係是間接的，它常是以「兩組人員在某些特徵上的不同」來建立的。例如，H_{1-1}：中等地位階層家庭的兒童比下等地位階層家庭的兒童更不喜歡手工繪圖。[12] 這個假說是「H_{1-2}：兒童對於手工繪圖的喜好隨著其家庭的社會階層而異」的進一步延伸。如果我們測試的是H_{1-2}，那麼H_{1-1}可以說是 H_{1-2}的次假說（subhypothesis）或是 H_{1-2}的特定預測（specific prediction）。

我們再說明一個與第三個假說之例有「異曲同工」之妙的假說。這個假說是：具有同樣或類似職業角色的人，會對與該職業有關的認知實體（cognitive objects）具有類似的態度。[13] 在這個假說中，變數之間的關係是職業角色與態度（例如教育家對於教育的態度）。為了要測試這個假說，我們至少要用到兩組樣本，每組樣本代表著不同的職業角色，然後再比較這兩組人士的態度。

---

[10] E. Langer and L. Imber, "When Practice Makes Imperfect: Debilitating Effects of Learning," *Journal of Personality and Social Psychology* (37), 1980, pp. 2014-2024.

[11] 以口語來說，就是「不論你多麼努力地加強現在的記憶力，學習各種增加記憶的方法，對於以後學習某些東西的記憶力，不會有任何幫助」。詳細的討論可參考：A. Gates and G. Taylor, "An Experimental Study of the Nature of Improvement Resulting from Practice in a Mental Function," *Journal of Educational Psychology* (16), 1925, pp. 583-592.

[12] T. Alper, H. Blane and B. Adams, "Reactions of Middle and Lower Class Children to Finger Paints as a Function of Class Differences in Child-Training Practice," *Journal of Abnormal and Sociology* (51), 1955, pp. 439-448.

[13] 由個人所認知的任何實質的、抽象的實體，例如人、群體、政府及教育等。

發展假說之例

我們根據圖 2.2 的觀念架構，可以發展以下的假說：

H_1：客觀環境對工作滿意度有正向顯著影響。
H_2：主觀環境對內部服務品質有正向顯著影響。
H_3：工作滿意度會強化客觀環境對工作滿意度的影響。
H_4：工作滿意度會強化主觀環境對工作滿意度的影響。

如果你的研究中有類別變數（如組別），可建立如下的假說：
在男性組與女性組，客觀環境對工作滿意度的影響具有顯著性差異。
或者，你可以用比較「統計學觀念」的寫法：
客觀環境對工作滿意度的影響，不因性別的差別而有顯著差異。

2.6 研究設計

研究設計（research design）可以被視為是研究者所設計的進程計畫，在正式進行研究時，研究者只要「按圖索驥」即可。研究設計是實現研究目的、回答研究問題的藍本。由於在研究的方法、技術及抽樣計畫上有許多種類可供選擇，因此如何做好研究設計是一件極具挑戰性的工作。

例如，我們可能是用調查、實驗或觀察來蒐集初級資料。如果我們選擇的是調查研究，是要用郵寄問卷、電腦訪談、電話訪談還是人員訪談？我們要一次蒐集所有的資料，還是分不同的時間來蒐集（用縱斷面研究，還是橫斷面研究）？問卷的種類如何（是否要用隱藏式的或直接的，還是用結構式的或非結構式的）？問題的用字如何？問題的次序如何？問題是開放式的，還是封閉式的？怎麼測量問卷的信度及效度？會造成反應誤差嗎？如何避免？要對資料蒐集人員做怎樣的訓練？要用抽樣還是普查的方式？要用怎樣的抽樣方式（機率或非機率抽樣，如果採取其中一種方式，要用哪一種抽樣方法）？以上的各問題只不過是在考慮使用調查研究之後所要考慮的部分問題。

由於可以利用的研究工具有很多，所以研究者要從各種可能的角度來看研究設計的問題，例如，他要想到是否可以用實驗研究、觀察研究來探討同樣的問題？在實務上，由於研究時間的限制，一般的研究者不可能進行多重方法（multimethod）來進行多重研究（multistudy），但是研究者至少必須考慮到各種可能的方法，並從中選擇一個最有效的方法。

研究設計的 6W

我們可以用 6W 來說明研究設計。這 6W 是 What、Who、How、How Many、When、Where，如表 2.2 所示。

表 2.2　研究設計的 6W

What	變數的操作性定義是什麼？	操作性定義
	題項標記（在 SPSS 建檔時所用的標記）是什麼？	問卷設計
	問卷題號與設計內容是什麼？	
Who	研究的分析單位是誰？	分析單位
How	如何蒐集初級資料？	資料蒐集方法
	如何分析資料？	資料分析
	如何決定受訪者？	抽樣計畫─抽樣方法
How Many	要向多少受訪者蒐集資料？	抽樣計畫─樣本大小決定
When	何時開始蒐集資料？何時結束？	時間幅度
	蒐集何時的資料？	
Where	在何處蒐集資料？	地點

操作性定義

研究者也必須對研究變數的操作性定義加以說明。操作性定義（operational definition）顧名思義是對於變數的操作性加以說明，也就是此研究變數在此研究中是如何測量的。操作性定義的做成當然必須根據文獻探討而來。而所要做「操作性定義」的變數就是觀念性架構中所呈現的變數。換言之，研究者必須依據文獻探討中的發現，對觀念性架構中的每個變數下定義。對變數「操作性定義」

的說明可以比較「口語化」，而變數的操作性定義便是問卷設計的依據。從這裡我們又看出「環環相扣」的道理。

操作性定義是具有明確的、特定的測試標準的陳述，這些陳述必須要有實證的參考物（empirical referents），也就是說，要能夠使我們透過感官來加以計數、測量。研究者不論是在定義實體的東西（例如個人電腦）或者是抽象的觀念（例如個性、成就動機），都要說明它們是如何被觀察的。要了解操作性定義，先要了解「觀念」。有關「觀念」的詳細說明，可見第 4 章。

「定義」（definition）有許多類型，我們最熟悉的一種是字典定義（dictionary definition）。在字典裡，「觀念」是用它的同義字（synonym）來定義的。例如，顧客的定義是「惠顧者」；惠顧者的定義是「顧客或客戶」；客戶的定義是「享受專業服務的顧客，或商店的惠顧者」。這種循環式的定義（circular definition）在日常生活中固然可以幫助溝通、增加了解，但是在研究上應絕對避免。在專題研究中，我們要對各「觀念」做嚴謹的定義。

問卷設計

研究者必須說明問卷設計的方式。專題研究論文的整份問卷可放在附錄中，但在研究設計中應整體性地、扼要地說明問卷的構成，如「問卷的第一部分是蒐集有關受測者的財物激勵誘因資料」等，同時也必須對衡量變數、題項標記（在 SPSS 建檔時所用的標記）、問卷題號與設計內容加以說明，例如：

衡量變數	題項標記（SPSS）	問卷題號與設計內容
（一）3C 通路品牌知名度	品牌知名度 1	1-1 您非常熟悉這家 3C 通路連鎖店。
	品牌知名度 2	1-2 您聽過這家 3C 通路連鎖店。
	品牌知名度 3	1-3 如您需要家電、資訊與通訊產品，會第一個想到這家 3C 通路連鎖店。
	品牌知名度 4	1-4 如您需要家電、資訊與通訊產品，會第一個想到這家 3C 通路連鎖店。
（二）3C 通路知覺品質	知覺品質 1	2-1 您認為這家 3C 通路連鎖店的可靠性是非常高的。
	知覺品質 2	2-2 您認為這家 3C 通路連鎖店的品質具有一致性的。
	知覺品質 3	2-3 您認為這家 3C 通路連鎖店的品質會影響您的購買決策。
	知覺品質 4	2-4 您認為這家 3C 通路連鎖店是高品質的。
	知覺品質 5	2-5 您認為這家 3C 通路連鎖店的促銷活動是物超所值的。

衡量變數	題項標記（SPSS）	問卷題號與設計內容
（三）3C 通路品牌聯想	品牌聯想 1	3-1 您非常認同這家 3C 通路連鎖店的品牌形象。
	品牌聯想 2	3-2 您可以很快地回想起這家 3C 通路連鎖店的一些特性。
	品牌聯想 3	3-3 您可以很容易地想起這家 3C 通路連鎖店在您心目中的形象。
	品牌聯想 4	3-4 您認為這家 3C 通路連鎖店與其他品牌連鎖店相較之下，是與眾不同的。
（四）購買意願	購買意願 1	4-1 您到這家 3C 通路連鎖店購買產品的可能性。
	購買意願 2	4-2 您到這家 3C 通路連鎖店購買產品的意願。
	購買意願 3	4-3 您推薦他人到這家 3C 通路連鎖店購買產品的可能性。

設計問卷是一種藝術，需要許多創意。幸運的是，在設計成功的問卷時，有許多原則可資運用。首先，問卷的內容必須與研究的觀念性架構相互呼應。問卷中的問題必須盡量使填答者容易回答。譬如說，打「✓」的題目會比開放式的問題容易回答。除非有必要，否則不要去問個人的隱私（例如所得收入、年齡等）；如果有必要，也必須讓填答者勾出代表某項範圍的那一格，而不是直接填答實際的數據。用字必須言簡意賅，對於易生混淆的文字也應界定清楚（例如，何謂「好」的社會福利政策？）。值得一提的是，先前的問題不應影響對後續問題的回答（例如，前五個問題都是在問對政黨的意見，這樣會影響「你最支持哪一個政黨？」的答案）。

在正式地使用問卷之前應先經過預試（pretests）的過程，也就是讓受測者向研究人員解釋問卷中每一題的意義，以早期發現可能隱藏的問題。

在問卷設計時，研究者必須決定哪些題是開放性的問題（open-ended questions），哪些題是封閉性問題（close-ended questions）。

封閉性問題通常會限制填答者做某種特定的回答，例如，以選擇或勾選的方式來回答「你認為下列哪一項最能說明你（妳）參加反核運動的動機？」這個問題中的各個回答類別（response category）。開放性問題是由填答者自由地表達他（她）的想法或意見（例如，「一般而言，你（妳）對於核子試爆的意見如何？」）。這類問題在分析、歸類、比較、電腦處理上，會比較費時費力。

有關如何進行網路問卷設計，可參考榮泰生著，《企業研究方法》，4 版，

第9章「網路調查問卷設計」一節。

分析單位

每項研究的分析單位（unit of analysis）也不盡相同。分析單位可以是企業個體、非營利組織及個人等。

大規模的研究稱為總體研究（macro research）。任何涉及到廣大地理區域，或對廣大人口集合（如洲、國家、州、省、縣）進行普查（census），都屬於總體研究。分析單位是個人的研究，稱為個體研究（micro research）。但是以研究對象的人數來看，總體、個體研究的分界點在哪裡？關於這一點，研究者之間並沒有獲得共識。也許明確地說明分界點並沒有什麼意義，重要的是在選擇適當的研究問題時，要清楚地界定分析單位，並且應用適當的分析單位。

資料蒐集的方法

研究者必須詳細說明資料蒐集的方式（如以網頁問卷方式來蒐集）。資料的蒐集可以簡單到定點的觀察，也可以複雜到進行跨國性的龐大調查。我們所選擇的研究方式大大地影響到我們蒐集資料的方式。問卷、標準化測驗、觀察表、實驗室記錄表、刻度尺規等，都是記錄原始資料的工具。

蒐集初級資料的方法

研究者必須設計如何來蒐集資料。我們有必要了解三種蒐集初級資料的方法：

調查研究。調查研究（survey research）是在蒐集初級資料方面相當普遍的方法。經過調查研究所蒐集的資料，經過分析之後，可以幫助我們了解人們的信念、感覺、態度、過去的行為、現在想要做的行為、知識、所有權、個人特性及其他的描述性因素（descriptive terms）。研究結果也可以提出關聯性（association）的證據（例如，人口的密度與犯罪率的關係），但是不能提出因果關係的證據（例如，人口密度是造成犯罪的原因）。

調查研究是有系統地蒐集受測者的資料，以了解及（或）預測有關群體的某些行為。這些資訊是以某種形式的問卷來蒐集的。

調查法依研究目的、性質、技術、所需經費的不同，又可細分為人員訪談（personal interview）、電話訪談（telephone interview）、問卷調查（mail）及電腦訪談（computer interview）。近年來由於科技的進步，在調查技術上也有相當突破性的發展。

在電話訪談方面，最進步的應屬於「電腦輔助訪談」（Computer-Assisted Telephone Interviewing, CATI）的方式，訪談者一面在電話中聽被訪者的答案，一面將此答案鍵入電腦中（在電腦螢光幕上顯示的是問卷的內容），如此可省下大量的資料整理、編碼、建檔的時間。

近年來由於網際網路的普及，利用網頁作為蒐集初級資料的工具已經蔚為風氣。事實上，有許多網站提供免費的網路問卷設計，同時，我們也可利用功能強大的程式來設計網路問卷。有關這方面的討論，可參考榮泰生著，《企業研究方法》，4版，第9章。

實驗研究。實驗研究（experiment research）的意義是：「由實驗者操弄一個（或以上）的變數，以便測量一個（或以上）的結果。」被操弄的變數稱為自變數（independent variable）或是預測變數（predictive variable）。可以反應出自變數的結果（效應）的稱為依變數（dependent variable）或準則變數（criterion variable）。依變數的高低至少有一部分是受到自變數的高低、強弱所影響。

暴露於自變數操弄環境的實體，稱為實驗組（treatment group），這個實體（受測對象）可以是人員或商店。在實驗中，自變數一直維持不變的那些個體所組成的組，稱為控制組（control group）。

實驗可分為實驗室實驗（laboratory experiment）與現場實驗（field experiment, 又稱實地實驗）兩種。實驗室實驗是將受測者聚集在一個特定的地點，並施以實驗處理（例如觀賞廣告影片）。實驗室實驗的優點在於可對自變數做較為嚴密的控制，但其缺點在於實驗結果對真實世界的代表性。實驗研究可用在現場實驗或調查研究上。在某商店的一般採購情況下，測試消費者對於某新產品的反應。現場實驗的優點，在於行銷者可對行銷決策進行較為直接的測試。而其缺點則是：易受意外事件（如天候、經濟消息）的影響；遞延效果（carryover effects），亦即受測者先前做過的實驗（或先前類似的經驗）會對這次實驗造成影響；只能控制若干個變數；外在變數不易掌握。例如，銷售量的增加係由於價格下降所致，抑或由於受試者友人的建議，抑或由於廣告的效果，甚或由於企業本身的運氣則不得而知。有關實驗法的詳細說明，可參考榮泰生著，《企業研究方法》，4版，第10章。

觀察研究。觀察研究（observation research）是了解非語言行為（nonverbal behavior）的基本技術。雖然觀察研究涉及到視覺化的資料蒐集（用看的），但是研究者也可以用其他的方法（用聽的、用摸的、用嗅的）來蒐集資料。使用觀察研究，並不表示就不能用其他的研究方法（調查研究、觀察研究）。觀察研究常是調查研究的初步研究，而且也常與文件研究（document study）或實驗一起進行。

觀察研究有兩種主要的類型：參與式（participant）與非參與式（nonparticipant）。在參與式的觀察中，研究者是待觀察的某一活動的參與者，他會隱瞞他的雙重角色，不讓其他的參與者知道。例如，要觀察某一政黨活動的參與者，會實際加入這個政黨，參加開會、遊行及其他活動。在非參與式的觀察中，研究者並不參與活動，也不會假裝是該組織的一員。有關如何以觀察研究蒐集初級資料的討論，可參考榮泰生著，《企業研究方法》，4版，第12章。

資料分析

研究者必須循序說明資料處理的各步驟，並且驗證各假說的統計分析技術。

抽樣計畫

研究人員必須決定及說明要用什麼抽樣方法、樣本要有什麼特性（即抽樣對象），以及要對多少人（即樣本大小）進行研究。有關抽樣方法、樣本大小決定的說明，可參考榮泰生著，《企業研究方法》，4版，第6章。

抽樣方法

幾乎所有的調查均須依賴抽樣。現代的抽樣技術是基於現代統計學技術及機率理論發展出來的，因此抽樣的正確度相當高；再說即使有誤差存在，誤差的範圍也很容易測知。

抽樣的邏輯是相對單純的。我們首先決定研究的母體（population），例如，全國已登記的選民，然後再從這個母體中抽取樣本。樣本要能正確地代表母體，使得我們從樣本中所獲得的數據，最好能與從母體中所獲得的數據是一樣正確的。值得注意的是，樣本要具有母體的代表性是相當重要的，換句話說，樣本應是母體的縮影，但是這並不是說，母體必須是均質性（homogeneity）的。機率理論的發展可使我們確信相對小的樣本亦能具有相當的代表性，也能使我們估計抽樣誤差，減少其他的錯誤（例如編碼錯誤等）。

抽樣的結果是否正確與樣本大小（sample size）息息相關。由於統計抽樣理論的進步，即使全國性的調查、數千人所組成的樣本亦頗具代表性。根據Sudman（1976）的研究報告，全美國的財務、醫療、態度調查的樣本數也不過是維持在千人左右。有25%的全國性態度調查其樣本數僅有500人。[14]

在理想上，我們希望能針對母體做調查。如果我們針對全台灣人民做調查，發現教育程度與族群意識成負相關，我們對這個結論的相信程度自然遠高於對一千人所做的研究。但是全國性的調查不僅曠日費時，而且所需的經費又相當龐大，我們只有退而求其次地進行抽樣調查。我們可以從母體定義「樣本」這個子集合。抽樣率100%表示抽選了整個母體；抽樣率1%表示樣本數占母體的1%。

我們從樣本中計算某屬性的值（又稱統計量，例如樣本的所得平均），再據以推算母體的參數值（parameters，例如母體的所得平均）的範圍。

我們應從上（母體）到下（樣本或部分母體）來進行，例如，從200萬個潛在的受訪者中抽出4,000個隨機樣本。我們不應該由下而上進行，也就是不應該先決定最低的樣本數，因為這樣的話，除非我們能事先確認母體，否則無法（或很難）估計樣本的適當性。不錯，研究者有一個樣本，但是是什麼東西的樣本呢？

例如，我們的研究主題是「台北市民對於交通的意見」，並在SOGO百貨公司門口向路過的人做調查，這樣的話，我們就可以獲得適當的隨機樣本了嗎？如果調查的時間是上班時間，那麼隨機調查的對象比較不可能有待在家的人（失業或退休的人），因此在上班時間進行調查的隨機樣本雖然是母體的一部分，但是卻不具有代表性，所以不能稱為是適當的隨機樣本。但是如果我們研究的主題是「上班時間路過SOGO百貨公司者對於交通的意見」，那麼上述的抽樣法就算適當。從這裡我們可以了解：如果事前有台北市民的清單，並從中抽取樣本，那麼樣本不僅具有代表性，而且其適當性也容易判斷。

樣本大小的決定

研究者必須說明樣本大小是如何決定的。樣本大小決定的方式有很多，可參考榮泰生著，《企業研究方法》，4版，第6章的說明。

時間幅度

時間幅度是指研究是涉及到某一時間的橫斷面研究（cross-sectional study），還是涉及到長時間（不同時點）的縱斷面研究（longitudinal study）。

研究可以「對時間的處理」的不同，而分為橫斷面研究與縱斷面研究。橫斷面研究是在某一時點，針對不同年齡、教育程度、所得水準、種族、宗教等，進

[14] Seymour Sudman, *Applied Sampling* (New York: Academic Press, 1976).

行大樣本的研究。相形之下，縱斷面研究是在一段時間（通常是幾週、月，甚至幾年）來蒐集資料。顯然縱斷面研究的困難度更高，費用更大，也許就因為這樣，研究者通常會用小樣本。如果在不同的時點，所採用的樣本都是一樣，這種研究就是趨勢分析（trend analysis）。縱斷面研究的資料亦可能由不同的研究者在不同的時點來提供。

調查研究是詢問受測者一些問題的方法，這些問題通常是他們的意見或是一些事實資料。在理論上，調查研究是屬於橫斷面研究，雖然在實際上問卷回收的時間可能要費上數月之久。橫斷面研究的典型類型是普查。普查是在同一天對全國民眾進行訪談。

地點

研究者必須說明在何處蒐集資料。如以網路問卷進行調查，則無地點的問題；如以一般問卷調查、人員訪談的方式蒐集資料，則應說明地點，如榮老師教室、××百貨公司門口等。

預試

在正式的、大規模的蒐集資料之前，我們進行預試（pilot testing）。預試的目的在於早期發現研究設計及測量工具的缺點並做修正，以免在大規模的、正式的調查進行之後，枉費許多時間與費用。研究者必須說明預試的期間與進行方式。

我們可以對母體進行抽樣，並對這些樣本進行模擬，以了解消費者的反應，並可以改正問卷的缺點（哪些問題很難回答、哪些問題太過敏感等）。通常預試對象的人數從 25 到 100 人不等，視所選擇的研究方法而定。在預試中，受測的樣本不必經過正式的統計抽樣來決定，有時只要方便即可。值得注意的是：受測者在接受預試之後，對於所測試的主題會有比較深入的了解，在正式測試時會造成一些偏差現象，這種偏差稱為「事前測量誤差」。

2.7 資料分析

統計分析依分析的複雜度以及解決問題的層次，可分為單變量分析（univariate analysis）、雙變量分析（bivariate analysis）與多變量分析（multivariate analysis）。一般而言，單變量分析包括：出現的頻率（frequencies）、平均數、變異數、偏態、峰度等。雙變量分析包括：相關係數分析、交叉分析等。多變量分析包括：因素分析、迴歸分析、區別分析、變異數分析等。如果要了解如何操作，可參考：榮泰生著，《SPSS與研究方法》，2版（台北：五南圖書出版公司，2009）。本書將說明如何建立SEM，並進行資料分析。

在資料分析這個階段，研究者應呈現資料分析的結果。呈現的方式可用Amos的輸出或自製表格，當然以Amos的輸出來呈現較具有說服力，但有時輸出報表過多（尤其是針對不同變數用同一方法時），研究者可以自行編製彙總表。

在檢定研究假說時，我們要採取這樣的決策法則：如果分析的結果顯示我們不能棄卻虛無假說，就不要採取任何矯正行動。值得注意的是：我們要說「不棄卻」（not to reject），不要說「接受」（accept），因為虛無假說永遠不能被證實，所以不能「被接受」。[15]

利用 Amos 所傳回來的（所顯示的）值是顯著性（p 值），我們要用顯著性和我們所設的顯著水準α值做比較，如果顯著性大於α值，未達顯著水準，則不棄卻虛無假說；如果顯著性小於α值，達到顯著水準，則棄卻虛無假說。在統計檢定時，本書所設定的顯著水準皆是0.05（$\alpha = 0.05$）。

統計檢定的結果只能讓我們棄卻或不棄卻假說。雖然如此，但是我們在許多研究中還是常常看到用「接受虛無假說」這樣的字眼，原因可能是覺得「不棄卻虛無假說」這個用字太過彆扭吧！本書也將「從善如流」，當用到「不棄卻」時，後面會以「接受」加註。

如果我們棄卻虛無假說（發現有統計上的顯著性），那麼就應該接受對立假

---

[15] 從這裡我們可以看出歸納性推理（inductive reasoning）的特性。在演繹性推理（deductive reasoning），前提與結論之間可正當的建立「結論性的證實」（conclusive proof），但在歸納性推理中則沒有這種特點。

說。在我們接受或棄卻一個虛無假說時，很可能做了錯誤的決定。例如，當我們應該棄卻虛無假說時，卻接受了；或者當我們應該接受虛無假說時，卻是棄卻了。

• 「棄卻、不棄卻」與「成立、不成立」

在統計學中，虛無假說是以「負面」的方式來表示，例如，如果所要探討的題目是男與女在態度上的平均數有無顯著性差異，則所建立的虛無假說是：男與女在態度上的平均數「無」顯著性差異。如果顯著性小於顯著水準（我們所設定的顯著水準，$\alpha=0.05$），則棄卻虛無假說；如果顯著性大於顯著水準（我們所設定的顯著水準，$\alpha=0.05$），則不棄卻（接受）虛無假說。但是近年來的學術研究論文，傾向以「正面」的方式來表示虛無假說，例如，以上述的例子而言，所建立的假說是：男與女在態度上的平均數「有」顯著性差異。如果顯著性大於顯著水準（我們所設定的顯著水準，$\alpha=0.05$），則假說不成立；如果顯著性小於顯著水準（我們所設定的顯著水準，$\alpha=0.05$），則假說成立。綜合以上的敘述，棄卻「無」，不就是接受「有」嗎？而在「有」的情況下，假說是「成立」的。所以不論用正面、負面的方式來敘述假說，結論都是一樣的。換言之，負面、正面敘述是一體兩面。最重要的研判點，就是顯著性。

我們可將以上的說明，整理如下：

研究問題	虛無假說	假說描述	驗證結果	研究結論
甲和乙不同嗎？	H_0：甲＝乙	甲和乙沒有顯著性差異	具有顯著性差異 沒有顯著性差異	不成立 成立
甲和乙相同嗎？	H_0：甲≠乙	甲和乙具有顯著性差異	具有顯著性差異 沒有顯著性差異	成立 不成立

2.8 研究結論與建議

研究結論

經過分析的資料將可使研究者研判對於研究假說是否應棄卻。假說的棄卻或不棄卻，或者假說的成立與否，在研究上都有價值。

研究建議

研究者應解釋研究在企業問題上的涵義。研究建議應具體，使企業有明確的方向可循、有明確的行動方案可用，切忌曲高和寡、流於空洞、華而不實。例如，「企業唯有群策群力、精益求精、設計有效的組織結構、落實企業策略」這種說法就流於空洞，因為缺少了「如何」的描述。

附錄2.1 研究中常見的問題

過去將近 20 年來，筆者指導或參與口試的論文不下百篇，發現有許多共同的「大」問題，整理如下，以供讀者參考：

1. 變數名稱不一致

研究變數的名稱不一致，例如有時說「忠誠」，有時說「忠誠度」，會讓人覺得這些是不同的變數（雖然研究者認為是一樣的）。

2. 不能環環相扣

2.1 節說明過環環相扣的意思。例如，針對樂活族的研究中，在文獻探討中大量探討樂活族的分類，但是研究者的研究中並未對樂活族加以分類，或者分類根本不是他的研究重心，試問：探討樂活族的分類目的何在？

3. 撰寫論文好像是在寫教科書

例如，針對消費者行為的研究，常以「XXX認為消費者行為是指，……」加以描述，試問：研究者是要對此定義提出質疑嗎？

4. 文獻探討見樹不見林

大多數的研究，其文獻探討只是對變數做定義，並列舉一些學者對某變數的定義。但真正的文獻探討是探討研究架構中變數之間關係的正反面看法。

5. 變數之間關係混淆，關聯性與因果性不分

因果式研究是找出影響依變數的各種原因（自變數），或者各自變數對依變數的影響程度。關聯性研究則是在變數之間無因果關係，而這些變數是「互依的」。

6. 研究動機與研究背景混淆

研究動機是要說明在學術上要補哪些研究不足之處，或企圖澄清學術上哪些爭辯的問題；在實務上，要發掘什麼、澄清什麼現象。研究背景是說明為何研究此論文重要，並扼要說明與本研究有關的一些課題。

7. 問卷中的問題涉及到兩個變數

例如，研究中有兩個變數：工作績效與工作滿足，而研究者想要發現這兩個變數之間的關係。如果問卷中有一題是這樣問：「我的工作成果不錯，所以我感到滿足」，這樣的問法非常不適當。應該以工作績效的操作性定義來設計問卷各題項，以工作滿足的操作性定義來設計問卷各題項，然後再以統計分析來看出這

兩個變數的關係。

8.「分析技術」的陳述

在研究設計（通常在論文的第三章）中對研究分析技術的說明，通常以統計技術來分類說明，這是不適當的，應該是以研究中各假說的驗證會用到什麼統計技術來說明。同時，有些研究者會「大肆」說明這些統計技術，事實上這是不必要的；只要扼要說明即可。

*9.*引用失當

原作者寫 ibid（同上）或 et al.（等人），結果我們卻全盤把它抄進來。但是原作者的「同上」和我們的「同上」不同；而原作者的「等人」是因為他在其文章中第一次引用時已將有關的作者名字寫出來。

*10.*研究限制

論文中的研究限制是指知識上的不足，並不是研究方法上的缺陷或蒐集資料的技術不良。同樣地，「對後續研究的建議」是指在知識上的延伸，而不是方法上的延伸。例如，在研究限制上，如果表明資料蒐集方法的不當、樣本代表性的不足，或者統計分析的不周全，那麼為什麼不在這次研究時就克服這些問題？

第 3 章
蒐集初級資料

AMOS

蒐集初級資料涉及到工具（量表、問卷設計）與方式（例如調查法）的問題。

3.1 量表

專題研究中所涉及的觀念（或構念）通常是非常複雜的、抽象的，如果再加上粗糙、不精確的測量工具，無異雪上加霜，使研究結果的正確性大打折扣。我們希望測量工具是有效的，也就是說，在以一個測量工具來測量某一觀念時，其真實分數（true score）與測試分數（test score）的差距要愈小愈好（最好沒有差距）。但是這個差距的大小會隨著我們所要測量的觀念而定；如果觀念非常具體，而測量工具又是標準化的工具，則此差距會非常小（甚至沒有）。這個例子好像我們用尺來量電腦桌的長度與寬度。如果所測量的觀念是比較抽象的（例如，輔大學生對於拜耳撤廠的態度），而且測量的工具又不具有標準化（例如，以問問題的方式來測量態度），我們就沒有十足把握所測得的分數會代表真正的分數，這就好像我們用手臂來測量電腦桌的長度與寬度。

量表法或稱尺度法（scaling）是將某數字（或符號）指派到物體的某個屬性上，以將此數字的某些特性分享給該屬性。[1] 例如，我們將數字量表指派到各種不同的冷熱程度。以這個量表所做成的測量工具就是溫度計。

嚴格地說，我們是將數字指派給某個個體的屬性的指示物（indicant）。例如，我們要測量一個人（個體）的家庭生命週期（屬性），就會設計問題（指示物）來加以測量。

量表，尤其是態度量表，用在專題研究中具有三個主要的目的：（1）測量；（2）藉著澄清操作性定義來幫助觀念（變數）的界定；（3）在測量敏感性問題時，不使受測者知道研究的目的，以免產生偏差。

常用的量表

在專題研究中有許多量表技術（scaling techniques），由於篇幅的關係，本書

---

[1] A. Allen, *Techniques of Attitude Scale Construction* (New York: Appleton-Century-Crofts, 1957).

不可能將適用在特殊情況的各種量表一一加以介紹；[2] 我們將介紹在專題研究中常用的量表。專題研究常用的量表分為兩類：評等量表（rating scales）及態度量表（attitude scales）。評等量表是受測者針對一個人、物件或其他現象，在一個連續帶上的某一點（或類別中的某一類）對單一向度（single dimension）加以評估，然後再對其所評估的那一點（或那一類）指派一個數值。

態度量表是測量受測者對於某物件或現象的傾向的一系列測量工具。[3] 態度量表與評等量表的不同點在於前者是比較複雜的、多重項目量表。[4] 事實上，態度量表只不過是評等量表的組合而已，其目的在於測量受測者對於某件行為或物件的感覺。

我們了解在專題研究中，以問問題的方式來測量某個觀念是相當普遍的事。例如，我們可問某經理有關他對某部屬的意見，他可能回答的方式及答案有：「很不錯的機械工」、「小錯不斷、大過不犯」、「工會的激進份子」、「值得信賴」或者「工作起來很有幹勁，但常常遲到」。這些回答表示了他在評估他的員工時的不同參考架構（frames of reference）。但是這些回答這麼分歧，我們怎麼去分析呢？

我們可以用兩種方法來增加這些答案的可分析性和有用性。第一，將每個屬性分開來，要求受測者就每一屬性分別加以評估；第二，我們建立一個結構化的工具來代替自由回答的方式。我們在將定性的向度加以量化時，可用評等量表（rating scale）。

---

[2] 如有興趣進一步研究其他量表，可參考：Warren S. Torgerson, *Theory and Methods of Scaling* (New York: John Wiley & Sons, 1957); Charles Osgood, George Suci, and Percy Tannenbaun, *The Measurement of Meaning* (Champaign, IL.: University of Illinois Press, 1957).有關量表的高級應用（例如利用多元尺度法），請參考：榮泰生著，《SPSS 與研究方法》，2 版（台北：五南圖書出版公司，2009）。

[3] D. Davis and R. M. Cosenza, *Business Research for Decision Making*, 3rd ed. (Belmont, CA.: Wadsworth Publishing Company, 1993), pp. 199-202.

[4] C. Selltiz, L. S. Wrightsman, and S. W. Cook, *Research Methods in Social Relations* (New York: Holt, Rinehart and Winston, 1976), Chapter 12.

3.2 評等量表

評等量表分為：非比較式評等量表（noncomparative rating scale）、比較式評等量表（comparative rating scale）、等級排序式評等量表（rank order rating scale）及固定總和評等量表（constant-sum rating scale）。以Amos來分析資料時，以非比較式評等量表用得最多，所以我們只介紹這個。

非比較式評等量表

當我們以評等量表來評斷某個物體的屬性時，並不參考其他類似的個體。專題研究中常用的評等量表有：圖形式評等量表（graphic rating scales）、逐項列舉式評等量表或簡稱逐項式量表（itemized rating scales）。茲將此兩種量表說明如下：

圖形式評等量表

圖形式（graphic）、非比較式的評等量表，有時被稱為是連續式評等量表（continuous rating scale），這類量表是要求在一個涵蓋著整個評點範圍的連續帶上做標記，以表示他（她）的評估情形。由於是在一個連續帶上做標記，所以在理論上有無限多的可能評點。

這類量表又稱溫度計表（thermometer chart）。受測者在圖形量表上寫出代表某一物件的程度（圖 3.1）。

圖形式評等量表（圖 3.2）另外的變化是以量表的兩端表示態度的兩個極端，受測者只要在這個量表上的適當位置打「✓」號即可。

用圖形式評等量表來測量時，對於標記的定義常常是不清楚的。例如，什麼叫做「永遠」、「從來」、「相處」、「很好」等，受測者在回答這些問題時，都會使用自己的參考架構。事實上，許多其他的量表均有同樣的缺點。圖形式評等量表還有以下的變化，見圖 3.3。[5]

[5] M. Parten, *Surveys Polls and Samples: Practical Procedures* (New York: Harper & Row, 1950), pp. 190-192.

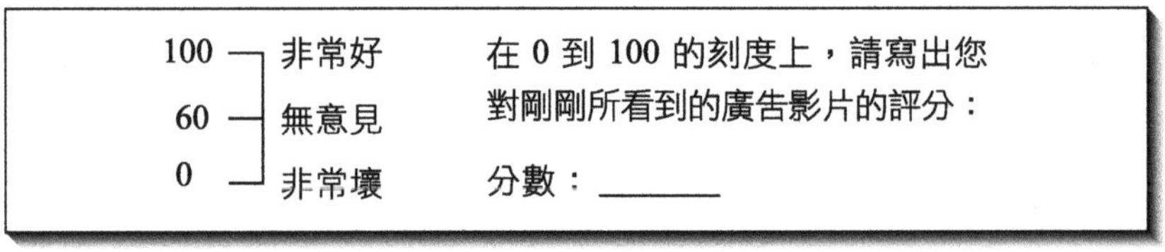

100 — 非常好　　在 0 到 100 的刻度上，請寫出您
60 — 無意見　　對剛剛所看到的廣告影片的評分：
0 — 非常壞　　分數：______

圖 3.1　溫度計表

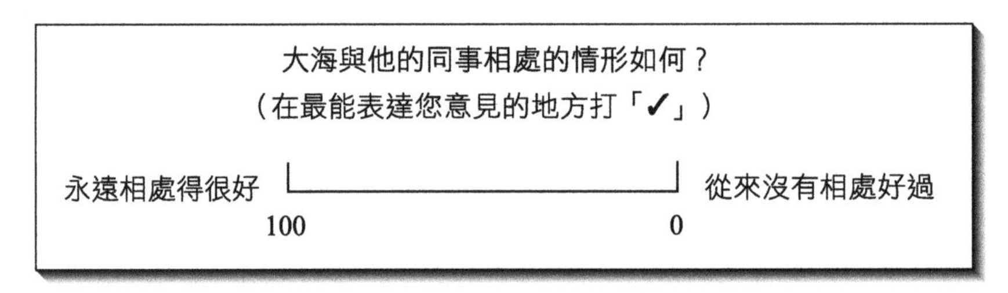

圖 3.2　圖形式評等量表

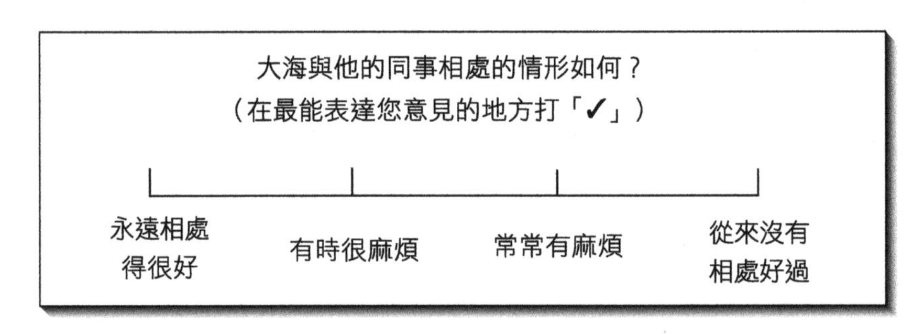

圖 3.3　圖形式評等量表的變化

從上述的例子中我們可以了解：研究者可以或不必提供量表評點（scale point）。量表評點也就是以數字，及（或者）簡短的說明所提供的評點。受測者在其上做標記之後，研究者會適當地將直線加以分類，並給予評點（分數），這些分數是區間資料（interval data）。

雖然圖形式評等量表在建立上非常簡單，但是它不如逐項式量表那麼具有信度，而且所提供的額外資訊也相當有限，所以在專題研究上的運用並不普遍。[6]

[6] L. W. Friedman and H. H. Friedman, "Comparison of Itemized vs. Graphic Rating Scales," *Journal of Market Research Society*, July 1986, pp. 285- 290.

逐項式評等量表

逐項式評等量表需要受測者在有限的類別中挑選一個類別（這些類別是以其量表位置加以排列）。逐項式評等量表的例子如下（圖 3.4、圖 3.5）：

大海與他的同事相處的情形如何？

（在最能表達您意見的地方打「✓」號）

□ 永遠相處得很好　□ 有時很麻煩　□ 常常有麻煩　□ 從來沒有相處好過

永遠相處得很好	□	□	□	□	□	從來沒有相處好過
	1	2	3	4	5	

三點尺度

是 ______ 不一定 ______ 不是 ______

四點尺度

許多 ______ 有一些 ______ 幾乎沒有 ______ 完全沒有 ______

五點尺度

完全同意 ______ 略同意 ______ 無意見 ______ 略不同意 ______ 完全不同意 ______

圖 3.4　逐項式評等量表例一

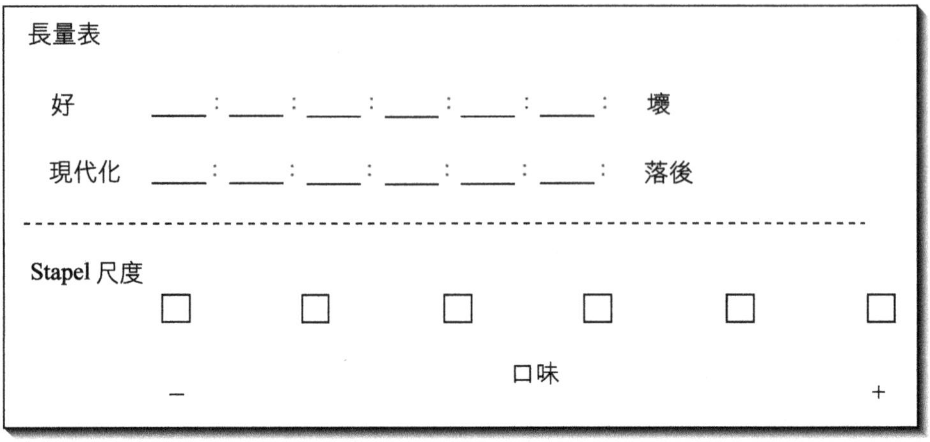

長量表

好 ____:____:____:____:____:____: 壞

現代化 ____:____:____:____:____:____: 落後

Stapel 尺度

☐ ☐ ☐ ☐ ☐ ☐

– 口味 +

圖 3.5　逐項式評等量表例二

另外一種逐項式評等量表中有若干個陳述，受測者從其中勾選最能表達其意見的那個陳述；這些陳述是以某種屬性的漸進程度來呈現的，通常有五到七個陳述（圖 3.6）：

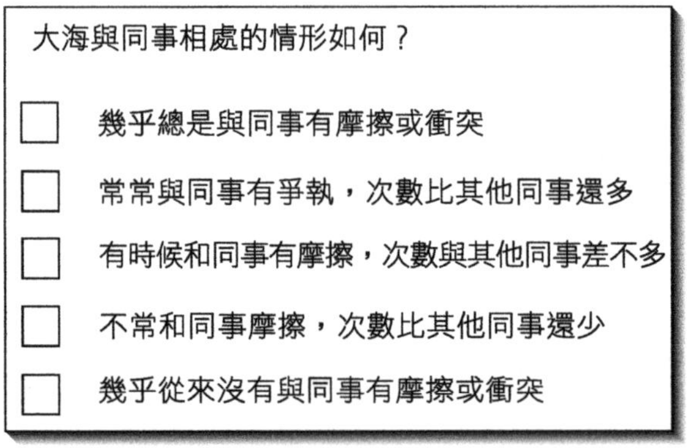

大海與同事相處的情形如何？

☐ 幾乎總是與同事有摩擦或衝突

☐ 常常與同事有爭執，次數比其他同事還多

☐ 有時候和同事有摩擦，次數與其他同事差不多

☐ 不常和同事摩擦，次數比其他同事還少

☐ 幾乎從來沒有與同事有摩擦或衝突

圖 3.6　逐項式評等量表（有若干個陳述）

這種量表的設計比較不容易，而且陳述的說明也不那麼精確，但不可否認的，逐項列舉式比較能夠向受測者提供較為豐富的資訊及字句的意義，使得受測者有相同的參考架構。圖 3.7 是測量產品或服務滿意度的三種評等量表。[7]

[7] R. A. Westbrook, "A Measuring Scale for Measuring Product/Service Satisfaction," *Journal of Marketing*, Fall 1980, p. 69.

D-T 尺度（Delighted Terrible）

7	6	5	4	3	2	1
□	□	□	□	□	□	□
非常滿意	很滿意	略滿意	無意見	略不滿意	很不滿意	非常不滿意

百分比尺度

100% 90% 80% 70% 60% 50% 40% 30% 20% 10% 0%

非常滿意 非常不滿意

需求 S-D 尺度（Semantic Differential）

非常好 ____ ____ ____ ____ ____ ____ ____ 非常差

(7) (1)

圖 3.7 測量產品或服務滿意度的三種評等量表

如對逐項式評等量表進一步的研究，我們可從文字敘述、類別的數目、平衡式與非平衡式類別、奇數或偶數類別、強迫式或非強迫式這些角度來分析。

文字敘述

有些量表類別會伴隨著文字敘述（verbal description），例如圖 3.7 中的D-T量表；有些量表類別是以數字表示，例如表中的百分比量表；有些量表則是除了兩端之外沒有標記（文字敘述），例如圖 3.7 中的 S-D 量表。

以文字敘述的類別是否會對回答的正確性有所影響？學者發現：對每個類別做文字敘述並不會增加最終資料的正確性及可信度。[8]

有許多量表的類別是以圖畫來代替文字，例如圖 3.8 中的「微笑量表」（smile face scale）最適合用在針對五歲小孩的調查研究上。[9]

---

[8] H. H. Friedman and H. H. Leefer, "Level Versus Position in Rating Scales," *Journal of the Academy of Marketing Science*, Spring 1981, pp. 88-92.

[9] J. P. Neelankavil, V. Obrien, and R. Tashjian, "Techniques to Obtain Market-related Information from Very Young Children," *Journal of Advertising Research*, June/July 1985, p. 45.

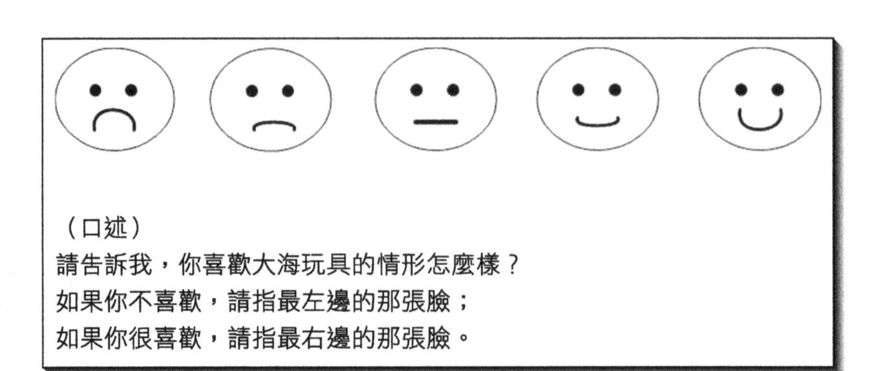

圖 3.8　微笑量表

類別的數目

評等的方式可能是「喜歡—不喜歡」這兩個類別的（或稱二點）量表，或者「同意—無意見—不同意」三點量表，以及其他具有更多類別的量表。到底要用三點量表好呢？還是五點、七點量表？學者之間並沒有共識。在專題研究中，所用的量表從三點到七點不等，而且用幾點量表似乎沒有什麼差別。學者曾將1940年代的論文加以整理，發現有3/4以上的論文皆用五點量表來測量態度；將最近的論文加以整理，發現用五點量表還是相當普遍，但是用較長量表（如七點量表）的情形有愈來愈多的趨勢。[10]

平衡式與非平衡式類別

研究者也必須決定是否用平衡式（balanced）或非平衡式（unbalanced）的類別。平衡式量表的意思是指「滿意」與「不滿意」的類別數目是相同的。研究者在決定是否用平衡式量表時，應考慮所希望獲得的資訊類型以及他所假設的態度分數在母體中分布的情形。在一項針對某一品牌的消費者所做的研究中，研究者如果能夠很合理地假設：大多數的消費者對於此品牌有好的整體態度（如果研究者所要測量的是此品牌的某一屬性，那麼這個假設就顯得脆弱了）。在此情況下，具有「有利」的類別比「不利」的類別還多的非平衡式量表可能比較能反映出實在的情形。

[10] D. D. Day, "Methods in Attitude Research," *American Sociological Review 5*, 1940, pp. 395-410.

奇數或偶數類別

偶數類別和平衡式類別（「有利」和「不利」的類別數目相同）可以說是一體的兩面。如果我們用的是奇數類別，則中間那個項目通常被視為是中性的（neutral point）。

表 3.1 顯示了一項針對 3,000 位女性家長所做的「購買意圖」的研究結果；在研究中如果包含了中性選項（也就是奇數類別）會特別影響到相鄰的選項（類別）。再仔細研究一下，發現這個影響是非對稱性的，也就是說，中性選項的出現影響「可能不會買」這個類別的程度比較大。我們也可以發現：中性選項的出現，高檔類別（top box，也就是「絕對會購買」這類）也受到不同程度的影響。

表 3.1　針對 3,000 位女性家長所做的「購買意圖」（%）的研究結果

反應	類別的數目	時間幅度／產品					
		30 天後			7 天後		
		牙刷	電池	燈泡	餡餅材料	電影	pizza
絕對會購買	4	16	21	26	16	13	15
	5	19	23	28	16	14	15
可能會購買	4	23	28	30	22	15	17
	5	27	35	35	30	20	23
無意見	5	22	25	22	26	25	21
可能不會購買	4	19	15	11	19	21	18
	5	33	28	24	33	39	31
絕對不會購買	4	20	11	11	17	26	29
	5	21	14	13	21	27	31

資料來源："Measuring Purchase Intent," *Research on Research* 2 (Chicago: Market Facts Inc.), p. 1.

由於這類的反應類別在專題研究中常用到，尤其是在產品觀念測試方面，所以我們在比較不同類別的研究報告結果時要特別注意，才不會造成在解釋上高估或低估的現象。

到底有沒有所謂的「中性態度」？學者之間的看法有相當大的出入。反對者認為態度要嘛就有利，要嘛就不利，不可能有中性的。這只是代表一種看法，但不可否認的，這些人會用偶數類別的量表。

強迫式或非強迫式

另外一個在評等量表的設計上相當重要的考慮因素就是是否要用強迫式（forced）還是用非強迫式量表（unforced scale）。顧名思義，強迫式量表是要受測者一定要在量表的類別上表態。如果受測者對這個主題真的「無意見」（如「不喜歡也不討厭」），或者是不知道這個主題，他就會勾選「無意見」，這樣的話，我們就沒有「強迫」他表達實情，所以我們要加上「不知道」這個類別。

小結

我們現在對於逐項式評等量表的重要考慮因素加以彙總說明，並提出一般性的建議，如表 3.2 所示。

表 3.2　評等量表的重要考慮因素及一般性的建議

課題	一般性的建議
1. 文字說明	至少要對某些類別做清楚的文字說明
2. 類別的數目	如果要將分數加總，用五種類別即可；如果要比較個體的屬性，至多可用到九種類別
3. 平衡式或非平衡式	除非明確知道受測者的態度是非平衡式的（如所有的人都做「有利」的評估），否則用平衡式的
4. 奇數或偶數類別	如果受測者能感覺到「中性」態度，用奇數類別，否則用偶數類別
5. 強迫或非強迫式	除非所有的受測者對於要測試的主題有所了解，否則用非強迫式

資料來源：Donald, S.Tull and Del I. Hawkins, *Marketing Research: Measurement and Methods*, 6th ed. (New York: Macmillan Publishing Company, 1993), p. 380.

我們將非比較式中逐項式評等量表的各種變化整理如表 3.3。當我們以評等量表來評斷某個物體的屬性時，並不參考其他類似的個體，但是受測者在評估某個體或物件時，還是會有某些標準，只是這些標準不是外顯的（explicit）而已。在比較式評等量表（comparative rating scale）中，受測者被要求要與某些標準做比較，例如，在工作評估表中會以某個標準的工作為基礎，要受測者做比較。

表 3.3　逐項式評等量表的各種變化

1. 平衡式、強迫選擇、奇數類別的量表（測量某一特性屬性的態度）

你喜歡大海飲料的口味嗎？

非常喜歡	喜歡	無意見	不喜歡	非常不喜歡
▭	▭	▭	▭	▭

2. 非平衡式、強迫選擇、奇數類別的量表（測量整體性的態度）

你對於此廣告的反應如何？

非常熱烈	熱烈	無意見	略熱烈	非常不熱烈
▭	▭	▭	▭	▭

3. 平衡式、強迫選擇、偶數類別的量表（測量整體性的態度）

整體而言，你覺得超白牙膏如何？

非常好	很好	有些好	有些壞	很壞	非常壞
▭	▭	▭	▭	▭	▭

4. 非平衡式、非強迫選擇、偶數類別的量表（測量整體性的態度）

你覺得大海軟體公司的銷售人員如何？

非常友善	友善	略友善	無意見	略不友善	不友善	非常不友善	不知道
▭	▭	▭	▭	▭	▭	▭	▭

3.3 態度量表

專題研究中常用的態度量表有李克尺度法（Likert scale）、語意差別法（semantic differential）。

李克尺度法

李克尺度法是由Rensis Likert（1970）所發展的，因而得名。評估者以同意或不同意對某些態度、物件、個人或事件加以評點。[11] 通常李克尺度法是五點或七點，研究者將各敘述（各題）的分數加總以獲得態度總分。

[11] R. Likert, “A Technique for the Measurement of Attitudes,” in *Attitude Measurement*, ed. Gene F. Summers (Chicago: Rand McNally, 1970), pp. 149-58.

表 3.4 是李克尺度法之例。大海超市可用這些量表來測量顧客的態度。值得注意的是：（1）反應類別只有文字標記，沒有數字標記。研究者在彙總了受測者的資料（所做的標記）之後，可依「非常同意」到「非常不同意」分別給予 1 到 5 的評點（分數），或者是另外一組的數字（例如，−2、−1、0、+1、+2）；（2）在表 3.4 中，第 1、3、4 題是對商店做有利的態度陳述，而第 2、5、6 題是對商店做不利的態度陳述。一個好的李克量表在有利、不利的陳述數目方面要保持相等，這樣才不會產生誤差。

表 3.4　測量顧客態度的李克尺度法

在下列各敘述中，請在最能表示你對大海超市態度的五種類別中打勾。如果你「非常同意」該敘述，請在右邊的「非常同意」處打勾（✓）。

	非常不同意	不同意	無意見	同意	非常同意
1. 結帳櫃台人員是友善的	▢	▢	▢	▢	▢
2. 結帳速度很慢	▢	▢	▢	▢	▢
3. 價格合理	▢	▢	▢	▢	▢
4. 產品項目齊全	▢	▢	▢	▢	▢
5. 營業時間不方便	▢	▢	▢	▢	▢
6. 行進路線不清楚	▢	▢	▢	▢	▢

正反敘述的分數指派

研究者在彙總每一題的分數時，各題的分數高低應永遠保持一致的態度方向。換句話說，在有利的敘述中（如第 1、3、4 題）的「非常同意」與在不利的敘述中（如第 2、5、6 題）的「非常不同意」要指派相同的評點（即給予相同的分數）。

對各敘述應注意事項

李克尺度法的有用性決定於對各陳述的精心設計。要注意：（1）這些敘述必須要有足夠的充分性、差異性，才可望捕捉到「態度」的有關層面；（2）所有的陳述必須要清晰易懂，切忌模稜兩可；（3）每個陳述都必須要有敏感性，以區別具有不同態度的受測者。例如，如果有一題是「大海超市是全國最大的超市」，不論受測者對此超市持有利或不利的態度，都會「非常同意」這個敘述，因此我們便無法分辨出這些人的真正態度。像這樣的題目應從問卷中加以剔除。

好的李克尺度法的做成

如何做成一個好的李克尺度法？首先，我們要建立一個與測量某一個態度有關的大量敘述，然後再剔除掉那些模糊的、不具區別力的敘述。[12] 這些詳細的步驟超出了本書的範圍，但我們可以扼要的說明如下：

假設大海超市想要發展 20 個項目（敘述）的量表，來測量人們對於不同超市的態度。第一步就是發展大量的敘述，或者說建立一個項目庫（pools of items），例如 100 個敘述。在建立這些項目庫時，並沒有一般的規則可資依循，但是要涵蓋能夠影響態度的各層面（因素）。管理者的判斷或者探索式研究（例如，訪談超市的職員等），都會對建立項目庫有所幫助。

第二步，將具有最初 100 題的問卷（每個敘述都可讓受測者在「非常同意」到「非常不同意」這五類做標記）交由具有代表性的樣本（顧客）來填答。問卷蒐集之後，將每個類別分別給予 1 到 5 的分數，高的分數代表有利的態度（要注意每個敘述的態度方向）。由於總共有 100 題，所以某一個顧客的分數會從 100 分到 500 之間（假設他每一題都有勾選），這個分數代表著此顧客的態度總分（雖然這是相當「粗糙的」態度總分）。

為了方便說明，假設甲、乙兩人在第 15、38 題的分數如下 ：

受測者（顧客）	第 15 題的分數	第 38 題的分數	總分
甲	3	4	428
乙	3	1	256

以態度總分來看，甲的總分高於乙（甲比較具有有利的態度），我們再看第 15、38 題的分數，發現第 15 題的區別能力比第 38 題差。如果我們用這個觀念延伸到所有的敘述及所有的受測者，會發現該項目與總分相關程度高的話，[13] 該項

---

[12] G. A. Churchill, “A Paradigm for Developing Better Measures of Marketing Constructs,” *Journal of Marketing Research* 16, February 1979, pp. 64-73.

[13] 這就是「項目—總分相關」（item-total correlation）。

目就很可能會被選上（成為最後量表的項目）。我們可以「項目—總分相關程度」的大小，挑選前20個項目（題目）。

最後，我們可將這些比較具有效度、信度及敏感性的 20 題包含在正式的問卷中，向顧客做實際的測試。我們可以獲得顧客對於不同超市（如小山超市、大海超市）的態度分數，以進行比較分析。態度總分高的表示具有比較有利的態度，但是要注意：態度總分之間沒有倍數的關係，例如大海超市的平均態度分數是 80，小山超市的平均態度分數是 40 分，我們不能說前者的態度是後者的兩倍（因為這些數據是區間量表之故）。

李克尺度法的問題

研究者在對於觀察變數資料的蒐集，大多數採用李克五點尺度法。利用李克五點尺度法從「極同意」（給予 5 點「評點」）到「極不同意」（給予 1 點「評點」）。這些評點嚴格的說是次序尺度，而不是區間尺度。如果將次序尺度視為區間尺度（連續量尺）處理，可能會造成過度的偏態與峰度，而此現象會嚴重影響χ^2與參數的 Z 檢定（有關測量尺度的問題，見第 4 章 4.3 節）。

在 Amos 中，使用變數的測量量尺最好是連續量尺，如果在使用李克尺度法時，最好使用六或七點量尺，以減少資料過度偏態的現象。學者提出，當變數的量尺超過七點以上時，即可視為連續量尺。[14]

語意差別法

語意差別法（semantic differential）或稱語意差別量表（semantic differential scale），其目的在於探求字句及觀念的認知意義。[15] 專題研究學者曾將原版的語意差別量表加以修改以運用在消費者態度的測量上。[16] 語意差別法也是具有幾個要評估者加以勾選的項目，如表 3.5 所示。

---

[14] K. A. Bollen, *Structural Equations with Latent Variables* (New York: John Wiley & Sons).

[15] 此方法是由 Osgood, Suci and Tannenbaun 所發展的。如欲進一步了解，可參考：C. E. Osgood, G. J. Suci, and P. H. Tannenbaun, *The Measurement of Meaning* (Urbana, Ill.: University of Illinois Press, 1957).

[16] W. A. Mindak, "Fitting the Semantic Differential to the Marketing Problem," *Journal of Marketing* 25, April 1961, pp. 29-33.

表 3.5　語意差別量表的項目

以下是對大海超市的態度調查，請在適當的格子上打勾（✓）。

1. 友善的結帳櫃台職員	___:___:___:___:___:___:___	不友善的結帳櫃台職員
2. 緩慢的結帳速度	___:___:___:___:___:___:___	很快的結帳速度
3. 低價	___:___:___:___:___:___:___	高價
4. 產品項目齊全	___:___:___:___:___:___:___	產品項目不齊全
5. 不方便的營業時間	___:___:___:___:___:___:___	方便的營業時間
6. 行進路線不清楚	___:___:___:___:___:___:___	行進路線清楚

表 3.5 的語意差別量表項目突顯了三個主要的基本特色：

（1）它是利用一組由兩個對立的形容詞（而不是完整的句子）構成的雙極量表來評估任何觀念（如公司、產品、品牌等）。受測者的標記代表其感覺的方向及強度。

（2）每一對的兩極化形容詞均由七類量表分開，在其中沒有任何數字或文字說明。

（3）在有些量表上，有利的描述呈現在右邊；在有些量表上，有利的描述呈現在左邊。這個道理和李克尺度法中混雜著有利和不利的敘述是一樣的。

態度的總分是由每項的總分加總而得。七類量表可分別給予 1 到 7 的分數，但對不利的項目，分數給予的方式則要相反。對於態度總分的解釋和李克尺度法是一樣的。

3.4　問卷發展

當細心的建立觀念與觀念之間的關係（觀念性架構）、抽樣計畫，並決定了樣本的大小之後，接著就要設計調查工具或者蒐集資料工具，如問卷或訪談計畫。問卷通常是以郵寄或訪談的方式，向受訪者或填答者詢問的一些題目。[17]

研究者在發展問卷時，所要考慮的因素包括：問題內容、選項設計、問題用

[17] 在中文裡，問題和題目是不分的。在英文中，題目（questions）和問題（problem）各有不同的意思。尤其在管理學中，問題代表「所期望的標準與實際發生的現象之間的差距」。

字、問題次序及問卷的實體風貌。茲將上述因素逐項討論如下。

問題內容

在決定某些問題是否應包含在調查工具（問卷）內時，應考慮到以下的因素：

這個問題有必要嗎？

設計問卷的關鍵因素就是攸關性（relevance）。也就是說，問卷的內容必須與研究目的相互呼應。每一個問題項目必須要能夠提供某些與研究架構中的研究變數、研究主題有關的資訊。

這個問題是否具有敏感性、威脅性？

研究者在問敏感性的問題（例如，性）、避諱的問題（例如，自殺、同性戀等）時，所得到的不是拒答，就是規範性的答案（normative answers）。規範性的答案就是合乎社會規範（social norms）的答案。換句話說，人們在回答這些問題時，所想的是「社會怎麼看這個問題」，而不是「自己認為是怎樣」。不可否認的，這類的問題會造成「社會期待的偏差」（social-desirability bias）。

常模就是告訴人們該做什麼（如穿越馬路要停看聽、要尊師重道等）、不該做什麼（如勿殺人、勿行邪淫、勿貪他人妻等）的陳述。一般人如果沒有遵守社會常模就會受到負面的制裁，其嚴重性從被閒言閒語到坐監服刑不等。因此受測者在必須表露是否做了不該做的事（如手淫、同性戀、紅杏出牆、背後說人壞話等），或者沒有做該做的事（如上教堂、盡社會責任、盡孝道）時，都會承受到很大的心理壓力，而傾向於回答社會上所認可（所期望）的答案。

這個問題是否具有引導性？

引導性的問題（leading questions）會引導受測者傾向於回答某一個答案，因而造成了「人工化」的偏差現象。問卷設計者應該以比較中性的態度來問問題，例如以問「你吸菸嗎？」代替「你不吸菸，不是嗎？」。

造成所問的問題產生偏差的另外一個原因是「引用權威」。例如：「國內大多數的醫生認為吸菸有害健康，您同意嗎？」Selltiz（1959）的研究發現，先提到羅斯福總統的名字，再問「您贊成今年的感恩節提前一週過嗎？」，會使「同意」的百分比增加5%。

選項設計

避免非互斥的問題

非互斥的問題（non-mutually exclusive questions）會使填答者不知要填哪一格。例如，在下面的例子中，認為是$20,000的人要如何填答？

您認為系統分析師的薪水要多少才合理？

- ☐ $20,000 以下
- ☐ $20,000~$24,999
- ☐ $25,000~$29,999
- ☐ $30,000 以上

避免未盡舉（non-exhaustive）的問題

選項設計得不夠完整，使得填答者無法填答適合他（她）的答案。例如下題中，信天主教的人要如何回答？

請問您的宗教信仰是：

- ☐ 佛教
- ☐ 基督教
- ☐ 道教

問題用字

問題用字應該：（1）清晰易懂、避免模糊；（2）避免使用行話；（3）避免二合一（double barreled questions or two questions in one）的問題；（4）注意填答者的參考架構（frames of reference）。

清晰易懂、避免模糊

沒有一個研究者會刻意設計模糊的問題（ambiguous questions），但是模糊的問題在問卷中還是不免會出現。例如，「社會偏離」（social alienation）到底指的是什麼意思？填答者在看到這樣的問題時，會有不知所措之感，他們可能跳過這個問題，或者乾脆拒答整份問卷。

幾乎所有的形容詞都有某種程度的模糊性（ambiguity）。例如，何謂支持性、滿意的、高的？填答者在回答這樣的問題時，可以說是自由心證。研究者應該盡量將形容詞加以明確化或量化。例如，以「最近三個月來，你望過幾次彌撒？」來代替「你支持天主教的活動嗎？」。

避免使用行話

有些字句只有受過專業訓練的人才會懂它的意思，例如，電腦術語中的「非交錯式螢幕」、「32 位元電腦」等。俚語或行話只有隸屬於某一群體的人才會懂，而且不同群體的人對於同樣一個俚語也有著不同的解釋。字句的意義可能會隨著年齡、地理區域、次文化的不同而異。在設計問題時，研究者應盡量避免使用行話。

避免二合一的問題

二合一的問題是指一個題目中有兩個子題目的情形，例如，「你是否支持總統民選及核四公投？」這樣的問題只有都支持總統民選及核四公投者、都不支持總統民選及核四公投者，才會有明確的答案（或者說回答這個問題）。支持總統民選但不支持核四公投者，或者不支持總統民選但支持核四公投者，均不知道要如何作答。

題目中有「及」這個字眼時要特別注意，看看是不是問了兩個問題，但研究者想要問的只是其中的一個問題。「或」這個字眼比較不會造成回答時的困擾，因為「或」是「二擇一」的意思。例如，「你到天主堂望彌撒或參加佛教的膜拜嗎？」回答「是」的人表示參加了其中一種。一般而言，參加兩種宗教活動的人畢竟占極少數。如果我們所要研究的是「對宗教活動的熱忱」，即使回答「是」（雖然占極少數），也不會影響研究的正確性。

注意填答者的參考架構

研究者與填答者的參考架構不同，會引起「一個問題，各自表述」的情況。例如問道：「你最近情況如何？」研究者的參考架構是「身體狀況」，而填答者所想的是「財務狀況」，這種「牛頭不對馬嘴」的情況即是因未說明參考架構而起。

問題次序

在問題次序的設計上，要能獲得有效的資訊，又要能使得填答者清晰易懂，必須遵循以下的原則：

(1) 在問任何問題之前，要簡短地說明誰做研究、目的是什麼、填答問卷所花的時間大概是多少、要求填答者如何合作。如果研究的主題過於敏感，要保證填答者的隱私權受到保護以及資料僅供研究之用。

(2) 先問簡單、有趣的問題。如果一開始就問枯燥的、複雜的問題，會使得填答者失去了填答的興趣。因此先要以簡單的、有趣的問題作為引導，然後再由淺而深，循序漸進。

(3) 將同一主題的題目放在一起，才不會讓填答者有過於凌亂之感。

(4) 就某一主題而言，先問一般性的問題，再問特定性的問題，這樣才不會造成「前面問題的答案影響到最後面問題的作答」。例如，如果我問：「你最不喜歡你的車子的哪個地方？」這個特定的問題會影響「一般而言，你對你的車子的滿意程度如何？」這個一般性的問題。

(5) 敏感性的問題、識別性的問題要放在問卷的尾端。如果一開始就問敏感性的問題，必然會引起填答者的疑慮（是否和納稅有關）、反感（侵犯隱私權）。識別性的問題所提供的是識別資訊（classificatory information），也就是有關填答者的個人資訊（例如，年齡、所得、性別、職業、家庭人數等）。

(6) 為了避免分心、重複的說明，應把同樣格式的問題放在一起。但如果同樣格式的若干個問題太過於複雜，可以用簡單的問題加以分開（雖然這些簡單問題的格式會不一樣）。

(7) 最後要感謝填答者的合作。

問卷的實體風貌

在郵寄問卷中，問卷的風貌尤其重要，因為問卷一寄出去之後，便「放牛吃草」了，不像人員訪談，訪談員可以察言觀色、見風轉舵。問卷如果頁數太多，對於填答者是一種壓力，結果可能落到「丟到資源回收筒」的下場。所以如果可能，要縮短問卷的頁數和問卷的行距。

問卷的布置要使得填答者易於回答。我們可以流程圖來表示答題的次序，或者以文字說明「如果答『是』，請跳到第 X 題」。紙張的品質要注重，以取得填答者的好感。

3.5 量表的來源

如前所述，問卷中的各題目要能提供資訊以解決研究問題。但是研究者在設計、修正問題時，不僅要花上很多的時間和努力，而且是否能掌握問題的效度也是值得懷疑的。幸運的是，對於某些研究問題而言，我們有許多現成的量表可以運用。

來源之一就是相關的文獻。許多相關的研究論文後面均附有衡量其研究變數的量表。例如，如果我們要衡量組織氣候，可以參考：

James F. Cox, William N. Ledberter, and Charles A. Synder, “Assessing the Organizational Climate for OA,” *Information & Management* 8, 1985, pp. 155-170.

如果我們要衡量角色衝突（role conflict）與角色模糊（role ambiguity），可以參考：

K. Joshi, “Role Conflict and Role Ambiguity in Information System Design,” *OMEGA International Journal of Management Science*,17, no.4, 1989, pp. 363-380.

值得注意的是，我們在使用這些量表時要加以預試（pretesting）。畢竟中美文化不同，對於變數的定義也可能不同。再說，在語言、修辭及成語的使用上也會有所差異。

來源之二就是向編彙量表的機構（學校、研究單位、書局、公司）購買。例如，我們可以向 Institute for Social Research（Ann Arbor, Michigan）洽購「職業態度與職業特性量表」（Measures of Occupational Attitudes and Occupational Characteristics），作者為 John P. Robinson。[18]

3.6 預試

在正式使用問卷之前，應先經過預試（pretesting）的過程，也就是讓受試者向研究人員解釋問卷中每一題的意義，以早期發現可能隱藏的問題。

預試可以查出衡量工具的缺點。預試的對象包括同事或者真正的受測對象，目的在於希望他們提出衡量工具的意見，以作為改進的參考，以及了解他們對於填答的興趣。許多研究者都曾歷經兩次以上的預試。

預試的項目範圍包括了問卷發展中各個主要的考慮因素。研究者要檢驗問題的內容是否恰當？問題的類型是否恰當？有無造成位置偏差的現象？問題的用字是否清晰易懂？問題的次序是否合乎邏輯？問題的尺度是否恰當？

3.7 網路調查問卷

利用協助問卷發展的軟體

近年來由於個人電腦硬體、軟體的突飛猛進，不僅電腦訪談成為可能，問卷的設計也可以借助於電腦。以下是兩個有助於問卷發展的軟體。[19]

Sawtooth軟體公司所發展的軟體可使我們設計輸入螢幕、變換顏色、改變字型、排列問題的次序、設計跳題、隨機排列問題（以免造成位置偏差）等。

---

[18] John P. Robinson, "Toward a More Appropriate Use of Guttman Scaling," *Public Opinion Quarterly* Vol. 37 (Summer 1973), pp. 260-67. 有關量表的來源、名稱及作者，可參考：D. R. Cooper and Pamela Schindler, *Business Research Methods* (New York, NY: McGraw-Hill Companies, Inc., 2003), p. 381.

[19] J. Minno, "Software Replaces Paper in Questionnaire Writing," *Marketing News*, January 3 ,1986, p. 66. published by American Marketing Association.

Sawtooth C12 型的兩種版本可分別提供 100、250 個題目設計。

Marketing Metrics 公司所推出的 Interviewdisk，是將問卷利用電子郵遞系統，寄給受測者填答。這個軟體能夠處理圖形、多選項式問題、二分法問題、語意差別法問題、成對比較問題以及跳題等。利用這個方式的前提是填答者必須有個人電腦、電子郵遞系統，但因具有節省時間、資料正確性等好處，筆者認為值得廣為沿用。

利用免費製作問卷服務

由於線上研究已經逐漸蔚為風氣，所以有許多網路行銷公司會提供許多方便的服務，例如為你免費製作問卷，如 My3q 網站（www.my3q）、優仕網（www.youthwant.com.tw）等，因此你可以委託他們幫助設計網路調查問卷、蒐集資料。你可以在Google中鍵入「免費網路問卷」，來瀏覽提供免費服務的網站。當然，讀者在享受這些免費服務時，應先清楚地了解權利與義務。

3.8 調查研究

調查研究（survey method）就是在某一時點（at a single point in time）向一群受訪者（或受測者）蒐集初級資料的方法，在研究者之間使用得相當普遍。以橫斷面（cross-section）來看，這一群受訪者（或受測者）要有母體的代表性（要能代表母體）。被詢問問題的人，稱為訪談對象或者受訪者（interviewee）或問卷填答者（respondent）。針對每一個人進行調查，稱為普查（census）。針對某一個民意（例如民眾對於毒品、飛彈試射、核四建廠）所進行的調查，稱為民意調查（public opinion polls）。

上述的「某一時點」並不是指所有的受訪者都在真正的同一時間被調查，而是指從調查的開始（第一個受訪者）到結束（最後一個受訪者）的時間要愈短愈好，也許在數週、數月之內就要完成調查的工作。但是有些調查從開始到結束的時間拖得相當長（例如超過一年），而且也會再對原先的受訪者進行二度訪談（或多次訪談），像這樣的調查稱為陪審式調查（panel studies）。如果在長時間針對某一主題（例如對墮胎的態度）進行多次訪談，但是所針對的受訪對象不同，像這樣的研究稱為趨勢研究（trend studies）。跨時間（在相當長的時點之間）所進行的研究，稱為縱斷面研究（longitudinal studies）。

經過調查研究所蒐集的資料，加以分析之後，可以幫助我們了解人們的信念、感覺、態度、過去的行為、現在想要做的行為、知識、所有權、個人特性及其他的描述性因素（descriptive terms）。研究結果也可以提出關聯性（association）的證據（例如對於商品的態度與購買行為有關），但是不能提出因果關係的證據（例如對商品的良好態度，是或不是造成購買的原因）。

3.9 調查類型

調查可依傳遞資訊、獲得資訊方式的不同，分為以下五種：

（1）人員訪談（personal interview）。

（2）電話訪談（telephone interview）。

（3）郵寄問卷調查（mail questionnaire survey）。

（4）電腦訪談（computer interview）。

（5）網路調查（Internet survey or online survey）。

人員訪談

人員訪談是以面對面的方式，由訪談者提出問題，並由受訪者回答問題，這是歷史最久、也是最常用的資料蒐集方式。人員訪談的主要優點是：

（1）能彈性改變詢問的方式及內容，以獲得真正的答案。

（2）有機會觀察受訪者的行為。

（3）受訪者可事先做準備。

人員訪談的主要缺點是，需要較長時間的準備和作業時間。值得了解的是，人員訪談是一種藝術，它需要：

（1）面談的經驗。

（2）建立進行的步驟。

（3）與受訪者建立互信。

（4）清楚地提出問題。

（5）避免對事件的爭辯。

在人員訪談中，訪談者與受訪者是進行面對面的溝通，至於訪談的地點可以是受訪者的家中，或是在某個地方（例如百貨公司前、研究室等）。在購物地點處攔截的訪談（mall intercept interview），在人員訪談中最為常見，因為這種方式有下列的優點：

（1）比逐戶訪談更合乎成本效益。

（2）有機會展示實際的商品或不易搬動的設備。

（3）比較能監督由研究助理所進行的訪談。

（4）所花的時間不多。

在購物地點處攔截的訪談雖然是隨機的，但是還是要看看受訪者是否合乎樣本的要求。合格的受訪者（例如，性別、年齡符合樣本的要求）才要邀請他們到購物處內的訪談室進行訪談。換句話說，在便利抽樣法之外，還要加上判斷抽樣法。

電話訪談

電話訪談，顧名思義，就是利用電話來蒐集資料。電腦輔助電話訪談（Computer-Assisted Telephone Interviewing, CATI）或稱電腦輔助電話訪問系統，是結合電腦、電話設備及通訊科技於一身的電話訪問系統。CATI 是將問卷內容直接呈現在訪談者面前的電腦螢幕上，訪談員根據這些問題，透過電話來詢問受訪者，然後將所聽到的答案直接鍵入到電腦中（或用光筆在螢幕上做選擇）。

CATI 最適合應用在大型的、複雜的調查。為了提高訪問的效率與品質，目前許多民意調查機構幾乎都設置這套系統。早期的 CATI 系統係以 DOS 版本為主，不僅耗費時日，而且調查成本甚高，不符經濟效益；隨著視窗系統的快速發展，結合通訊與資訊科技於一身的電腦輔助電話訪問系統乃相繼問世，成為當前民意調查機構主要運用的電話調查設備。

目前國立大學暨學術研究機構當中設置 CATI 系統者，包括：國立中正大學民意調查研究中心、中央研究院調查研究工作室、輔仁大學、世新大學民意調查研究中心、國立政治大學選舉研究中心、國立成功大學統計系、 佛光大學等。

政黨及政府機關方面設置 CATI 系統者，包括： 民主進步黨中央黨部、親民黨政策研究中心、國民黨革命實踐研究院、行政院與台北市政府研考會等。

民間的民意調查公司設置 CATI 系統者，包括：決策公關民調中心、e 社會資訊有限公司、山水民意研究股份有限公司、觀察家行銷研究有限公司、中視衛星傳播股份有限公司、POWER TV、TVBS 民意調查中心。

由此看來，欲從事民意調查，沒有這一套便捷、快速的電腦輔助電話訪問系統幾乎是不可能的。CATI 有以下的優點：

（1）受訪者所要回答的問題組，決定於他（她）先前所回答的問題。例如，某受訪者的家裡有三歲以下的小孩，就回答某一組問題；有三歲以上的小孩，就回答另一組問題。電腦程式可依不同的回答情況，創造出「個人化」的問卷。

（2）可以自動地對於同樣的問題提供不同的版本。例如，某一題有六個選項，電腦程式可自動地變更這六個選項的次序。這樣做的目的，在於避免暈輪效應（halo effect）。試想，在郵寄問卷中，要設計不同版本的問卷，會有多麻煩。

（3）很容易在極短的時間內改變「壞的」答案、增加新的問題。CATI 是線上系統（on-line system），資料一經輸入即開始進行分析，因此可立即偵測到不一致的答案，並剔除超出範圍的答案。

（4）可有效地進行資料分析。CATI 能自動處理數值以備分析；實際上，在電訪尚未完成前就可以開始分析資料，因此可以預測分析結果，也可以知道群組是否已達統計學上有效的樣本數。當數值蒐集完整之後，就可以輸出到適當的統計軟體（如 SPSS、SAS、Minitab）做進一步分析。

根據學者研究，CATI 在「空白」、「不知道」、「拒訪」和「不一致」方面比其他的調查類型還低，因此可獲得較高品質的資料。同時，在 CATI 的環境下，監督人員可利用系統監督訪談者，以獲得高品質的調查過程（訪談者在進行過程中不至於「摸魚」）。[20]

在美國，收費低廉的 WATS（Wide Area Telephone Service，廣域電話服務）是相當受歡迎的電話訪談工具。除了單機作業之外，CATI 還可以在網路環境下進行作業。典型的 CATI 網路可以連接 60 台個人電腦，其效率與單機作業不相上下。Sawtooth 軟體公司（www.sawtoothsoftware.com）所發展的 Ci3 CATI 系統價格

---

[20] 詳細的說明，可參考：謝邦昌著，《電腦輔助電話調查之探討》（台北：曉園出版社，2000）。該書對 CATI 的功能與實際操作有詳細的解說。

約在6,000美元之譜，並可連接六個工作站。

郵寄問卷調查

郵寄問卷調查的方式就是研究者將問卷寄給填答者，並要求他們寄回填好的問卷。郵寄問卷調查有許多不同的形式，研究者可將問卷隨著雜誌、報紙來寄送。消費者產品的保證卡也是提供資料的來源。

與人員訪談相較，郵寄問卷調查有以下的優點：

（1）郵寄問卷調查是針對廣大群體尋求答案的一種理想方式，而人員訪談一次僅能詢問一個對象。

（2）由於郵寄問卷調查可以不具名，因此比人員訪談較具有隱密性。

（3）由於受測者不須立即回答，故比人員訪談更不具壓力。

（4）所需的技巧較少，成本也較低。

然而，郵寄問卷調查的回收率較低，而且很多受測者不太可能寫出自己的想法（或內心深處的感受），因為一般人比較不喜歡用寫的方式。

電腦訪談

在電腦訪談中，電腦的語音系統會向受訪者提出問題，而受訪者會在其家中的電視螢幕上看到這些問題，並透過裝置（例如，遙控選台器）來選擇答案；或者是電腦透過電話發出問題，由受訪者按電話上的按鍵來回答。這種方式可以剔除受訪者誤差及互動效應。在彈性及速度方面，電腦訪談並不亞於CATI。對於開放式的問題，電腦訪談則不甚恰當。

網路調查

近年來由於網際網路（Internet）的蓬勃發展，進而帶動了電腦商務的興旺，[21]

---

[21] 新的研究報告顯示網路商業正膨勃發展，原因之一是非消費主流的男人也樂於上網購物。有興趣了解詳細資料的讀者可上網查詢：
http://www.seattletimes.com/news/technology/html98/issu_041993.html

在網路上做廣告、進行消費者意見調查的情形已是屢見不鮮。業者可以在其首頁（homepage）中設計好問卷（通常都是比較單純的問卷），或者以開放式問卷的方式來詢問上網者的意見。肯德基炸雞公司已將其每月固定兩次、針對 120 人的人員訪談，改變成網路問卷調查，所使用的系統是 Sawtooth 軟體公司的 SSI V5.4 系統（www.sawtoothsoftware.com）。初步研究發現，約 90% 的受訪者「非常喜歡」 網路問卷調查的方式。網路問卷調查具有以下的好處：

（1）設計問卷的時間從數小時減少到一小時。

（2）大幅降低紙張的浪費。

（3）平均填答時間減少了 50%。

（4）調查完成的次一天即可完成資料分析。

（5）所獲得的資料更為精確。

3.10 選擇適當的調查方法

標準

我們要用什麼標準來選擇適當的調查方法呢？這些標準有：

（1）問卷的複雜性（complexity）。

（2）受訪者（或問卷填答者）完成問卷所需要的時間及努力。

（3）資料的正確度。

（4）樣本控制。

（5）完成調查所需的時間。

（6）反應率。

（7）成本因素。

問卷的複雜性

問卷愈複雜，各題的判斷條件（例如，如果「是」，則答第X題；如果「不是」，則填答第 X 題）愈多的話，則用人員、電話、電腦訪談較適當。

在許多投射技術（例如，主題統覺）上，由於需要視覺化的圖片呈現，人員、電腦訪談是好的調查方法。如果有必須由圖片來呈現的選項（因為用說的，可能使受訪者記不清楚），則電腦訪談是一個好的方法。在實務上，有關態度資料的蒐集，也常透過電話訪談的方式。

如果訪談者必須呈現真實的產品、廣告文案、包裝設計或其他的物理特性，以獲得受訪者的反應資料的話，利用電話、郵寄問卷調查的方式並不適當，最好使用人員訪談的方式。

所需要的時間及努力

所需要的資料數量涉及到兩個問題：

（1）受訪者完成問卷所需要的時間是多少？

（2）受訪者完成問卷所投入的努力是多少？

例如，一個開放性的問題可能要花受訪者五分鐘的時間來完成，而 25 題的選擇題可能也要花上四、五分鐘。但是勾選 25 個選擇題，會比回答開放性問題（寫一篇短文）來得容易。

人員訪談所需要的時間比其他類型的調查研究更長。再說，訪談到一半總不好意思中斷。然而，超過五分鐘的訪談，不論是人員或電話訪談，其拒絕率都會加倍（從 21% 到 41%）。

在受訪者所投入的努力方面，一般而言，人員訪談比郵寄問卷調查還少，而且通常比電話及電腦訪談還少。因為受訪者對於開放性問題的回答，以及其他冗長問題的回答，均由訪談者做成紀錄，受訪者不必費神回答。

在受訪者所花的時間方面，電話訪談通常比人員訪談短。因為受訪者要掛斷電話實在是不費吹灰之力，而且對於電話訪談者的目的多少有些懷疑。

郵寄問卷調查的回收率會受問題形式的影響較多，受問卷的絕對長度影響較少。開放性問題對於問卷填答者而言，是一項很大的負擔，而同樣長度的選擇題就不是。在直覺上，短的問卷（問題數少的問卷）的回收率會比長的問卷還高，但是這種說法並沒有得到實證上的支持。不過，人員訪談及電話訪談的時間長短對拒絕率有很大的影響。

資料的正確度

在調查方法中，資料的正確性會受到下列因素的影響：

（1）敏感性的問題。

（2）訪談者效應（interviewer effect）。

（3）抽樣反應（sampling effect）。

（4）由問卷設計所產生的效應。

敏感性的問題

人員訪談、電話訪談（在某種程度上）需要訪談者與受訪者進行社會互動。因此受訪者可能不會回答令人尷尬的問題，或是不會誠實回答社會上所不認可的行為。由於郵寄、電腦訪談不需要社會互動，所以我們可以假設這些方法比較可能會產生正確的答案。但是實證研究的結果顯示：只要問卷設計、組織得好，以上的方法都可能獲得正確的答案，除非所調查的是非法使用藥物的問題。

訪談者效應

訪談者的隨便改變問題、他們的儀表、說話的態度、有意無意提供暗示等因素，都會影響受訪者的回答。訪談者的社會地位、年齡、性別、種族、權威性、訓練、期待、意見及聲音，都會影響調查的結果。當然，不同的調查主題所受的影響因素會不相同。

在人員訪談中，訪談者效應最為顯著。電話訪談多少有些訪談者效應，郵寄問卷、電腦訪談則微乎甚微。

問卷設計得嚴謹，使訪談者不能隨意發揮，也會減低訪談者效應。然而，最根本的解決之道，在於以專業的技術來挑選訪談者，對他們施以專業的訓練，並做好控制。但是，智者千慮，必有一失，訪談者效應終將難免，研究者最好能使用統計方法來評估訪談者效應。

在使用人員、電話訪談時，會有訪談者作弊（interviewer cheating）的情形。在商業產品的研究上，作弊的現象相當普遍。譬如說，美國 Sears 公司對 10% 的電話訪談做查證，看看是否有實際去做訪談，以及訪談是否適當、完整等。

其他誤差

在使用郵寄問卷時，填答者對於令他混淆的問題，並沒有任何尋求澄清的機會；但是如以人員訪談，訪談者就可以幫助澄清問題。郵寄問卷的另一個缺點，就是填答者在依序回答之前，先將整個問卷瀏覽一遍，或是在看到後面的題目時，改變前面題目的答案，這些都會造成不自然的、未能真正呈現（或充分揭露）真實感受的情形。在郵寄問卷中，鼓勵填答者寄回的說明、對研究目的的說明、後續的接觸等因素，都會影響填答的正確性。一般而言，這些缺點並非郵寄問卷所獨有，其他的調查方法也會有這樣的問題。

樣本控制

四種調查方法對於樣本的控制是大不相同的。人員訪談對於樣本控制的程度很高。但在購物地點所進行的人員訪談，對於樣本的控制較低，因為只能訪談到「去購物中心的人」。

在郵寄問卷調查中，研究者常用郵寄清單來選擇要調查的對象，但如果調查對象是家計單位中的某一個人，則由誰來填答就不易控制了。如果調查的對象是組織，也會遇到類似的問題（例如，總經理常叫秘書代為填答）。同時，在不同的組織中，具有相同職位的人所肩負的責任可能不同，因此如果問卷上所署名的是「採購經理」，那麼在有些公司中實際負責採購的產品經理便可能成為「漏網之魚」。

利用電話訪談對於樣本控制的情形如何？電話沒有登記在電話簿上、[22]或已登記但訪談時不在家，這些現象都會使得「真正」要調查的對象成為「漏網之魚」，而使得樣本的控制不易。

完成調查所需的時間

電話訪談通常在較短的時間即可完成。除此之外，在僱用、訓練、控制及協調訪談員方面，也相對地較容易。

研究者可增加人員及電腦訪談者的人數，以減少訪談所需的總時間。但是在超過某一程度之後，在訓練、協調及控制訪談員這方面，就會顯得不經濟。

郵寄問卷所費的時間最長，除了加以催促之外，研究者對於如何縮短回覆時間，實在是無能為力。

反應率

反應率（response rate）是完成訪談數與總樣本數的比例。一般而言，調查的反應率愈低，其非反應誤差（nonresponse rate）愈高。但是低的反應率並不表示一定沒有非反應誤差。非反應誤差表示受訪者及未受訪者之間的差異現象，造成了研究者做出錯誤的結論或決策的情形。各種調查方法都有「非反應誤差」的潛在問題存在。

---

[22] 根據 The Frame（Fairfield, Connecticut: Survey Sampling Inc., 1989）的調查報告指出，在美國的某些地區，電話沒有登記在電話簿上的比率高達60%，全國的平均比率是31%。

成本因素

調查的成本隨著訪談的類型、問卷的特性、所需的反應率、所涵蓋的地理範圍以及調查的時間而定。成本因素不僅包括最初的接觸，也應包括事後成本（如電話催促、追蹤郵件等）。

人員訪談所花費的費用較其他方法為高，電腦訪談因為可以慎選受訪者，因此可以使費用壓低。電話訪談的費用比人員、電腦訪談更低，但是比郵寄問卷調查高。

調查方法的比較

顯然，沒有一個所謂「完美」的方法。最適當的方法，就是能使研究者以最低的成本，從適當的樣本中獲得適當資訊的方法。表 3.6 彙總了各種方法的特色（選擇標準）。值得注意的是，表 3.6 是一般性的描述，並不見得適用於所有的場合。

表 3.6　調查方法的比較

向度 ＼ 方法	人員	電話	郵寄	電腦	網路
1. 處理「問卷的複雜性」的能力	優	好	差	好	好
2. 完成問卷所需的時間	非常快	快	平平	快	非常快
3a. 資料的正確度	平平	好	好	好	好
3b. 訪談者效應的控制	差	平平	優	優	優
4. 樣本控制	平平	優	平平	平平	優
5. 完成調查所需的時間	好	優	平平	好	優
6. 反應率	平平	平平	平平	平平	平平
7. 成本因素	平平	好	好	平平	非常好

五種調查方法在使用時並不是互斥的；換句話說，在調查研究中，可以使用兩種（或以上）的方法，以期達到截長補短的效果。由於網路問卷調查已經蔚為風氣，因此我們將在下一節詳細說明。

3.11 網路調查

網路調查（Internet survey）又稱線上調查（online survey），就是利用網路有關科技來蒐集初級資料。值得注意的是，網路調查只是蒐集資料的新方法，即使進行網路調查，研究者仍然要明確地說明研究動機、界定研究目的、仔細而確實地進行文獻探討，建立觀念架構及對假說、操作性定義做明確的陳述。網路調查的獨特之處在於其問卷是以網頁的方式呈現，受測者在此網頁上勾選或填寫之後，按「傳送」就可將資料傳送到研究者的伺服器上。研究者在一段時間之後，可將此伺服器上的資料檔下載到其個人電腦上，以便利用 SPSS 進行統計分析。如果研究者使用的是主機伺服器（將自己的電腦當成主機），就可以直接使用受訪者所傳回的資料檔，或者利用匯出的方式（如果使用 PhpAdmin）。

在了解消費者行為、確認新市場及新產品的測試上，網際網路是一個強大的、具有成本效應的行銷研究工具。雖然研究者還會繼續沿用傳統的調查工具，如電話調查、賣場調查（shopping mall surveys）來蒐集資料，但是我們看到有愈來愈多的公司利用互動式網路研究方法（例如利用視訊會議、語音會議系統）。利用網際網路所進行的線上市場研究通常是更有效率、更快速、更便宜，以及更能獲得廣大地理區域的閱聽眾資料。行銷研究的樣本大小是研究設計良窳與否的重要決定因素。具有母體代表性的樣本愈大，則正確性愈高，研究結果的預測能力愈強。

在網際網路上進行大規模調查所花費的費用，比用其他調查方式大約低 20%～80% 左右。例如在美國，利用電話訪談每一對象的成本可高達 50 美元，對任何企業而言（尤其是剛起步的小型企業），這都是所費不貲的。如果利用線上調查就會便宜許多。

網路行銷調查通常是以互動的方式進行，研究者與被調查者可以交談的方式進行，這樣的話，研究者對於顧客、市場及競爭者就會有更深入的了解。例如，網路行銷者可以確認產品及消費者偏好的改變，確認產品及行銷機會，提供消費者真正想要購買的產品及服務，網路行銷者也可以了解什麼樣的產品及服務不再受到消費者的青睞。

近年來由於網際網路的普及，網路科技的日新月異，網頁製作的便捷，使得許多企業紛紛投入網路調查的行列。調查內容從公共政策民意調查、社會事件意見調查、網路新聞事件意見調查等生活百態，甚或價值觀念等不勝枚舉。甚至許多企業、政黨或者廣告行銷業者也開始大量採用網路調查方式，來取得行銷策略擬定時的重要參考資料。許多研究者也以網頁作為蒐集原始資料的主要介面。網路問卷調查之例，如圖 3.9、圖 3.10 所示。

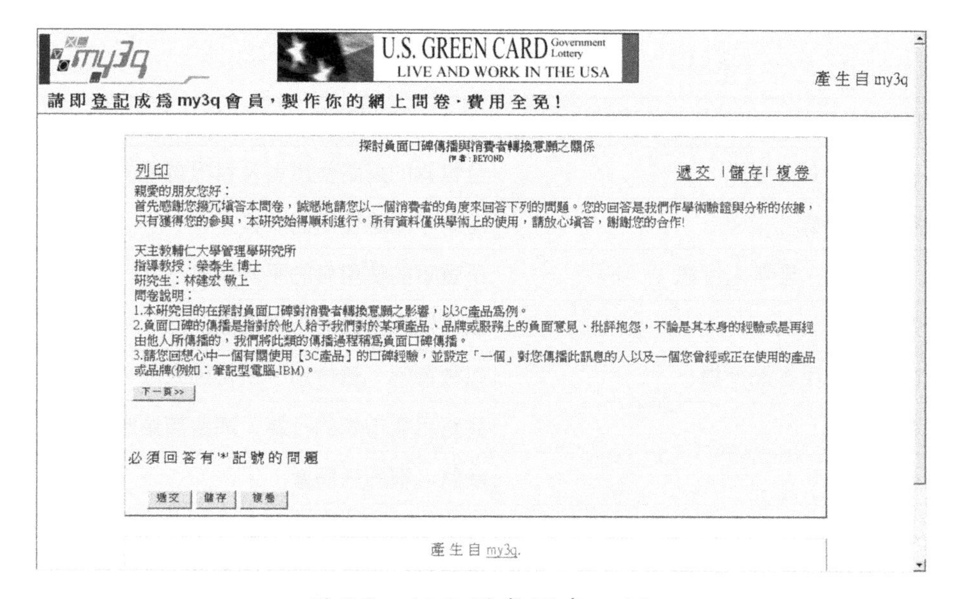

圖 3.9　網路問卷調查之例一

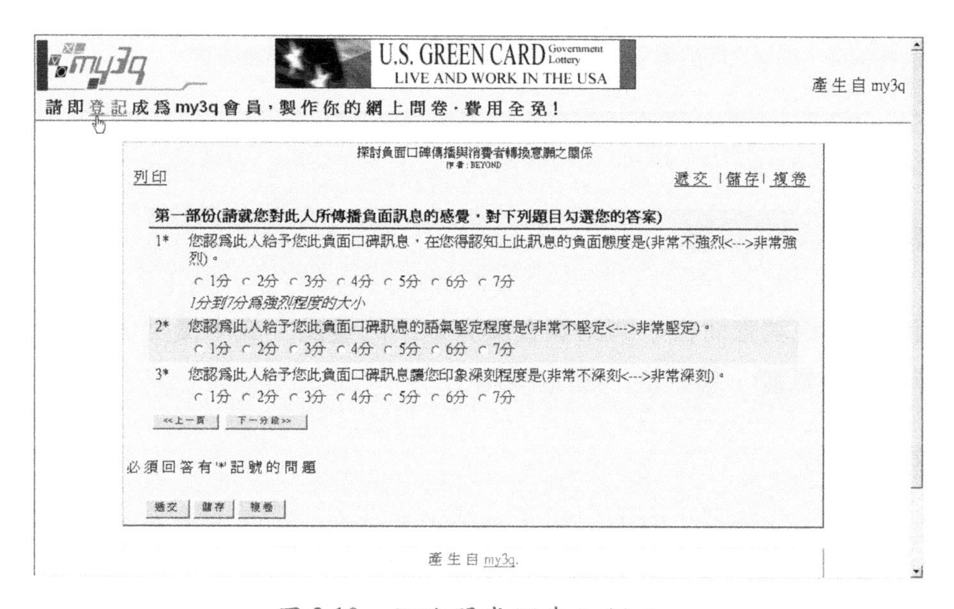

圖 3.10　網路問卷調查之例二

網路調查目的與資料蒐集內容

網路調查目的（想要了解什麼）與資料蒐集內容（蒐集何種資料）息息相關。表 3.7 說明了調查目的與資料蒐集內容的關係。

表 3.7　網路調查目的與資料蒐集內容

網路調查目的（想要了解什麼）	資料蒐集內容（蒐集何種資料）
進行網路行銷方案是否划算	全世界的網路使用者及目標群體的估計數
有無擴展市場的機會	產業中網路使用的成長
向青年人、中年人、老年人行銷	所選定的使用者的平均年齡
向婦女行銷產品	以性別來區分的市場區隔
針對特定的線上使用者來行銷	以教育別、職位別、所得別來區分的市場區隔
促銷策略是否有效	網路目標市場的行為、網路商業應用趨勢
商業用戶是否增加	網路名稱的註冊數
行銷預算是否要調整	網路對其他媒體的影響
電子商務是否成長	網路購物的行為（包括數量）及網路行銷利潤
電子商務是否有遠景	使用者對電腦及網路的熟悉度、使用率，以及使用網際網路的目的
首頁設計得如何？網頁之間的導引（超連結）如何？	瀏覽器、平台、連接速度

網路調查的優點

相較於傳統調查而言，網路調查具有以下的優點：成本優勢、速度、跨越時空、彈性、多媒體、精確性、固定樣本。

成本優勢

無論就人力、物力、財力上所花費的成本而言，網路調查會比人員訪談、電話訪談、郵寄問卷、電腦訪談都來得便宜。

速度

就速度上而言，利用網頁設計軟體（如Microsoft FrontPage）可以迅速有效地設計出網頁問卷。同時，設計妥善的網路調查可以在短期間內獲得充分的數據，進而立即從事統計分析的工作。

跨越時空

網路調查可跨越時空，剔除了時空的藩籬，克服了傳統調查方式所遇到的問題。利用傳統調查方法時，如果晚上打電話，會錯過加班的上班族群或出門約會的年輕族群；如果白天打電話，所接觸到的對象大部分是家庭主婦、家中長輩，以及孩童。利用網路調查，我們不需要考量網友是否會在特定時間上網，或者擔心是否會錯過部分只在特定時間（如半夜之後）上網的網友。以電子郵件調查而言，所發出的電子郵件會全天候地儲存在受測者的郵件伺服器上，他們隨時可以在 Outlook 中以「傳送及接受」的方式收件，並在填答完成之後傳送出去。

由於網路調查可剔除時空藩籬，對於從事全球消費者行為研究的研究者而言，不啻是一個利器。

彈性

我們可以先刊出探索式問卷（exploratory questionnaire），將所蒐集到的資料加以適當修正後，即刻改刊載正式問卷。如果研究人員對於消費者對某項產品的反應方式沒有把握，可以先期刊出探索式問卷，以開放式問題讓網友填答，經過幾天獲得資訊之後，再重新編擬正式問卷，獲得所需的調查數據。

多媒體

網路調查可以向網友呈現精確的文字與圖形、聲音訊息，甚至是立體或動態的圖形。傳統調查研究若要呈現視覺資料，成本是相當可觀的。

精確性

網路調查的問卷在回收後不需要以人工方式將資料輸入電腦，可避免人為疏失，同時電腦程式還可以查驗問卷填答是否完整，以及跳答或分枝填答的準確性。網路調查問卷在跳答、分枝問卷（branching，也就是根據某項問題的不同回答，呈現不同版本的問卷提供給受測者填答）的設計上具有高度精確性。

固定樣本

網路調查容易建立固定樣本（panel）。如果調查單位希望能夠針對同一個人長期進行多次訪問，網路調查是一個相當有效的方式。

3.12 線上焦點團體

由於網際網路的普及，探索式研究可以用電子郵件、聊天室（chat room）、網路論壇（forum）、虛擬社群（virtual community）的方式來進行。如果能善用先進的通訊科技，如語音會議、視訊會議，都可以有效地獲得寶貴的資訊。利用線上焦點團體比電話式焦點團體更為便宜。在新聞群組（news group）寄出一個主題會引發許多迴響與討論。但是線上討論是毫無隱私性的，除非是在企業內網路（intranet）內進行。雖然網路論壇不太能代表一般大眾（如果我們所選擇的焦點團體是一般民眾的話），但是從眾多的網友中，我們還是可以從蛛絲馬跡中得到焦點團體成員的意見。

第4章 信度與效度

AMOS

4.1 測量的基本觀念

在專題研究中，測量（measurement）是相當重要的一個程序。我們所建立的研究架構不論有多麼嚴謹，所涉及的觀念（變數）不論多麼「面面俱到」，但是如果在測量上發生問題，則必然會前功盡棄，所有的努力也就付諸東流。

測量是將數字指派到一個觀念（或變數）上。例如，我們利用智商測驗的結果指派到某人的智慧水平上（智商測驗的結果代表這個人的智慧水平）。測驗（例如智商測驗、托福測驗）的建立，叫做量表（scales），將在第5章討論。本章所要討論的是：測量的層次（level of measurement）及測量工具的效度和信度。

各個「觀念」在測量的簡易度上是截然不同的。如果一個觀念可被直接觀察、所有的受訪者對它並不陌生、沒有爭論性，我們可以說它是相當容易被測量的，例如，個人的身高、體重、年齡等。其他的觀念，例如信念、態度、集權、忠誠度等，就不易測量，因為這些觀念不易被直接觀察（雖然它們的效應可能容易被觀察），而且是多元尺度的（multidimensional）。這些觀念在專題研究上非常重要，但是在測量上往往是「荊棘滿布、困難重重」。

定量與定性

測量是決定某一個特定的分析單位的值或水平的過程，這個值或水平可能是定性的（qualitative），也可能是定量的（quantitative）。定性屬性具有標記（label）或名字，而不是數字。當我們以數字來測量某種屬性時，這個屬性稱為定量屬性（quantitative attribute）。

例如，我們的膚色是定性的，而不是定量的。其他還有許多定性變數（qualitative variable），例如政黨（國民黨、民進黨、新黨）、宗教（基督教、天主教、佛教）。[1] 在觀察研究中，定性變數用得相當廣泛。

定性變數的類別可用標記來表示，也可以用數字來表示。值得注意的是：即使用數字表示，這些數字也不具有數學系統中的屬性（例如加減乘除四則運算）。

---

[1] 請注意：這些都是名義尺度（nominal scale），故不能以出現的次序來判定孰優孰劣。

例如，「第一類組」、「第二類組」不能用來相加或相乘。定性變數唯一可以做的數字運算就是計算每一類別的頻率及百分比，例如計算金髮少女的人數比例。

構念與觀念

構念

構念（construct）是心智影像（mental images），也就是浮現在腦海中的影像或構想（ideas）。研究者常為了某些特定的研究或是要發展理論來「發明」一些構念。構念是由若干個較為簡單的觀念所組成的。構念與觀念常易混淆。我們現在舉一個例子來說明它們的差別所在。「組織規模」是一個構念，它包括了員工人數、資本額、營業額、部門數目、產品線總數等觀念，這些觀念是相當具體的、容易測量的。

再舉一個例子來說明構念與觀念。一位產品手冊的技術撰寫員的工作規格（job specifications）包括了三個要素：表達品質、語言能力及工作興趣。圖 4.1 顯示了這些構念中所包括的觀念。

圖 4.1 的下方，所呈現的觀念（格式正確、手稿錯誤、打字速度）是相當具體的、容易測量的。例如，我們可以觀察打字速度，即使用最粗糙的方式，也可以很容易分辨打字速度的快慢。打字速度就是「表達品質」這個構念的一個觀念。「表達品質」是一個不存在的實體（nonexistent entity），它是一個標籤，用來傳遞這三個觀念所共同組成的意義。

圖 4.1 中的另一個層次是由字彙、語法及拼字這三個觀念所構成的「語言能力」構念。「語言能力」這個構念的抽象程度比「表達品質」還高，因為字彙及語法較難觀察，而且測量起來也更為複雜。

至於「工作興趣」這個構念，我們還找不到有關的觀念，因為它最難觀察，也最難測量。它也許包括了許多相當抽象的觀念。研究者常稱這種抽象構念為「假設式構念」（hypothetical construct），因為相關的觀念或數據還沒有找到，它只是被假設存在，尚待更多的驗證。如果有一天研究者發現了相關的觀念，而且支持其間的關聯性（觀念與構念間的關聯性）的命題也成立，則研究者就可以建立一個支持這個構念的觀念架構（conceptual scheme）。

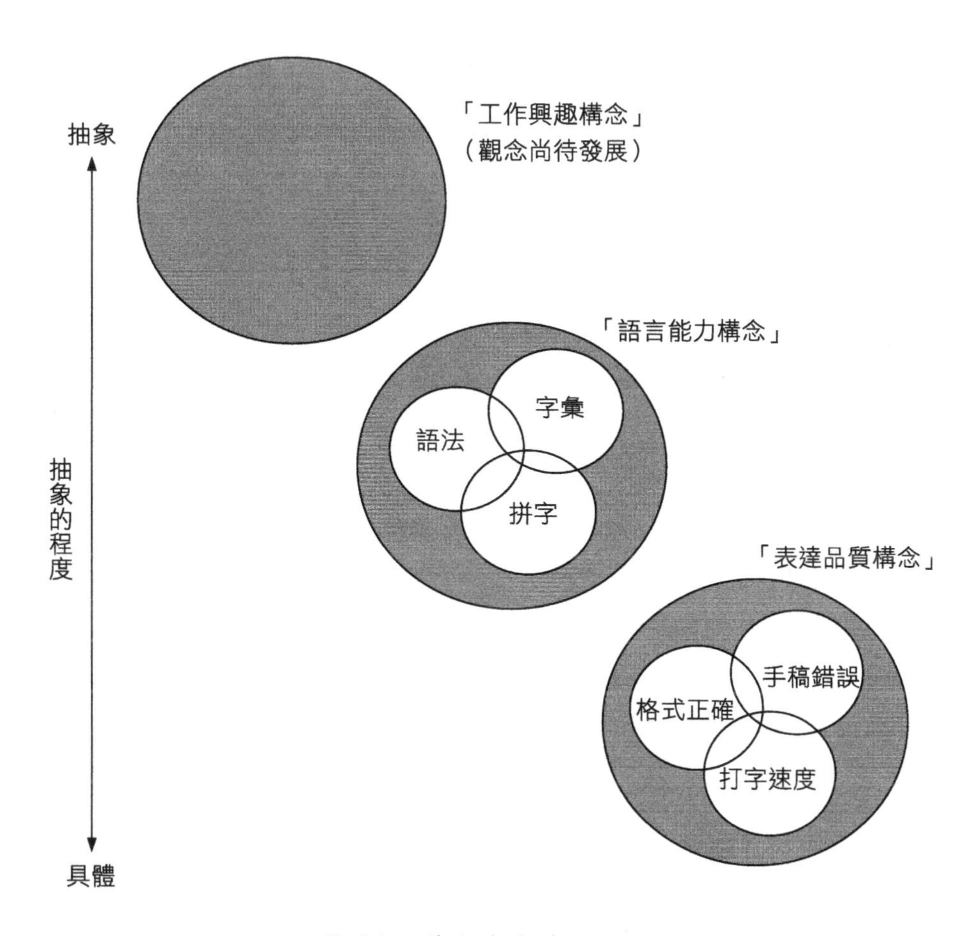

圖 4.1　構念與觀念

觀念

如果我們要傳遞某個物件或事件的訊息，必須有一個共同的基礎（否則我說的是桃子，你想的是李子），這個共同的基礎就是「觀念」。「觀念」就是伴隨著某特定的物件、事件、條件或情境的一系列意義（meaning）或特性（characteristics）。

「觀念」產生的過程和我們如何獲得知覺（perceptions）是一樣的。知覺是我們將所看到的、所聽到的、所嚐到的、所聞到的、所摸到的刺激（這些都稱為是「資訊輸入」）加以選擇、組織（organizing）、解釋以產生某種意義（或賦予某一個標籤）的過程。換句話說，所謂知覺是指：個人如何選擇、組織及解釋其感官印象（sensory impressions），並對於刺激到感官印象的環境事件賦予某種意義（或賦予某一個標籤）的過程。例如，我們看到一個人在有規則地慢慢跑步，就會賦予這個動作一個叫做「慢跑」的標記，這個標記表示了「慢跑」這個觀念。

有些「觀念」也許不可能直接地被觀察，例如正義、友情等；有些「觀念」有明顯的、可以觀察的某種指示物（referents），例如電腦、學校等；有些「觀念」是二分的（dichotomous，只有兩個可能的值），例如性別（男性、女性）。

觀念的來源

一般人常用的「觀念」是隨著時間的推移而發展出來的，其間包括了「互相共用」的情形。我們從個人日常生活的經驗中也會獲得許多觀念。不同的文化環境中有屬於他們自己的獨特觀念，如果要移植到別的文化，可能不是一蹴可幾的。

在企業研究所涉及的觀念非常多，有時候我們會利用到其他的學術領域的特殊觀念或新觀念。例如在企業研究中，我們曾借用了心理學在學習論上的連結論（connectionism）、接近論（contiguity）、增強論（reinforcement）及符號格式塔論（sign-gestalt）等來研究組織學習（organizational learning）；[2]亦曾引用了物理學的布朗運動（Brown movement）來研究群體行為，引力論（gravitation theory）來研究「為什麼消費者會在某處購買」，借用距離的觀念（concept of distance）來測量消費者之間在態度上的差異程度。

但是老是借用總不是辦法，身為一個企業研究者，我們必須：（1）對於所借用的觀念給予新的意義（如企業研究中的「模式」就是一例）；（2）對於所借用的觀念給予新的標記（如企業研究中的「地位壓力」即是一例）。在這種情形下，我們是在創造新的術語。醫學家、物理學家、資訊學家及其他學術領域的研究者所使用的術語（觀念），非外行人所能了解，這些術語可以增加某一學術領域專家與專家之間的溝通效率。

「觀念」對研究的重要性

「觀念」是所有思想與溝通的基礎，但是我們極少注意到它們是什麼以及在使用上所碰到的問題。大多數的研究缺點都源自於對於「觀念」的界定不清所致。研究者在發展假說時，必須利用到「觀念」；在蒐集資料、測試假說時，必須要利用到測量的觀念。有時候我們還必須創造（發明）一些新的觀念，來解釋

---

[2] 讀者如對這些課題有興趣，可參考：榮泰生著，《組織學習論之探討—辦公室自動化之實證研究》（台北：國立政治大學企業管理研究所未出版的博士論文，1988）。

我們的研究及研究發現。一個研究是否成功取決於：（1）研究者對於「觀念」的界定是否清楚；以及（2）別人是否能理解研究中的「觀念」。

例如，我們在調查受測對象的「家庭總收入」時，如果不將此觀念說明清楚，受測對象所提供的答案必然是「一個觀念，各自表述」的。要清楚地說明「家庭總收入」這個觀念，我們至少必須界定：（1）時間幅度（是一週？一個月？或者一年）；（2）稅前或稅後；（3）家長的收入或全部家庭成員的收入；（4）薪資或工資，有無包括年終獎金、意外的收入、資本財收入等。

使用「觀念」時的問題

在企業研究中，我們在「觀念」的使用上會遇到更多的困難，原因之一在於：人們對於同一個標記下的觀念會產生不同的理解（賦予不同的意義）。人們對於有些「觀念」的了解大多是一致的，在研究的溝通上（例如以問卷填答）也不成問題，這些觀念包括：紅色、貓、椅子、員工、妻子等；但是有些觀念則不然，這些觀念包括：家計單位、零售交易、正常使用、重度使用者、消費等。更具挑戰性的是，有些觀念看似熟悉，但卻不易了解，例如領導力、激勵、個性、社會階層、家庭生命週期、官僚主義、獨裁等。在研究文獻中，「個性」這個觀念就有400多種的定義。[3]

以上說明的各個觀念在抽象的程度上各有不同，在是否具有客觀的參考物（objective referents）上也不一樣。「個人電腦」是一個客觀的觀念，因為它有客觀的參考物（我們可以明確地指出什麼是個人電腦）；但是有些觀念（如正義、友情、個性等）並沒有客觀的參考物，也很難加以視覺化，這些抽象的觀念稱為構念。

[3] K. R. Hoover, *The Elements of Social Scientific Thinking*, 5th ed. (New York: St. Martin's Press, Inc., 1991), p. 5.

4.2 測量程序

測量的組成因素

測量所涉及的是依據一組法則，將數字（或標記）指派給某一個實證事件（empirical event）。實證事件是指某物件、個體或群體中可被觀察的屬性（如主管的性別、員工的工作滿足）。雖然測量工具有很多類型和種類，但其測量程序（measurement process）總是離不開以下的三個步驟（這三個步驟亦可稱為是測量的組成因素）：（1）觀察實證事件；（2）利用數字（或標記）來表示這些事件（也就是決定測量的方式）；（3）利用一組映成規則（mapping rules）。圖 4.2 解釋了實證事件、數字（或標記）及映成規則的情形。

實證事件	映成規則	數字（或標記）
主管的性別	如果是男性，則指派 1 如果是女性，則指派 0	1 或 0

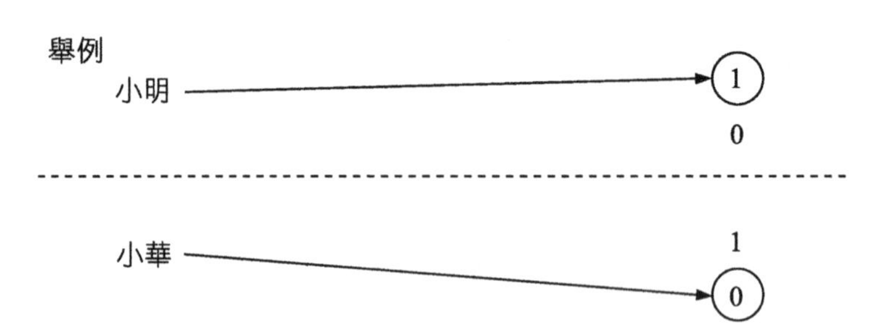

圖 4.2　測量程序（測量的組成因素）之例──主管的性別

觀念與操作性定義

通常研究的主體（或稱實證事件），在觀念層次上包含對象（objects）及觀念（concepts）兩個內容（例如，「中產階級的社會疏離感」就是實證事件，其對象部分為中產階級，其觀念部分為社會疏離感）。「性別」這個觀念並不複雜，但在專題研究上有許多複雜的觀念，例如社會疏離感、信念、認知偏差、種族偏見等皆是。

研究者將觀念經過操作性定義（operational definition）的處理之後，將更為方便觀察到（或調查到）代表著這個觀念的各次觀念，研究者再以數字（或標記）指派到每一個次觀念上（也就是決定測量的方式），以便進行統計上的分析。

一般而言，由操作性定義發展到測量工具是沒有什麼問題的。在研究設計上，最難克服的問題在於將觀念這個觀念層次（conceptual level）的東西，轉換成操作性定義這個實證層次（empirical level）的東西，而不失其正確性。圖 4.3 表示此兩者之間的關係，由圖中可知研究者所須了解的是測量和真實（原來的觀念）之間的「同構」（isomorphic）的程度。換句話說，研究者希望藉由測量來探知真實的構形（configuration），以期對真實現象有更深（更正確）的了解。同構程度愈高，表示測量的效度愈高。

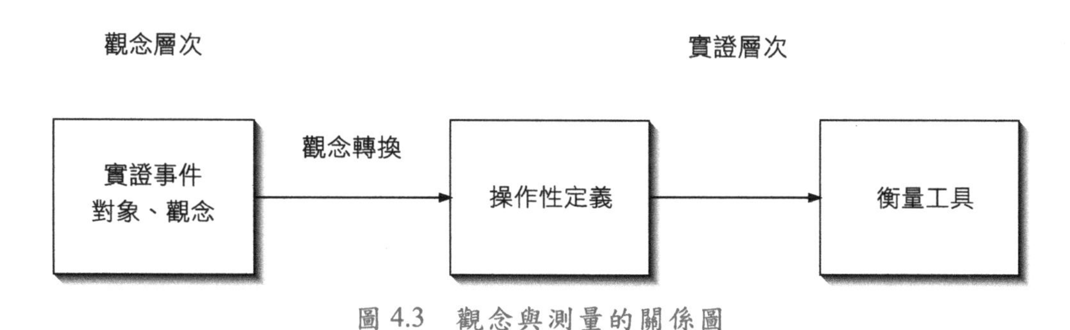

圖 4.3　觀念與測量的關係圖

同樣一個觀念中可能包括了許多次觀念，研究者在依據經驗判斷、邏輯推理或參考相關文獻之後，可發展出一些操作性定義來涵蓋這個次觀念，希望對於原來的觀念可做更完整的探討。這些操作性定義可能是對的，也可能對了一部分，甚至有可能是錯的，如圖 4.4 所示。

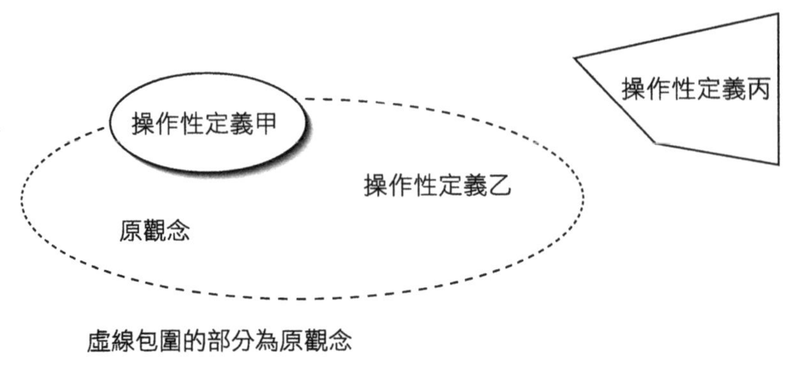

圖 4.4　觀念與操作性定義的關係圖

圖 4.4 中，操作性定義甲只觸及了觀念的邊緣，定義乙則正確地掌握了原觀念的部分內涵，而定義丙則為錯誤的操作性定義（它可能是探討其他不同的觀念）。如果某公司在考績／工作績效評等（這是一個觀念）上，列有學歷、完工件數及忠貞愛國等評分欄；就學歷而言，高的學歷並不表示高的工作績效（這種情形類似定義甲）；完工件數則實際與工作績效有密切的關係（類似定義乙）；而員工是否忠黨愛國，則與工作績效無關（類似定義丙；可能測試的是其他觀念）。若要對真實觀念有正確的了解，則需要更多正確的操作性定義，來共同描繪出真實的觀念，以達到同構的要求（或者理想）。

4.3　測量尺度

測量尺度（measurement scale）共有四種類別：名義尺度（nominal scale）、次序尺度（ordinal scale）、區間尺度（interval scale）以及比率尺度（ratio scale）。[4] 這四個尺度依序有「疊床架屋」的情況（也就是說，後面的那個測量尺度具有前面那個的特性），再加上一些額外的特性。值得一提的是，在 SPSS 中的輸出報表將「尺度」稱為「量數」，並將比率尺度與區間尺度通稱為「量尺量數」（scale）。

---

[4] S. S. Stevens, "Mathematics, Measurement, and Psychophysics," In *Handbook of Experimental Psychology*, Edited by S. S. Stevens (New York: Wiley, 1951).

資料類型

我的球衣號碼是1號、我考試得了第1名、我以前居住的波士頓冬天時的溫度是攝氏1度、我在留學的時候1天的飯錢只花1美元。以上的「1」雖然都是阿拉伯數字的「1」，但是它們的尺度或類型不同。

名義尺度

名義尺度是區分物件或事件的數字或標記。也許最普遍的例子就是我們將性別變數中的男性指定為1，將女性指定為0。當然我們也可以將男性指定為0，將女性指定為1；利用符號將男性指定為M，將女性指定為F；或逕自分別以「男性」、「女性」來區分。

定性變數的類別只是分類的標記而已（在這裡，即使是以數字來分類，也是標記），並不表示哪一個類別比較優秀，而且被分在同一類別的個體都是「對等的」（equivalent），例如被分在「0」這一組的男性都是對等的。

基本上，以名義尺度來測量的變數至少有兩種類別，而且這些類別是獨特的、互斥的以及盡舉的（exhaustive）。「盡舉的」的意思是指：對每一個個體而言，都有適當的類別。「互斥的」的意思是指：每一個個體都會符合某一個唯一的類別，例如性別即是。性別被稱為是「自然的二分法」（natural dichotomy）。[5]

次序尺度

次序尺度很像名義尺度，因為它是互斥的、盡舉的。除此之外，次序尺度的類別並不具有同樣的層級（例如，冠軍、亞軍就不具有同樣的層級，而大專聯考的第一類組、第二類組就具有同樣的層級）。

我們經常會遇到相同的次序的問題（例如環球小姐選拔，兩人同列第一）。我們將某地區的足球比賽的成績依其勝負場數加以記錄如下（假設所有隊伍的比賽場數皆相同，而且沒有和局）（表4.1）：

---

[5] A. L. Stinchcombe, *Constructing Social Theories* (New York: Harcourt Brace Jovanovich, 1968).

表 4.1　10 個隊伍的勝負一覽表

隊伍	勝	負
A	4	6
B	6	4
C	8	2
D	10	0
E	0	10
F	5	5
G	8	2
H	4	6
I	9	1
J	4	6

基於比賽的結果記錄，我們可排定以下的次序：D、I、C、G、B、F、A、H、J、E。同時，我們發現了平手的現象：C 與 G 平手，A、H 與 J 平手。

通常我們將平手視為是相同的。由於 C 與 G 的勝數次數相同，如果將之排為第三名與第四名，則不僅不公平，而且也隱藏了重要的資訊。如果我們將此兩隊都給第三名或第四名，則不甚恰當，因為在我們的次序測量系統（ordinal measuring system）中，每個等級只有一個。第一名到第十名的總和是 55（1 + 2 + 3 +⋯+ 10），如果我們將此兩隊都給第三名或第四名，則總和會變成 54 或 56。由於我們要維持測量系統的整體一致性，故將平等的那個次序（3 及 4）加起來，再除以平手的數目（也就是 2），而得到 4.5。同樣地，A、H 與 J 也是平手，因此它們的等級都是 8，也就是（7+8+9）/3。如果平手的數目是偶數，則等級就會出現小數；如果平手的數目是奇數，則等級就會出現整數。

等級是具有遞移性的（及符合數學上的連結律），如果某個體在某個屬性上的值的等級是 r（例如身高第 r 名），則必優於另一個個體在此屬性的等級是 r + 1 者（例如身高第 r + 1 名）。同理，如果某個體在某個屬性上的值的等級是 r + 1（例如身高第 r+1 名），則必優於另一個個體在此屬性的等級是 r+2 者（例如身高第 r + 2 名）。因此我們可以說，r > r + 1，同時 r + 1 > r + 2，則 r > r + 2。但是我們不知道 r 值的原始評點大於 r + 1 值的原始評點有多少，或者等級之間的原始評點的差距是否相同。

我們從下面五個人的身高次序的例子，便能了解得更為清楚（表 4.2）：

表 4.2　五個人的身高次序

個體	身高次序	原始評點（身高）	備註
小傑	1	185	
小中	2	180	
小華	3	179	可認為這個等級是 r
小民	4	170	可認為這個等級是 r + 1
小國	5	164	可認為這個等級是 r + 2
註：身高依高低次序排列，第 1 名為身高最高者。			

區間尺度

以年齡為例，如果以名義尺度來處理，就是將它分成不同的年齡層；如果以次序尺度來處理，就是將個人依年齡的高低加以排序；如果我們以個體活在世間的年數來看，就是以區間尺度（interval scale）來處理。利用區間尺度，我們可以看出個體在某一屬性（例如，年齡）上的差距，例如，最年長者比次年長者多三歲。在區間尺度上，每個差距是一樣的，例如，80 歲和 79 歲所相差的一歲，與 15 歲和 14 歲所相差的一歲是一樣的。

在區間尺度中，零點的位置並非固定的，而且測量單位也是任意的（arbitrary）。區間尺度中最普遍的例子就是攝氏（Celsius, C）及華氏溫度（Fahrenheit, F）。同樣的自然現象——水的沸點——在攝氏、華氏溫度計上代表著不同的值（攝氏 0 度、華氏 32 度）。在水銀刻度上，攝氏 20 度及 30 度的差距，等於攝氏 40 度與 50 度的差距。不同尺度的溫度可以用 F = 32+（9/5）C 這個公式加以轉換。

比率尺度

如果代表某個個體屬性的值是區間尺度的話，我們就可以將這些值做加減運算；如果代表某個個體屬性的值是比率尺度（ratio scale）的話，我們就可以將這些值做乘除運算。因此，比率尺度具有絕對的、固定的、非任意的（nonarbitrary）零點。我們曾以年齡來說明區間尺度，事實上，年齡超過了區間尺度的規定，因為它有絕對的零點（零點是非任意的，而且也沒有負值）。是否具有「非任意的零點」是比率尺度與區間尺度唯一的差別所在——比率尺度具有非任意的零點，而區間尺度不具有非任意的零點（也就是零點的位置並非固定的）。「體重」具有非任意的零點，而且沒有負值，所以是比率尺度。如果某個體的屬性以非任意的零點為參考點，而且測量的單位是固定的話，我們就可以對這個屬性的值做乘除的運算。例如，20 歲是 10 歲的「兩倍老」，15 歲是 30 歲的「一半年輕」。

要看一個尺度是否為比率尺度（也就是零點是否為絕對的），最有效的方法就是看看「零是否可測量『沒有』的情況」，而且是否有負值（比率尺度沒有負值），例如「零缺點」表示「沒有缺點」，而負缺點則從來未曾被界定過，因此缺點數是比率尺度。依照同理來判斷，家庭人口數、體重、身高等都是比率尺度。如果一個人不存在，則他的體重就是零，但從來沒有體重為負數者。我們可將上述的四種尺度彙總說明（表 4.3）：

表 4.3　四種尺度的彙總說明

尺度類型	尺度的特性	基本的實證操作
名義	沒有次序、距離或原點	平等性的決定
次序	有次序，但沒有距離或獨特的原點	大於或小於的決定
區間	有次序、距離，但沒有獨特的原點	區間或差異的平等性的決定
比率	有次序、距離及獨特的原點	比率的平等性的決定

資料來源：Donald R. Cooper and C. Pamela Schindler, *Business Research Method* (New York, NY: McGraw-Hill Companies, Inc., 2003), p. 224.

離散或連續

離散（又稱間斷）的測量尺度（discrete measurement）並沒有小數，而連續的測量尺度（continuous measurement）則有。例如，家庭人口數是離散的，而年齡是連續的（如 48.5 歲）。要分辨一個變數是離散的還是連續的，最簡單的方法就是看它是用「算有幾個的」還是用測量的。[6] 換句話說，離散變數具有某一特定的值，而連續變數具有無限的值。一般而言，離散變數的值是一個整數接著一個整數，而連續變數的值與值之間會有很多潛在的值。

[6] J. H. Johnson, *Doing Field Research* (New York: The Free Press, 1975).

從觀察研究中所蒐集到的資料大多數是名義的或定性的、離散的。定量資料可以是離散的，也可以是連續的。次序尺度通常是離散的，雖然它常被視為在測量某個連續帶上的東西。區間及比率尺度可以是離散的（例如，家庭人口數），也可以是連續的（例如，年齡、身高）。

4.4 良好測量工具的特性

信度及效度的意義

信度（reliability）、效度（validity）及實用性（practicality）是任何測量工具所不可或缺的條件。企業對應徵人員的口試是否能有效地判定應徵者的工作潛力，是一個相當具有爭辯性的議題。此問題的癥結所在並不在於口試的存廢，而在於測量工具（口試）本身的有效性。

信度指的是測量結果的一致性（consistency）或穩定性（stability），也就是研究者對於相同的或相似的現象（或群體）進行不同的測量（不同形式的或不同時間的），其所得的結果一致的程度。任何測量的觀測值包括了實際值與誤差值兩部分，而信度愈高表示其誤差值愈低，如此則所得的觀測值就不會因形式或時間的改變而變動，故有相當的穩定性。

所謂效度包含兩個條件，第一個條件是，該測量工具確實是在測量其所要探討的觀念，而非其他觀念（例如，測量「智慧」的工具，就是測量「智慧」，而不是測量像忠誠、信念等其他觀念）；第二個條件是，能正確地測量出該觀念（例如，智商是 100 的人，透過測量工具所測得的智商就是 100）。第一個條件是獲得效度的必要條件，但非充分條件。顯然獲得第一個條件比獲得第二個條件來得重要。例如，我們要測量小華的智商（intelligence），因此就用智商測驗這個測量工具來測驗小華，得到智商分數是 90 分，但實際上小華的智商是 100。這個測量工具雖然不正確（不準），但至少它所測的觀念（亦即智慧）是正確的。如果我們能改善這個智商測驗，那麼它就會變得更為有效。但是如果我們用其他的測量工具來測小華的智商，而得到的分數是 100，我們就不能說這個測量工具有效，因為這個測量工具根本不是在測量智慧（也許是在測量其他的觀念，或者根本沒有測量任何觀念）。

效度是測量的首要條件，信度是效度不可或缺的輔助品。換句話說，信度是效度的必要條件，而非充分條件。一個測驗如無信度，則無效度；但有信度，未必有效度。

實用性是指測量工具的經濟性、方便性及可解釋性（interpretability）。

信度及效度的圖解說明

如前所述，效度所涉及的是正確性的問題，信度所涉及的是「與現象或個體的改變（或不變）保持一致」的問題。我們現在用圖解的方式來說明信度與效度。

假設我用來福槍來練靶，如圖 4.5 所示，在甲的情況中，我們看到所有的彈痕散布在靶上的各處，幾乎沒有一致性。在測量工具的術語中，我們會認為這個測量工具不可靠。既然這個測量工具不值得信賴，那還有什麼正確性（效度）可言？所以除非測量工具有信度，否則不可能有效度。

在乙的情況中，彈痕很集中，但是遠離紅心。用測量工具的術語來說，它很有信度，但是沒有效度。換句話說，這個測量工具在一致的測量別的東西，而不是我們想要測量的觀念。這個現象告訴我們：測量工具若有信度，但不見得有效度。丙的情況就是兼具信度及效度的情形。

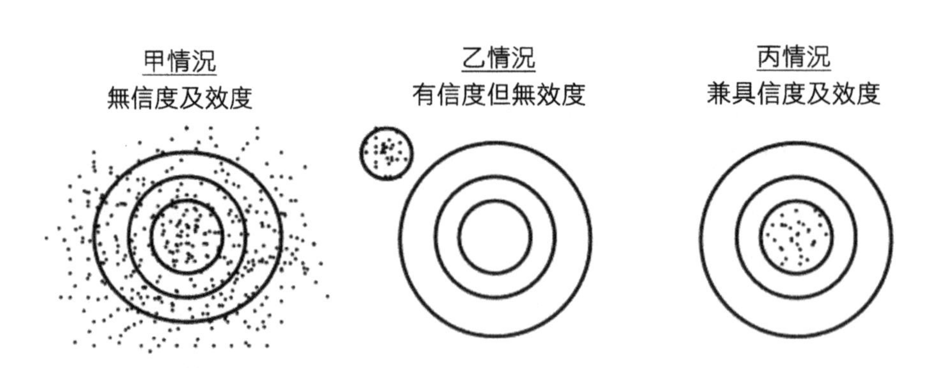

圖 4.5　信度及效度的圖例

來源：Duane Davis and Robert M. Cosenza, *Business Research for Decision Making*, 3rd ed. (Belmont, CA.: Wadsworth Publishing Company, 1993), p. 174.

4.5 信度測量[7]

如前所述，信度是一致性的問題。如果我們用某一個測量工具來測量某一個觀念，而個體在這個觀念（屬性）上的值一直不變的話，所測量出來的值一直保持不變，則我們可以說這個測量工具具有信度。如果這個觀念的值改變了，測量工具如能正確地顯示出這種改變，則此測量工具也是具有信度的。測量工具不具信度的情形是怎樣？如果我的體重一直保持在 65 公斤，但我幾次用家裡的磅秤（體重計）來量體重的時候，所顯示出來的值有時偏高、有時偏低，那麼這個磅秤就沒有信度，原因可能是裡面的彈簧鬆了。在專題研究中，像問卷這樣的測量工具常常因為語意的問題、尺度標示的問題、分類模糊的問題，使得填答者因不知所云而就自己的理解加以填答，造成了填答者之間頗不一致的現象，喪失了問卷的信度。

我們可用測量工具的相同或不同，測量時點的相同或不同，將測量工具分成以下四種：

（1）內部一致性信度（internal consistency reliability）

（2）複本信度（alternate-form reliability）

（3）再測信度（test-retest reliability）

（4）複本再測信度（alternate-form retest reliability）

圖 4.6 說明了上述的情形。茲將上述前三種信度說明如後。由於複本再測信度是兼具複本信度與再測信度，故不再說明。

內部一致性信度

研究者常以折半法（split-half method）來考驗測量工具的內部一致性信度。研究者在建立測量工具時，將原有的題目數擴充為兩倍，其中有一半是另一半的重複，研究者以前一半與後一半的得分來看此測量工具的信度。

榮老師的數學考題從最簡單的到最難的共有五題。但是他現在從最簡單的到最難的題目，依每個不同的困難度各出二題，共十題，如表 4.4 所示。

---

[7] 有關信度的 SPSS 處理，可參考：榮泰生著，《SPSS 與研究方法》（台北：五南圖書出版公司，2006）。

		測量工具	
		相同	不同
測量時點	相同	內部一致性信度	複本信度
	不同	再測信度	複本再測信度

圖 4.6　信度的類型

表 4.4　題號與困難度

題號	困難度	小傑得分
1	最簡單	10
2		10
3	略簡單	9
4		8
5	不簡單也不難	7
6		8
7	略難	6
8		5
9	最難	4
10		4

榮老師現在拿給小傑做測驗，如果小傑在第 1、3、5、7、9 題的得分與在第 2、4、6、8、10 題的得分的相關係數很高的話，那麼這份考卷在測量「數學能力」上就具有高的信度。

複本信度

譬如說，這個方法就是用兩個磅秤在同一時點測量某個人的體重（事實上，應該是用一個磅秤秤完了之後，再馬上用第二個磅秤來秤）。如果所得到的兩個體重值之間的差距愈小，則此磅秤的信度愈高。或者研究者設計兩份問卷（題目不同，但都是測量同一個觀念），並對同一環境下的兩組人分別進行施測，如果這兩組人的評點的相關係數很高，我們就可以說這個問卷具有高的信度。

上述兩種方法的缺點在於如何確信每一半或複本都是真正地在測量同樣的觀念。同時，兩個複本之間的相關係數很高的話，則可表示在測量同一個觀念；兩個複本之間的相關係數很低的話，則可表示在測量不同的觀念。這與我們先前所說明的效標效度有何不同？因此有人認為，複本信度所測量的其實不是在測量信度，而是在測量效標效度。

再測信度

Siegel 和 Hodge（1968）認為信度的定義是同一個測量工具上得分（評點）的一致性，而不是兩個複本上得分的一致性，因此信度的測量最好還是針對同樣的測量工具做重複的測試。[8]

如果我連續兩個月每天用磅秤秤我的體重，在結束的時候我發現體重比兩個月前重了五公斤，我們可以說這個磅秤缺乏信度嗎？不見得，因為也許我這兩個月來應酬不斷，天天吃吃喝喝，因此體重增加了五公斤。所以信度並不是表示「一直保持不變的」意思，而是表示「當有所改變時，應顯示值的改變；當沒有改變時，就不顯示值的改變」。表 4.5 是將以上所說明的信度加以彙總。

表 4.5　信度的彙總說明

類型	係數	測量什麼？	方法
內部一致性	折半 Kuder-Richardson Formula 20 & 21 Cronbach Alpha	測量工具的項目是否為同質性，是否能反應出同樣的構念。	特殊的相關分析公式
複本	對稱	某一工具與其複本是否能產生同樣的或類似的結果的程度。在同時（或稍有時差）進行測試。	相關分析
再測	穩定	從受測者的分數中推論測試工具的可信賴程度。在六個月內同樣的測驗對同樣的對象施測兩次。	相關分析

[8] P. M. Siegel and R. W. Hodge, "A Causal Approach to the Study of Measurement Error," in *Methodology in Social Research*, edited by Huber M. Blalock and Ann B. Blalock (New York: McGraw-Hill, 1968).

Cronbach α

由於 Cronbach α（Alpha）是在專題研究中常用來作為測試信度的標準，我們在此特別列出其公式：

$$\alpha=\frac{k}{k-1}\left[1-\frac{\sum_{t=1}^{k}\sigma_i^2}{\sum_{t=1}^{k}\sigma_i^2+2\sum_{i}^{k}\sum_{j}^{k}\rho_{ij}}\right]$$

k＝測量某一觀念的題目數

σ_i＝題目 i 的變異數

ρ_{ij}＝相關題目的共變數（covariance）

Cronbach α值≧0.70 時，屬於高信度；0.35≦Cronbach α值＜ 0.70 時，屬於尚可；Cronbach α值＜ 0.35，則為低信度。[9]

4.6 效度測量

在一般學術研究中常出現的效度有下列三種。但是因為測量的困難，研究者只能選擇其中某些來說明某變數的效度。

（1）內容效度（content validity），又稱表面效度（face validity）、邏輯效度（logical validity）。

（2）效標關聯效度（criterion-related validity），又稱實用效度（pragmatic validity）。Selltiz等人（1976）將實用效度再分為同時效度（concurrent validity）及預測效度（predictive validity）。[10]

（3）建構效度（constructive validity），又分為收斂效度、區別效度。這兩個效度要同時獲得，才可認為具有建構效度。

---

9 J. P. Gilford, *Psychometric Methods*, 2nd ed. (New York, NY: McGraw-Hill, 1954).

10 Claire Selltiz, Lawrence J. Wrightsman, and Stuart W. Cook, *Research Methods in Social Relations*, 3rd ed. (New York: Holt, Rinehart & Winston, 1976), pp. 168-169.

茲將上述三類的效度說明如後。

內容效度

測量工具的內容效度是指該測量工具是否涵蓋了它所要測量的某一觀念的所有項目（層面）。大體而言，如果測量工具涵蓋了它所要測量的某一觀念的代表性項目（層面），也就是說具體而微，則此測量工具庶幾可認為是具有內容效度。

決定一個測量工具是否具有內容效度，多半是靠研究者的判斷，在實際進行研究時，要做這種判斷並不是一件容易的事。研究者必須考慮兩件事情：（1）測量工具是否真正地測量到他（她）所認為要測量的觀念（變數）；（2）測量工具是否涵蓋了所要測量的觀念（變數）的各項目（各層面）。

例如我們要測量的觀念是「智慧」，但所問的問題中有一項是詢問受測者的年齡，則這一題就不具有測量智慧的內容效度，因為年齡並不包含在智慧的定義範圍內。

反過來說，如果測量工具似乎是在測量某個我們想要測量的觀念，我們可以說這個測量工具具有內容效度。如前所述，內容效度多少要靠研究者的判斷（也就是在觀念的定義上或者語義上的判斷）。內容效度最大的問題是：（1）研究者之間對於應如何測量某個觀念並沒有共識；（2）某個觀念是多元尺度的，並包含有次觀念；（3）測量上是曠日費時的。

效標關聯效度

效標關聯效度又稱為實用效度、同時效度與預測效度，涉及到對於同一觀念的多重測量。同時效度是指某一測量工具在描述目前的特殊現象的有效性。例如，我們用偏見量表（prejudice scale）來分辨哪些人有偏見、哪些人沒有偏見（或者偏見的程度）。預測效度是指某一測量工具能夠預測未來的能力。例如，美國的商學研究所入學測驗（Graduate Management Admission Test, GMAT）用來預測申請者在未來商業界的成功潛力。

又如某工廠以員工的完工件數（效標變數）作為測量績效的指標，現在廠長想如何找到另外一個指標來作為甄選員工的依據呢？（新的申請者尚未就任，如何知道他的工作件數？）經過研究之後，他發現手指靈巧與完工件數呈正相關

（也就是有效標關聯效度），因此他以後在甄選新進員工時，即以手指靈巧的測驗分數作為甄選的標準。因為完工件數的效標可同時獲得，故為同時效度。

在企業中常可見到所謂的管理人才發展的訓練計畫，受訓人員以後的管理能力其績效可能要在若干年後才能夠獲得。若訓練成績（目前所獲得的預測變數分數）與管理能力（未來求得的效標變數分數）有高度相關的話，則表示此訓練計畫有良好的預測效度。

然而，這些測量工具是否能分辨、能預測並不是效標效度的主要目的。具有效標效度的測量工具可作為一個基準，可用來作為檢視另外一個測量工具的指標。譬如說，我們知道有一個能夠有效測量「偏見」的測量工具，我們就可以將受測者在新的測量工具（新的測量「偏見」的量表）的得分與在原來的測量工具上的得分加以比較，如果這兩個分數非常類似的話，那麼新的測量工具就具有效標效度（或者更明確地說，具有同時效標效度）。

然而，問題是我們如何知道原來的測量工具本身具有效度而作為新的測量工具的基準呢？首先，原來的測量工具必須要有內容效度。有沒有內容效度雖然很難被證實，但是至少要看起來有效度。此外，原來的測量工具要被使用過而且得到證實。在測量偏見的例子中，這個量表要至少被使用過很多次，能夠分辨出具有或不具有偏見者，而令研究者感到相當的滿意。此外，測量工具的做成（量表的發展）是根據所要測量的觀念的定義而來。

另外一個問題是，既然原來的測量工具具有效度，那麼為什麼要發展一個新的測量工具呢？其中可能的原因是，原來的測量工具雖然具有效度、正確性，但是所包含的題目數太多，實際運用起來比較費時費力；或者分類的方式不夠周延，以至於使得受測者很難回答；或者所使用的字眼太過老舊，已不合時宜（例如稱「原住民」為「山地同胞」是不合時宜的）；或者不具有外部效度（external validity，對某一群人適用，但是對另外一群人則不適用）。

建構效度

假設我們建構了兩類指標的社會階層，分為第一類指標和第二類指標（每類對於社會階層都有不同的分法）。假設我們有一個理論包含了這樣的命題：社會階層與偏見呈反比（社會階層愈高，偏見程度愈低）。如果我們用第一類指標針對受測者來測試這個理論，得到了證實之後，再用第二類指標社會階層針對受測者來測試這個理論，而且也得到了證實，我們可以說新的測量工具（第二類的指標）具有建構效度。

從以上的說明，我們可以了解：建構效度是指測量工具能夠測量理論的概念或特質的程度而言。一般來說，在建構效度考驗的過程中，必須先從某一理論建構著手，然後再測量及分析，以驗證其結果是否符合原理論及建構。建構效度所包含的內容更為複雜，它包含了兩個或以上的觀念，以及兩個或以上的操作性定義，並探討構念間及定義間的相互關係。在討論理論建構時，必須考慮到周延性及排他性的問題。周延性的要求在於對原理論建構的充分了解，而排他性的要求則在於將不相關的理論建構排除在外。收斂效度（convergent validity）所探討的是周延性的問題，而區別效度（discriminant validity）所探討的是排他性的問題。

收斂效度與區別效度—相關係數

我們現在用圖解的例子來說明收斂效度與區別效度。我們現在要衡量兩個變數，分別為自尊與內控。自尊是由三個題項來衡量（分別稱為自尊 1、自尊 2、自尊 3），而內控也是由三個題項來衡量（分別稱為內控 1、內控 2、內控 3）。這六個題項都是由李克五點尺度法來衡量。如果自尊的各題項其相關係數很高，則自尊具有收斂效度；如果內控的各題項其相關係數很高，則內控具有收斂效度；如果自尊的各題項與內控的各題項其相關係數很低，則自尊與內控具有區別效度，如圖 4.7 所示。[11]

收斂效度與區別效度—因素負荷量

我們也可以用因素分析的負荷量來判斷收斂效度與區別效度。下例是利用 SPSS 針對「生活形態」（共有 23 個題項，每一題項以李克五點尺度法衡量）進行因素分析。「轉軸後」的成分矩陣如表 4.6 所示，此表顯示了因素與變數的相關係數，稱為因素負荷量（factor loading）。例如，變數 var01 與因素 1 的負荷量是 0.733，與因素 2 的負荷量是 0.149，與因素 3 的負荷量是 0.016，……。[12]

---

[11] 取材自 http://www.socialresearchmethods.net/kb/convdisc.htm。

[12] 此例選自：榮泰生著，《SPSS 與研究方法》（台北：五南圖書出版公司，2006），第 8 章，8-3 節。

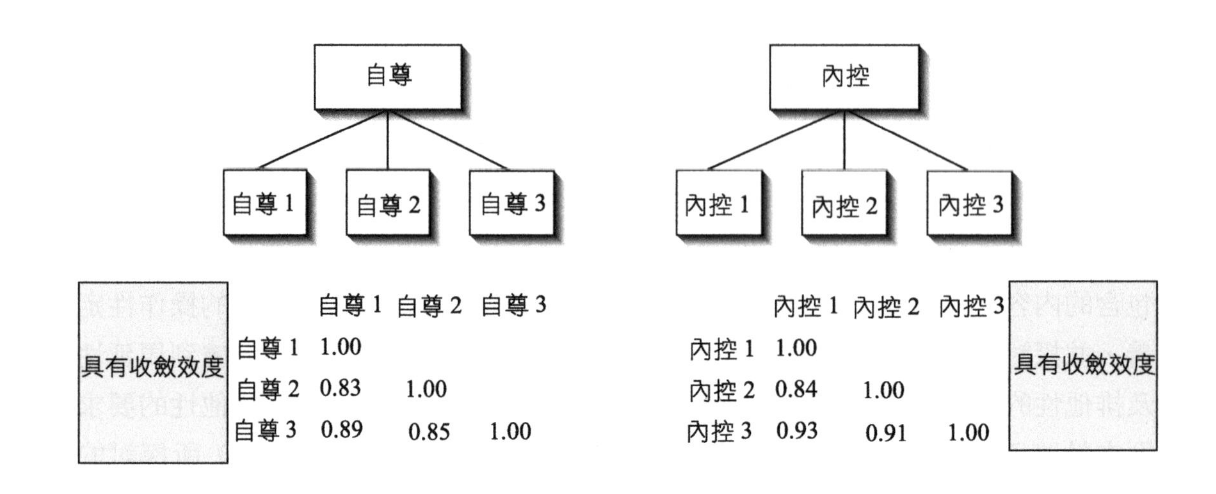

	自尊 1	自尊 2	自尊 3
自尊 1	1.00		
自尊 2	0.83	1.00	
自尊 3	0.89	0.85	1.00

	內控 1	內控 2	內控 3
內控 1	1.00		
內控 2	0.84	1.00	
內控 3	0.93	0.91	1.00

	自尊 1	自尊 2	自尊 3	內控 1	內控 2	內控 3
自尊 1	1.00					
自尊 2	0.83	1.00				
自尊 3	0.89	0.85	1.00			
內控 1	0.02	0.05	0.04	1.00		
內控 2	0.12	0.11	0.00	0.84	1.00	
內控 3	0.09	0.03	0.06	0.93	0.91	1.00

具有收斂效度

圖 4.7　收斂效度與區別效度

表 4.6　轉軸後的成分矩陣

	成分（因素）						
	1	2	3	4	5	6	7
var09 第 9 題	.741	.139	−.241	.103	−.181	−.026	−.110
var01 第 1 題	.733	.149	.016	−.037	−.165	−.107	.004
var16 第 16 題	.699	.245	.208	−.066	−.336	−.014	.221
var08 第 8 題	.681	.204	−.395	.061	−.089	−.067	−.036
var10 第 10 題	.622	−.207	.057	−.323	.171	.095	−.032
var03 第 3 題	.599	.311	.267	−.031	.144	−.324	.187
var11 第 11 題	.520	.256	.205	−.030	.137	.398	−.137
var14 第 14 題	.087	.804	−.055	.139	−.070	.157	−.198
var22 第 22 題	.184	.770	.101	−.089	−.040	−.094	.008
var19 第 19 題	.315	.732	.035	.015	.111	.099	.074
var04 第 4 題	−.001	−.070	.784	.272	−.054	−.166	.033
var23 第 23 題	.022	.022	.692	.136	.160	.394	−.120
var20 第 20 題	−.005	.151	.667	.221	.127	.032	.189
var18 第 18 題	−.112	.107	.435	.389	.241	.287	−.127
var15 第 15 題	−.005	.102	.165	.763	.017	.086	.068
var02 第 2 題	.041	.014	.243	.700	.196	−.029	.132
var06 第 6 題	−.146	−.212	.183	.636	.229	.030	−.028
var12 第 12 題	−.173	−.088	.052	.021	.719	.259	−.263
var05 第 5 題	.020	.046	.270	.204	.668	−.085	.117
var13 第 13 題	−.144	.043	−.030	.243	.584	.082	.265
var21 第 21 題	−.217	.307	.107	−.026	.191	.640	.321
var07 第 7 題	.009	−.469	.002	.363	.021	.536	.117
var17 第 17 題	.017	−.131	.058	.131	.052	.107	.861

萃取方法：主成分分析。 旋轉方法：含 Kaiser 常態化的 Varimax 法。

將因素負荷量大於 0.5 者集結成一個成分（因素），並將之命名。對同一因素，其對應的題項的因素負荷量均大於 0.5，就可認為此變數（生活形態）的收斂效度佳。在區別效度的檢驗方面，每一題項在其所屬的成分（因素）中，其因素負荷量要大於 0.5。符合此條件的題項愈多，則此變數的區別效度就愈高。從另外一個角度來看，收斂效度是指，每一題項在其所屬的成分（因素）中，其因素負荷量必須接近 1；而區別效度是指，每一題項在其不所屬的成分（因素）

中，其因素負荷量必須接近0。第18題（以虛線表示）不符合以上說明的條件，故應刪除，以增加此變數（生活形態）的收斂效度與區別效度。

其他方式

學者也對於收斂效度與區別效度提出了其他的處理方式。收斂效度可用「對因素負荷量進行t檢定」來檢視，[13] 而區別效度可用「每一個潛在變數（構念）的抽取變異數（variance extract）」與「此潛在變數與其他潛在變數的相關係數平方（判定係數）」的比較來檢視。[14]

彙總說明

三種類型的效度，從內容效度到效標效度到建構效度，可以說是漸進式的、累積式的。換句話說，後面的類型具有前面類型的特性，再加上一些新的特性。茲將上述的效度彙總說明如表4.7所示。

表4.7 效度的彙總說明

類型	測量什麼？	方法
內容	項目的內涵所能適當的代表所研究的觀念（所有相關項目的總和）的程度	判斷式的或是以陪審團進行內容效度比率的估計
效標關聯 同時 預測	預測變數所能適當的預測效標變數的相關層面的程度 對目前情況的描述；效標變數的資料可以與預測分數同時獲得 對未來情況的預測；過了一段時間後，才能測量效標變數	相關分析
建構	回答這樣的問題：「造成測量工具變異的原因是什麼？」企圖確認所測量的構念，以及決定測試工具的代表性	判斷式的； 所建立的測試工具與既有的工具的相關性； 複質—複法分析（multitrait-multimethod analysis）[15]

---

[13] J. Y. L. Thong et al., “Top management Support, External Expertise and Information System Implementation in Small Business,” *Information Systems Research*, Vol. 7, No. 2, June 1996, pp. 248-267.

[14] C. Fornell and D. F. Larcker, "Evaluating Structural Equation Models with Unobservable Variables and Measurement Error," *Journal of Marketing Research*, Vol. 18, No.1, 1982, pp. 39-50.

[15] 複質—複法分析（multitrait- multimethod analysis）是由Campbell and Fiske於1959年提出來的。但是自從提出以來被使用的情形很少，原因之一是其「完全交叉衡量設計」（fully-cross measurement design）過於複雜，而且在實際研究中很難做到。詳細的說明，可參考：http://www.socialresearchmethods.net/kb/convdisc.htm

4.7 測量工具的實用性考慮

在科學的嚴謹度上，測量工具自然要求信度與效度；但是在實務上，測量工具是以具有經濟性、方便性及可解釋性（interpretability）為主。[16]但這並不是說，在實務上，測量工具就可以完全不顧及信度與效度。

經濟性

在實務上由於研究經費的限制，所以必須犧牲一些理想。測量工具的長度（例如，用30 個題目來測量人們的社會滿意度）固然可以增加信度，但是為了節省成本，我們必須犧牲某種程度的信度，藉著減少題目的數目來降低成本。

方便性

方便性是指測量工具容易操作的情形。如果一個問卷說明得夠仔細、清晰，並以相關的例子加以輔助說明，則會使得填答者相當容易填答。不可否認的，觀念愈複雜，愈需要做清晰、詳盡的解釋。當然，問卷的設計、布置（版面配置）的好壞也會影響填答者是否方便回答。問題的語意不清、排列的擁擠、複製（影印）的模糊、表格的斷頁等，都會影響填答者是否方便填答。

可解釋性

可解釋性的意思是指由設計者所設計出來的測量工具可以很容易地被其他的研究者解讀。由專家學者所發展出來的標準化測驗（測量工具或量表）的可解釋性就很高。可解釋性的達成，包括了對於下列事項的詳細解說：

（1）該測量工具的功能，以及設計該測量工具的步驟。

---

[16] R. L. Thorndike and E. Hagen, *Measurement and Evaluation in Psychology and Education*, 3rd ed., (New York: John Wiley & Sons, 1969), p. 5.

（2）如何使用該測量工具。

（3）如何計分（給予每一項目的分數或評點）以及計分的規定。

（4）適合受測的對象（以及此測量工具是以什麼受測對象而做成的）。

（5）信度的證據。

（6）每題與每題之間的評點的相關性。

（7）此測量工具與其他測試工具的相關性。

4.8 誤差

測量工具的誤差是指缺乏效度與信度的問題。我們要注意：這種誤差是專題研究中很多類型的誤差的一種。表4.8列出了在進行專題研究每一階段可能產生的誤差。即使在研究開始前，研究者可能因為選擇研究主題的不當（選了一個不相關、不重要的主題），而犯了嚴重的錯誤。

表4.8　研究階段所產生的誤差

研究階段	可能的誤差
1.建立觀念及假設（包括操作性定義）	缺乏內容效度（由於假設界定的模糊不清、用詞不當）。
2.建立測量工具（例如問卷）	缺乏信度（對問卷中的問題用詞錯誤或模糊不清）。
3.抽樣	缺乏外部效度（抽樣的不當）。
4.資料蒐集	不能控制環境、受訪者的個人因素（如疲倦）、研究者與受訪者之間的問題、研究工具的失靈（錄音不良、設備故障）、訪談者的誤解。
5.編碼	由於資料的漏失、難讀或編碼本身的錯誤。
6.資料分析	統計技術的誤用、資料的解釋錯誤、統計結果在社會問題上的推論錯誤。

在專題研究的各階段所可能產生的誤差，在嚴重性上各有不同，同時研究者是否有能力去剔除、改正它們也有所不同。誤差可能是隨機的（random），也可能是系統性的（systematic）。在許多情況下，我們將誤差歸因於隨機的，也就是像在實驗環境中那些不可控制的、沒有任何固定形式的誤差（如實驗對象的疲倦等）。

在隨機的誤差中，有些誤差會使得真正的值產生偏高的現象，有些誤差會使得真正的值產生偏低的現象，因此如果被觀察（或者被實驗、被調查）的對象的人數夠大的話，抽樣誤差（高低的誤差）會相互抵消，這就是所謂的大數法則（law of large numbers）。

相形之下，系統性誤差會以一定的形式出現，因此不會有高低相抵、正負相消的情況。但是因為是定形的，所以有時容易被察覺，進而可加以校正或剔除。假如有位資料輸入人員一直把 1 打成是 2，這就是系統性誤差。如果我們發現了這個錯誤，也很容易改正。但如果沒有發現這個錯誤，所造成的影響也不嚴重，因為以一個常數來改一個變數的值，並不會影響該變數與其他變數的相關係數值。[17]

4.9 測量工具的發展

在專題研究中，有許多構念是相當容易測量的。例如在工資與員工福利支付的這個研究主題中，工資與社會福利支出都是量化的金額資料，因此在測量上是相當容易、精確的。但是在許多其他的研究中，構念的測量就不是那麼單純了。例如，當我們在測量族群意識這個構念時，必須將這個構念分解成觀念，再據以發展操作性定義。Lazarfeld（1950）認為要發展一個測量工具必須歷經以下的步驟：[18]

（1）構念的發展（construct development）。

（2）構念的規格確認（construct specification）。

（3）指標的建立（selection of indicators）。

（4）指標值的形成（formation of indexes）。

茲將上述步驟說明如下。

---

[17] 就好像我們把等數兩邊的值各加一個相同的常數，並不會影響其相等的關係。例如 2 = 2 變成 3 = 3，其相等的關係並不會改變。

[18] P. M. Lazarfeld, “Evidence and Inference in Social Research,” in *Evidence and Inference*, ed. David Lerner (Glencoe, Ill.: The Free Press, 1950), pp. 108-117.

構念的發展

第一步就是發展構念（construct）。當研究者發展大海公司的「公司形象」這個構念時，他心中對於「公司形象」指的是什麼（例如，指的是公司在各群體之間所建立的聲望）多少有些概念。然而，「公司形象」所包含的層面到底有哪些呢？在發展這個概念時，他應該想出公司與各群體互動的特殊方式及特性。

構念的規格確認

第二步就是將原來的構念（亦即「公司形象」）細分成幾個組成因素（或是觀念）。「公司形象」可以再細分為以下這四個部分：

（1）公司公民（corporate citizen）：公司被社區居民認為對社區的貢獻情形。

（2）生態責任（ecological responsibility）：公司在廢棄物處理、保護環境上的努力程度。

（3）雇主（employer）：公司是否被認為是適合工作的場所，或是被認為是值得終身投效的地方。

（4）滿足顧客需求（supplier of consumer needs）：顧客對於公司的產品及服務的看法如何。

我們可以利用統計技術來決定哪些觀念是構成「公司形象」這個構念的一部分。Cohen（1963）的研究中，曾利用集群分析（cluster analysis）產生了能代表「公司形象」的六個構面：產品聲望、雇主角色、對顧客的態度、公司的領導力、對社區的貢獻，以及關心個人。[19]

指標的建立

在建立了有關的四個觀念之後，接著就要發展如何測量這些觀念的指標。這些指標可以是問問題的形式，也可以是統計上的測量（例如，問次數、頻率、百

---

[19] R. Cohen, "The Measurement of Corporate Images," in *The Corporation and Its Public*, ed. John W. Wiley, Jr. (New York: John Wiley & Sons, 1963), pp. 48-64.

分比等）。例如在測量「公司公民」時，可以下列的問題來問：

下列的各描述中，哪一個最能代表大海公司在我們社區作為一個「公司公民」的情形：

□大海公司是社區活動的發起者
□大海公司是社區活動的支持者但不是發起者
□大海公司在社區活動的支持方面表現得平平
□大海公司在社區活動的支持方面表現得很差

像上述的問法以及填答的方式，是屬於單一尺度指標值（single-scale index）的。這種方式曾受到許多批評，因為不如多重因素指標值來得有效（具有效度）。如果我們用多重因素指標值來測量「公司公民」，所問的問題形式是像這樣的：

請就下列的每一題，勾選最能說明大海公司的情形：

	極同意	同意	無意見	不同意	極不同意
1. 社區活動資金的贊助者	______	____	______	______	________
2. 高等教育的支持者	______	____	______	______	________
3. 地方政府的支持者	______	____	______	______	________
4. 公民發展計畫的支持者	______	____	______	______	________

指標值的形成

在這個步驟，我們要把各個觀念結合成單一指標值。在以多重因素指標來表達「公司公民」的例子中，我們將極同意到極不同意分別給予 5、4、3、2、1 的評點，然後就每一個評點（得分）加以彙總，算出平均數以形成單一指標值。因此，經過給予每一個項目的尺度值（scale value）之後，我們可由原先的四個指標變成了單一指標值，這個單一指標值就代表著「公司公民」。

同樣地，我們可用同樣的方式（過程）來建立「生態責任」、「雇主」、「滿足顧客需求」這些構念的單一指標值。最後，「公司形象」這個構念的指標值就是這四個觀念的單一指標值的總和。這個彙總的「公司形象」指標值就可以拿來和其他公司的「公司形象」指標值做比較（當然其他公司的「公司形象」指標值要以同樣的層面來測量）。

第 5 章
Amos 操作環境與模式建立

AMOS

5.1 Amos 操作環境

安裝妥當 Amos 之後，會有 Amos Graphics、File Manager、Program Editor、Seed Manager、Text Output、View Data、View Path Diagram 這些功能。各功能的中文說明，如圖 5.1 所示。Amos Graphics（Amos 繪圖）和我們要進行的工作最是息息相關。

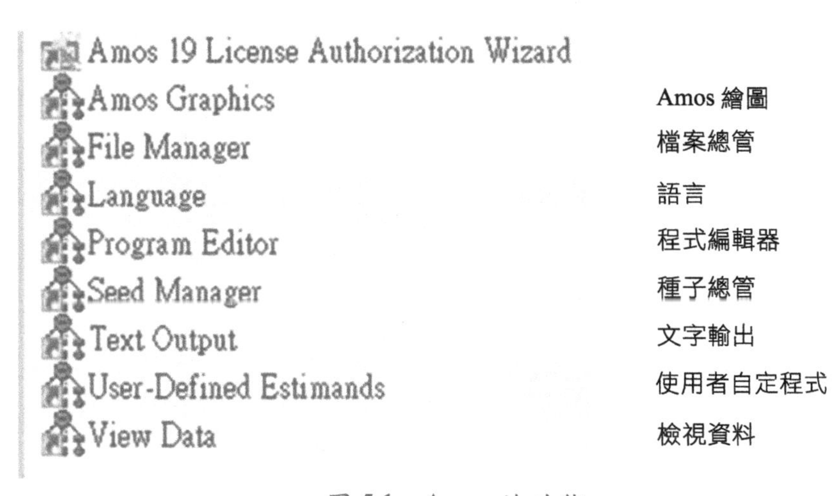

圖 5.1　Amos 的功能

三大區域

啟動 Amos Graphics，映入眼簾的是 Amos 的操作環境。左邊是工具箱，中間的是顯示區，右邊的是繪圖區。如圖 5.2 所示。在某個物件上將滑鼠放在上面，就會呈現有關對該物件的簡要說明；按滑鼠右鍵，在出現的「What's this?」上面按一下，就會出現對該物件的詳細說明。

工具箱

按[diagram]，在呈現的直式功能表中，列出了許多常用到的物件。圖 5.3 中顯示了中文說明以及直式功能表與工具箱中各物件的對應。操作一旦成熟之後，

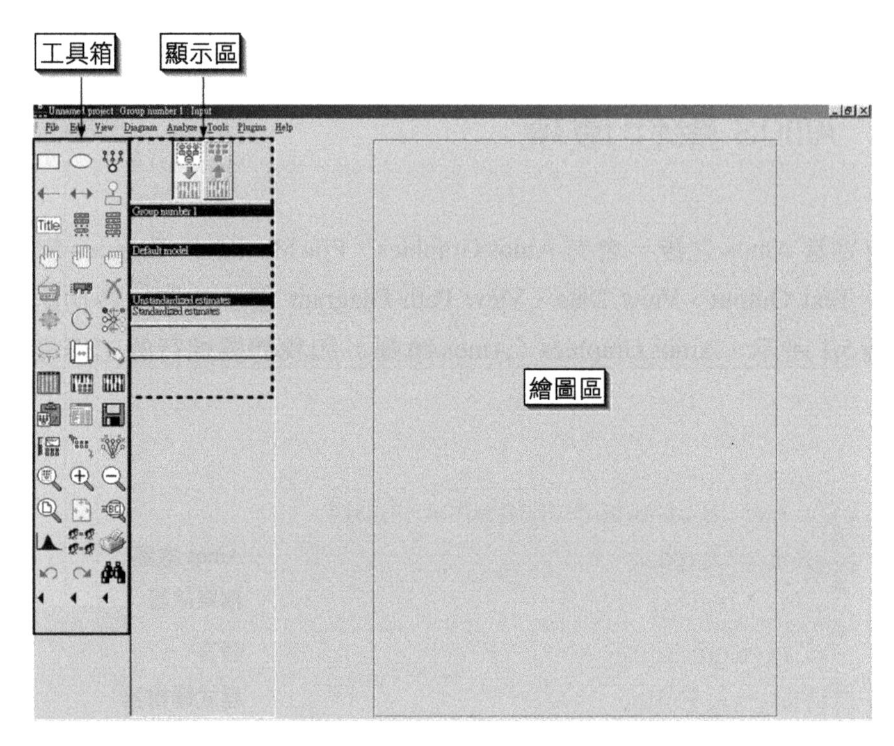

圖 5.2　Amos 操作環境

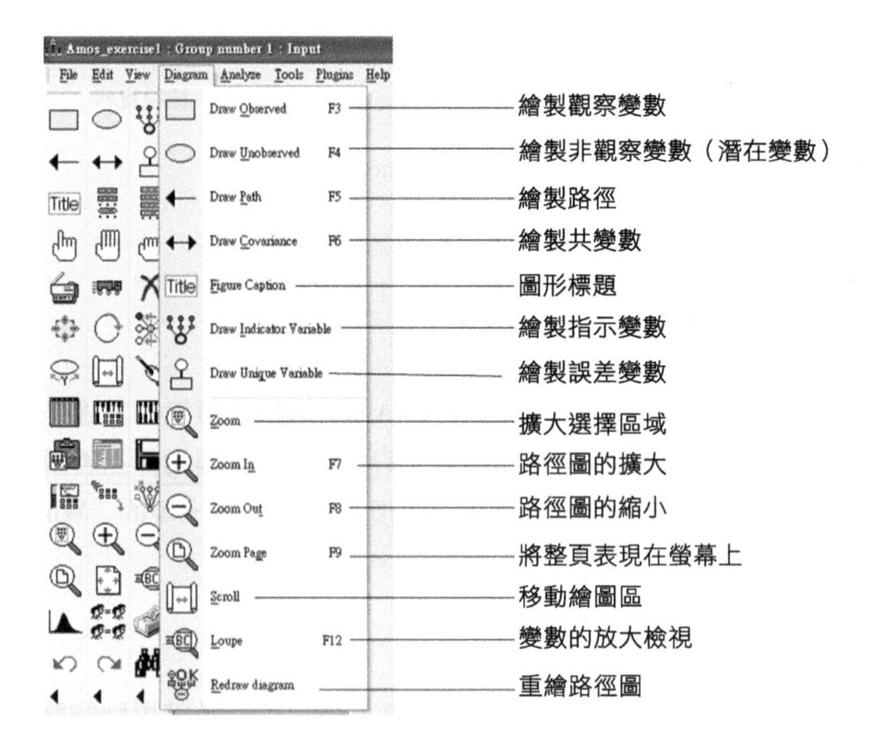

圖 5.3　Amos Diagram 各功能的說明

一看工具箱中的物件，便可以望圖生義。

圖 5.4 顯示了工具箱中常用的物件，分別有：資料集中的變數清單、選擇資料檔案、分析屬性、計算估計值、檢視輸出文字。

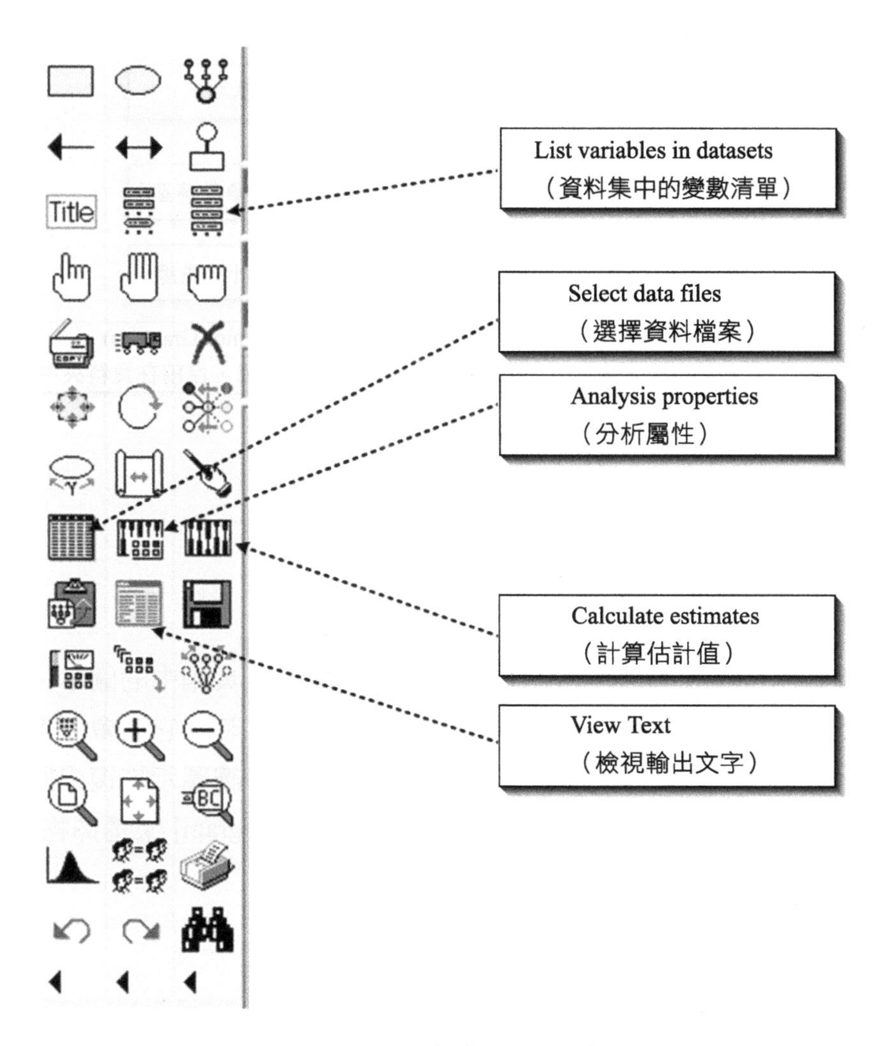

圖 5.4　工具箱中常用的物件

顯示區

在顯示區中有六個方塊，由上而下分別呈現出：選擇輸入或輸出路徑圖（按左邊的圖示表示選擇輸入路徑圖，按右邊的圖示表示選擇輸出路徑圖）、群組清單、模式清單、參數清單、計算彙總、Amos Graphics 檔案清單，如圖 5.5 所示。

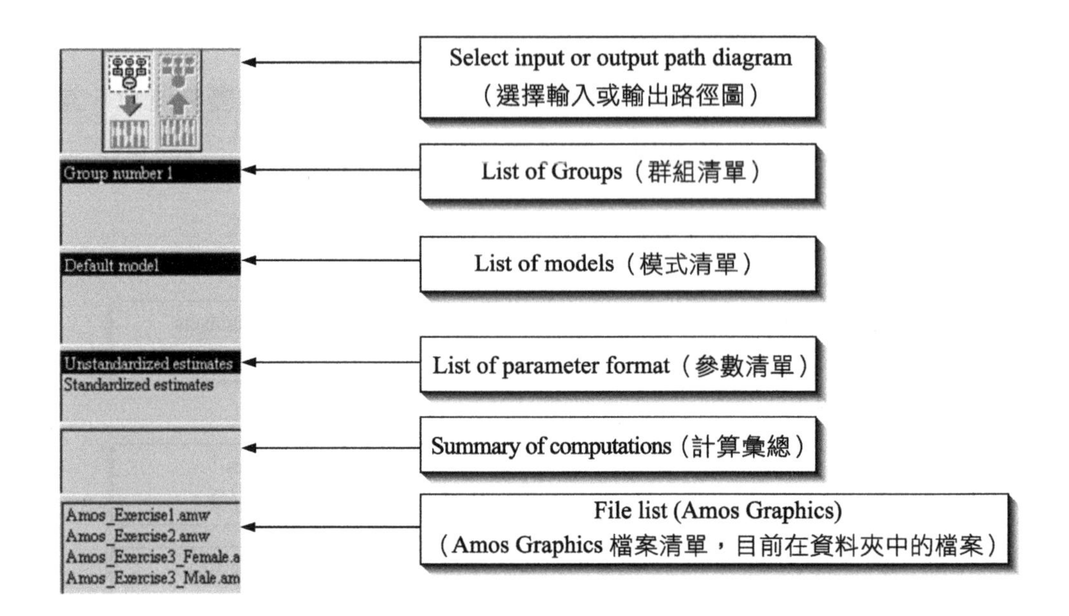

圖 5.5　顯示區說明

繪圖區

繪圖區就是讓我們製作路徑圖的區域。當點選工具箱中的圖示(物件)時,該圖示就會變成凹下狀態,如果再點選凹下的該物件時,它就會恢復成原來的狀態。或者在繪圖區按滑鼠右鍵之後,再按左鍵,也可讓圖示恢復成原來狀態。使用工具箱的圖示,非常方便。我們當然也可以按[Diagram] 來選擇物件。

Interface Properties(介面屬性)

Interface Properties(介面屬性)就是讓我們設計介面。按[View]、[Interface Properties]([檢視]、[介面屬性]),在出現的「Interface Properties」視窗中,呈現出 Page Layout(版面配置)、Format(格式)、Color(顏色)、Typefaces(字型)、Pen width(筆寬度)、Misc(其他)、Accessibility(設定 View 時的放大倍數、點選時的顏色變化)這些選項。

在「字型」方面,我們可設定變數名稱(不妨設為「新細明體」,但如不設,中文字型也不會出現亂碼)、參數值、圖形標題的字型。在「版面配置」方面,我們可設定邊界、方框、直式/橫式(Portrait 是直式、Landscape 是橫式)

等，如圖 5.6 所示。

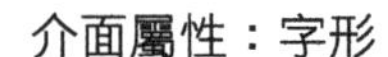

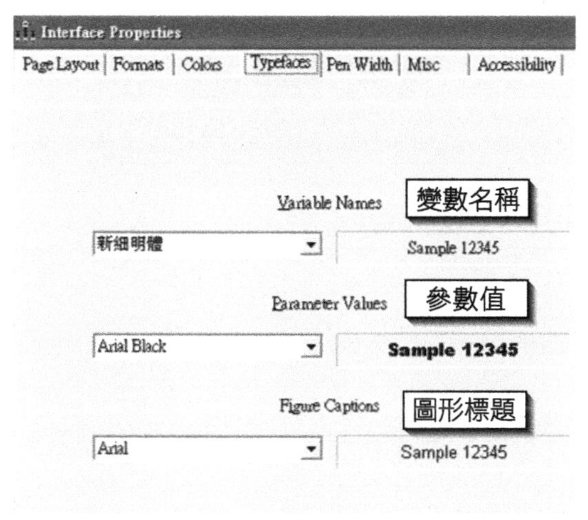

介面屬性：版面配置

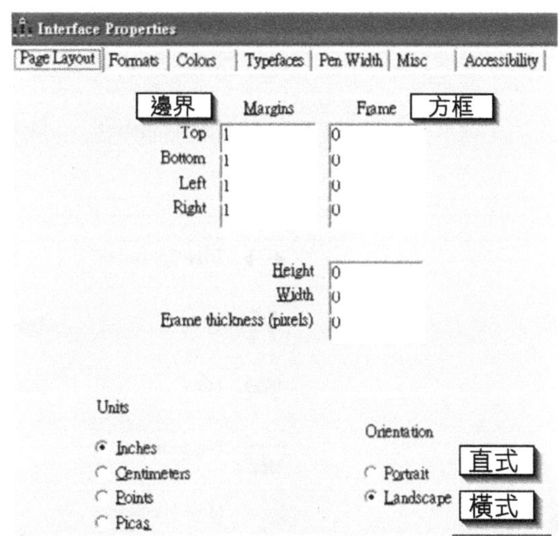

圖 5.6　介面屬性

5.2　建立模式（路徑圖）

以下的範例檔是 Amos_Exercise1（檔案位置：...Chap05\Amos_Exercise1.AMW）。讀者可開啟以便於了解。不過作者強烈建議，最好自己跟著實際演練一遍，如此才能夠駕輕就熟、舉一反三。模式是研究的觀念架構，建立模式就是建立路徑圖

製作潛在變數

首先我們先要建立潛在變數。在工具箱中點選「橢圓形」（　）的圖示（或者按[Diagram]、[Draw Unobserved]），然後在繪圖區中從左上到右下拉出一個橢圓形。在鬆手之前，可以隨意地改變其形狀。但在鬆手之後，如果要再改變此橢圓形的形狀（如變得更大、更扁等），就必須在這個橢圓形上按右鍵，在出

現的清單中，點選[Change the Shape]（改變物件形狀)，或者在工具箱中按（Change the Shape of Objects）的圖示，再加以改變，如圖 5.7 所示。

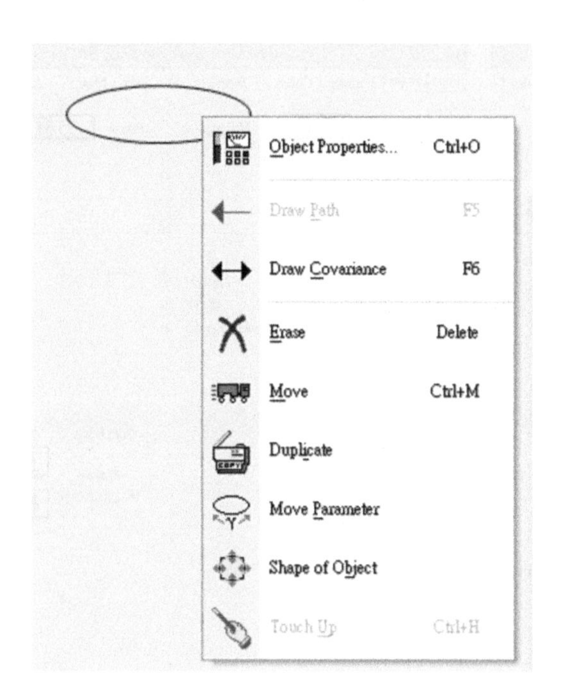

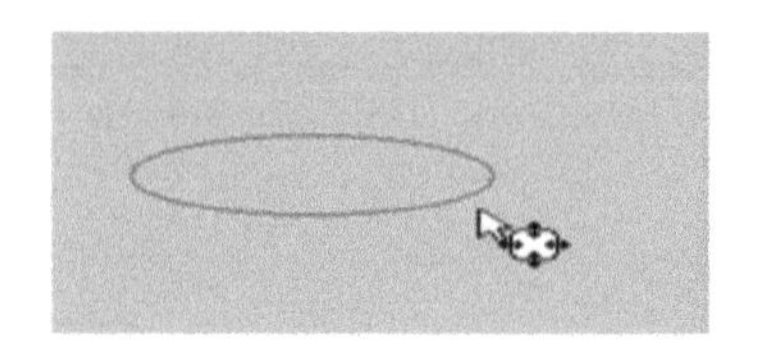

圖 5.7　製作潛在變數

製作指標變數

如第 1 章所述，指標變數包括觀察變數及誤差變數。在工具箱中點選「指標變數」的圖示（　），或者按[Diagram]、[Draw Indicator Variable]，然後在繪圖區中的橢圓形（潛在變數）上按一下，就會出現指標變數，每多按一下，就會多出一個指標變數，如圖 5.8（a）所示。

在改變指標變數的方向方面，如果要將指標變數做鏡像調整（進行要嘛上下、要嘛左右的調整），在工具箱中按「reflect the indicators of a latent variable」的圖示（　），在潛在變數上按一次可改變觀察變數的識別（有關識別性的說明見 6.5 節），如再按一次可對指標變數做鏡像調整，如圖 5.8（b）、圖 5.8（c）

所示。

如果要將指標變數做 90 度移動，在工具箱中按「rotate the indicators of a latent variable」的圖示（ ），在潛在變數上單擊滑鼠左鍵，每單擊一次，就會順時鐘移動 90 度，如圖 5.8（d）、5.8（e）所示。

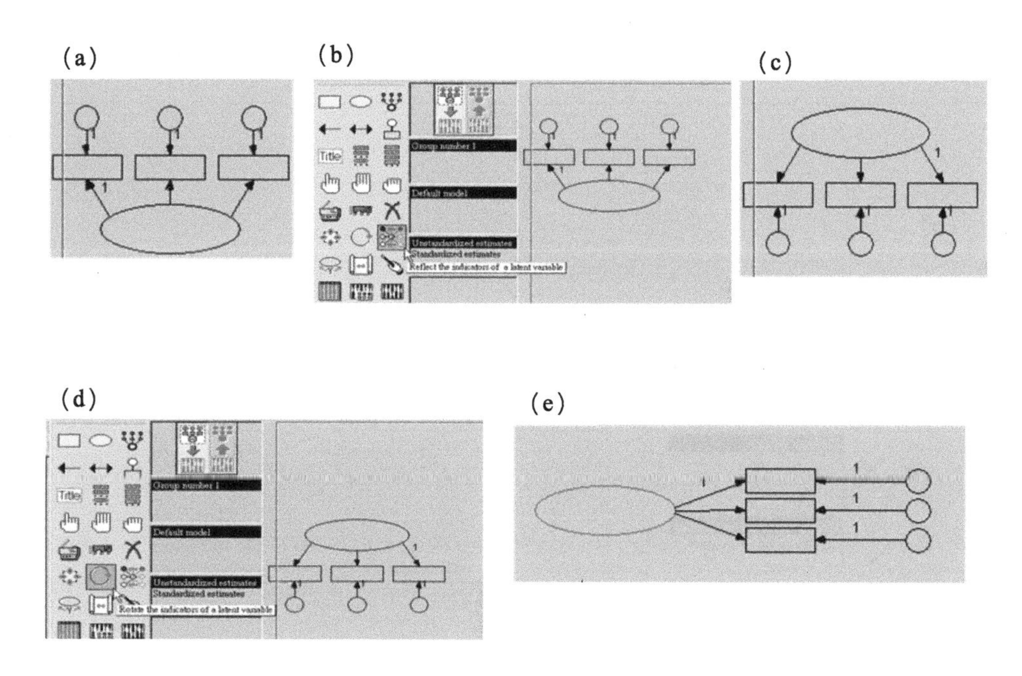

圖 5.8　製作指標變數

複製

在建立模式時，利用複製的方式會省去再製作的麻煩。假如我們的目的是將目前所建立的模式加以複製，首先在工具箱中選擇「Select all」的圖示（ ），或者按[Edit]、[Select All]，將所有的物件（圖示）加以全選，如圖 5.9（a）所示。

然後再在工具箱中按「copy」的圖示（ ），或者按[Edit]、[Duplicate]，將所有的物件（圖示）拖曳到想要複製的地方，然後鬆手，如圖 5.9（b）所示。若在複製的同時，按下「Shift」鍵，則可保持水平或垂直方向的對齊。

(a)

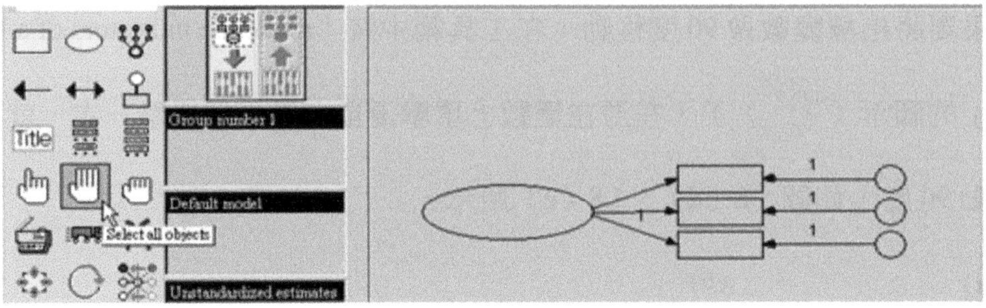

Title
Select all objects
Group number 1
Default model
Unstandardized estimates

(b)

Title
Group number 1
Default model
Unstandardized estimates
Standardized estimates

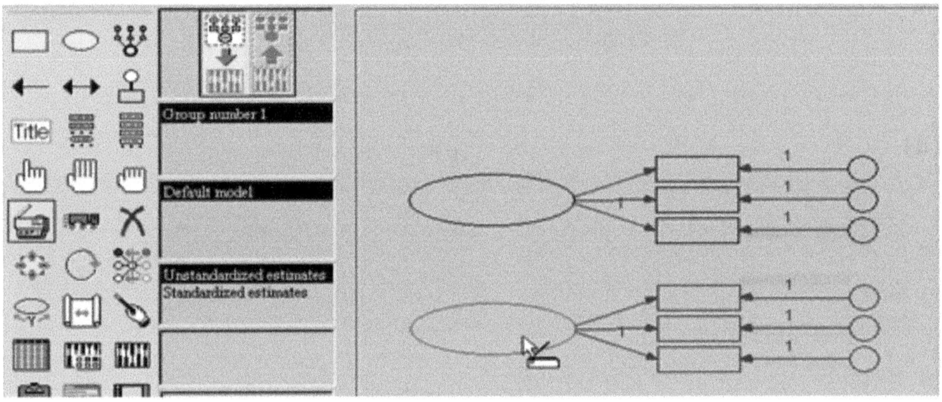

圖 5.9　複製

建立潛在變數之間的關係

潛在變數之間一定會有某種關係。例如，潛在變數甲影響潛在變數乙，或者潛在變數甲與潛在變數乙具有相關性。在製作模式時，單箭頭（ ← ）表示「影響」（因果關係），雙箭頭（ ↔ ）表示「相關性」（或者共變）。

假設我們的研究目的是潛在變數之間有因果關係，就必須在這兩個潛在變數之間繪出單箭頭。在工具箱中點選「單箭頭」圖示（ ← ），或是按 [Diagram]、[Draw Path]，並在這兩個潛在變數之間按一下及拖曳，如圖 5.10（a）所示。

如果箭頭的形狀參差不齊或者歪歪的，我們也可以加以調整。在箭頭上，按滑鼠右鍵，在出現的清單中選擇「move」（移動），就可以加以修正，如圖 5.10（b）所示。

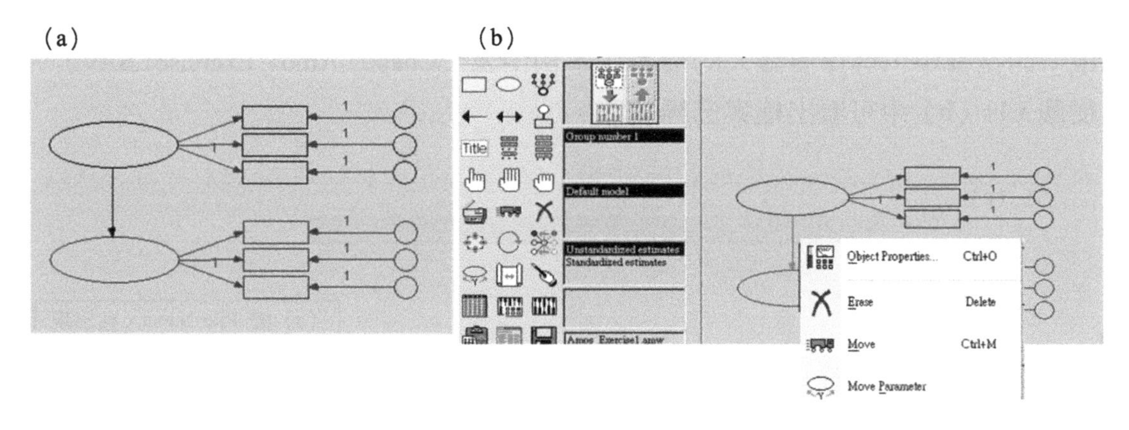

圖 5.10　製作單箭頭

觀察變數要呈現在潛在變數的什麼地方（上下左右）比較適當？普通觀察變數呈現在潛在變數的外緣部分會比較容易判讀所產生的係數值。內衍潛在變數的誤差項呈現在其上下位置，比較清爽。當然這是見仁見智。

製作內衍變數的誤差變數

值得注意的是，我們也要對內衍變數（依變數）建立誤差變數。在工具箱中點選「橢圓形」（ ）的圖示（或者按[Diagram]、[Draw Unobserved]），然後在繪圖區中依變數的下方，拉出一個圓形。如果在鬆手之後，如果要再改變此圓形的形狀（如變得更大、更扁等），就必須在這個橢圓形上按右鍵，在出現的清單中，點選[Change the Shape]（改變物件形狀)，或者在工具箱中按 （Change the Shape of Objects）的圖示，再加以改變。

讀取資料檔案

在讀取資料之前，要對資料的完整性問題（例如遺漏值的處理、觀察變數的信度等，見第 6 章、6.1 節）要做適當的處理。

模式（路徑圖）建立完竣，接著我們要讀取支持這個模式的資料檔案。在工具箱中點選「Select data file(s) (Ctrl+D)」圖示（ ），或者按 [File]、[Data Files]，在出現的「Data Files」視窗中，按「File Name」（圖 5.11（a）），在出現的「開啟」的視窗中，選擇要讀入的檔案（本例中為...\Chap05\Amos_Exercise1.SAV）。從圖 5.11（b）中可看出檔案已經讀取。

(a)

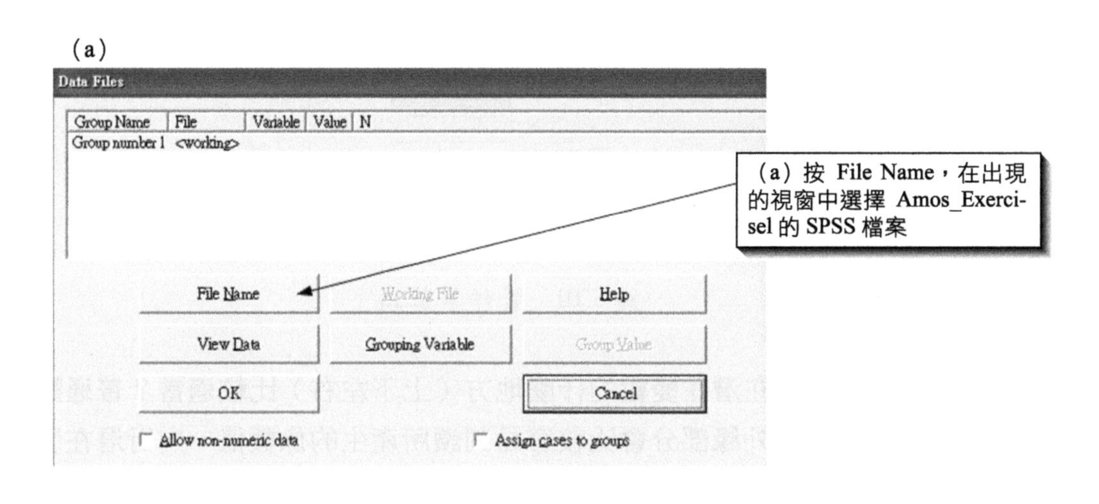

(b)

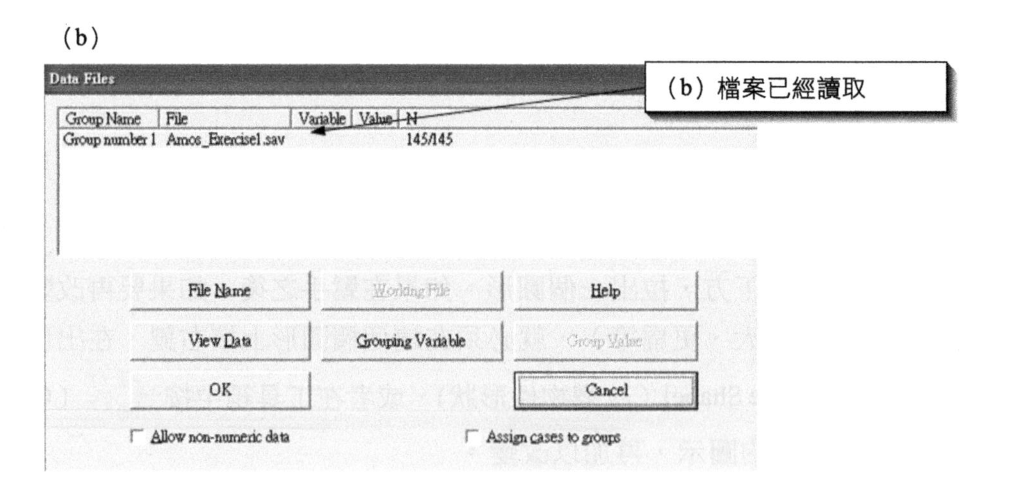

圖 5.11　讀取檔案

如果要對讀取的檔案加以分組，可參考第 9 章。在 Amos 中，資料有兩種讀入的方式：以觀察變數的原始資料、以觀察變數的相關係數矩陣讀入。可見第 6

章的說明。

交代變數名稱

觀察變數名稱

在工具箱中，點選「List Variables in data set(Ctrl+Shift+D)」圖示（ ），或者按 [View]、[Variables in Dataset]，就會出現「Variables in Dataset」視窗，此時先按住變數名稱，然後拖曳到適當的觀察變數上後鬆手，這個變數名稱就讀到觀察變數上了，如圖 5.13 所示。

我們也可以在工具箱中，點選「List Variables in Model(Ctrl+Shift+M)」圖示（ ），或者按 [View]、[Variables in Model]，來檢視已經讀到模式中的變數，如圖 5.12 的右下角所示。

在 SPSS 中，如果變數名稱與標記名稱（Label）不同，則拖曳到觀察變數上的名稱是以標記名稱為優先。

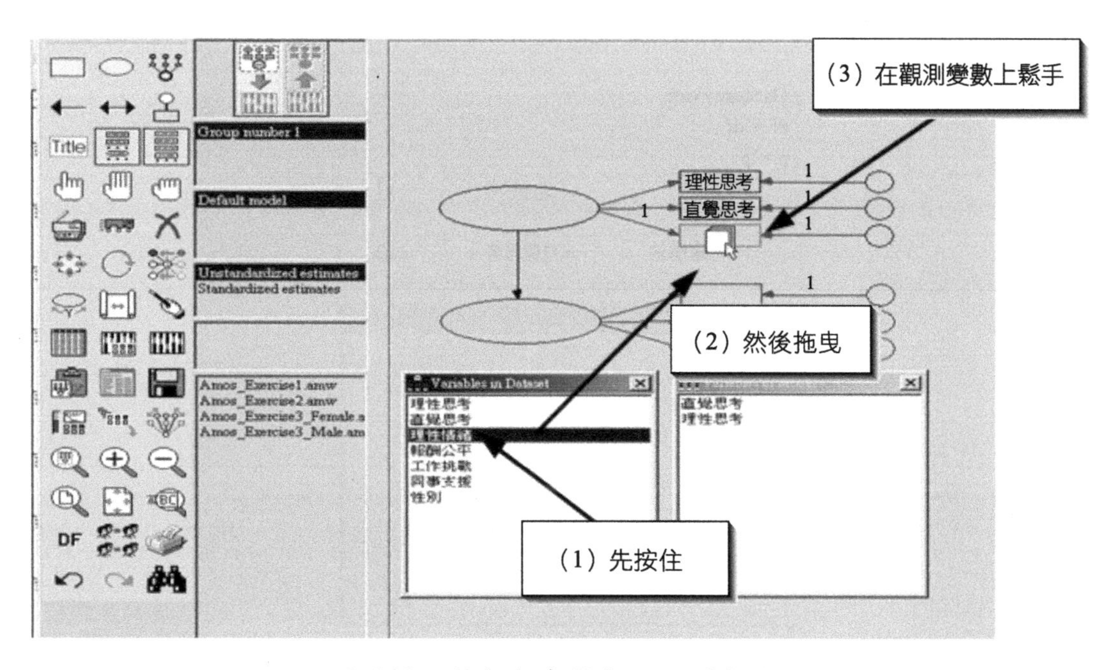

圖 5.12　對各觀察變數加上變數名稱

潛在變數名稱

在潛在變數上按滑鼠右鍵，此時這個潛在變數的周圍會有虛線的長方形出現，在所產生「Object Properties」視窗中的「Variable Name」（變數名稱），鍵入文字即可，如圖 5.13 所示。（在 Amos 6.0/7.0 中，在物件上雙擊不產生作用，逕按滑鼠右鍵即可）。

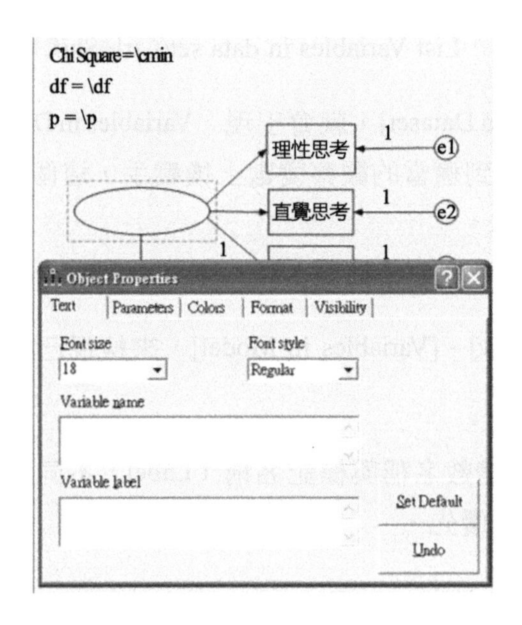

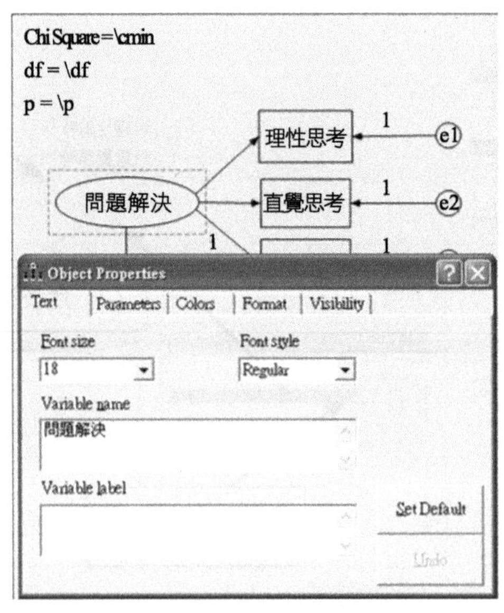

圖 5.13　對潛在變數加上變數名稱

值得說明的是，如果你使用的是Amos 5.0，在輸入中文時，在繪圖區的潛在變數內會呈現適當的中文，但是在「Object Properties」視窗中的「Variable Name」會是一堆亂碼，這無關緊要。

誤差變數名稱

然後要對每個誤差變數加以命名。可以按[Plugins]、[Name Unobserved Variables]（Amos 5.0 為 [Tools]、[Macro]、[Name Unobserved Variables]），讓 Amos 自動產生誤差變數名稱。也可以用手動的方式來自行設定或修改。如果用手動的方式，命名的方式及步驟如圖 5.14 所示。

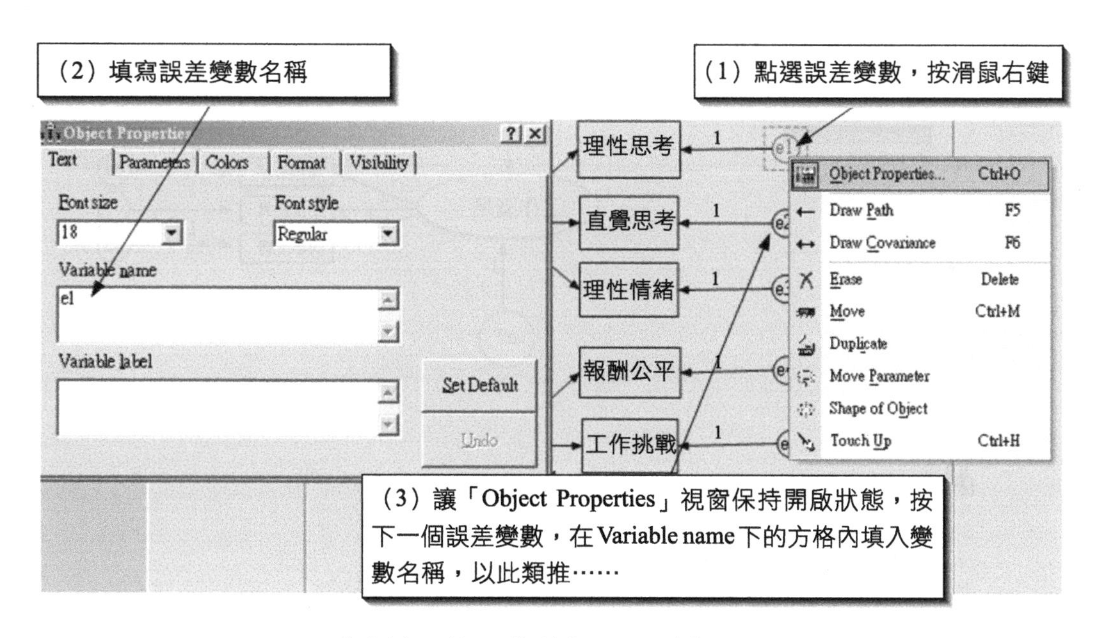

圖 5.14　對誤差變數加上變數名稱

值得注意的是，如果不對誤差變數加以命名，而逕自進行分析的話，Amos 就會產生「6 variables unnamed」（6 個變數未命名）的錯誤訊息。不要忘記對內衍變數（依變數）也要交代誤差變數的名稱。

我們也可以按[Plugins]、[Name Unobserved Variables]，讓 Amos 自動填入各誤差變數的名稱。當然你也可以再加以改變。值得注意的是，如果你對不同的觀察變數給予同樣的誤差變數名稱，Amos 並沒有自動偵測的功能。

完整模式

圖 5.15 顯示了我們所建立的完整模式。我們也可以在觀察變數上，按滑鼠右鍵，在出現的清單中選擇「move」（移動），將各個觀察變數隔得遠一點，以便更為「賞心悅目」。

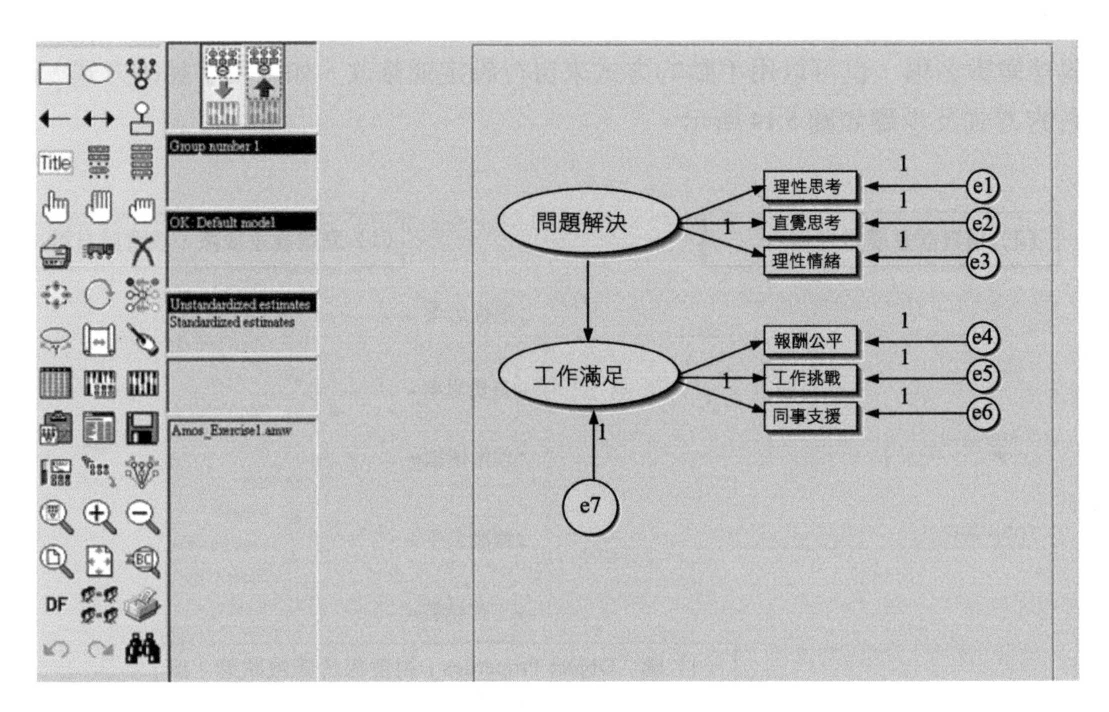

圖 5.15　完整模式

顯示重要參數

我們可在繪圖區中顯示重要參數，以期一目了然。在工具箱中點選 Title 圖示，在繪圖區中點一下。接下來的操作步驟如圖 5.16 所示。在執行之後，這些重要的參數，就會顯示出來。在圖 5.16 的步驟（3），除了設\cmin之外，我們還可以設\RMR、\GFI 等。這些估計值的意義，將在第 6 章、6.3 節說明。

在工具箱中，點選「Calculate estimates」圖示（　），或者按[Analyze]、[Calculate Estimates]，以產生估計值，就會產生圖 5.17 的結果。

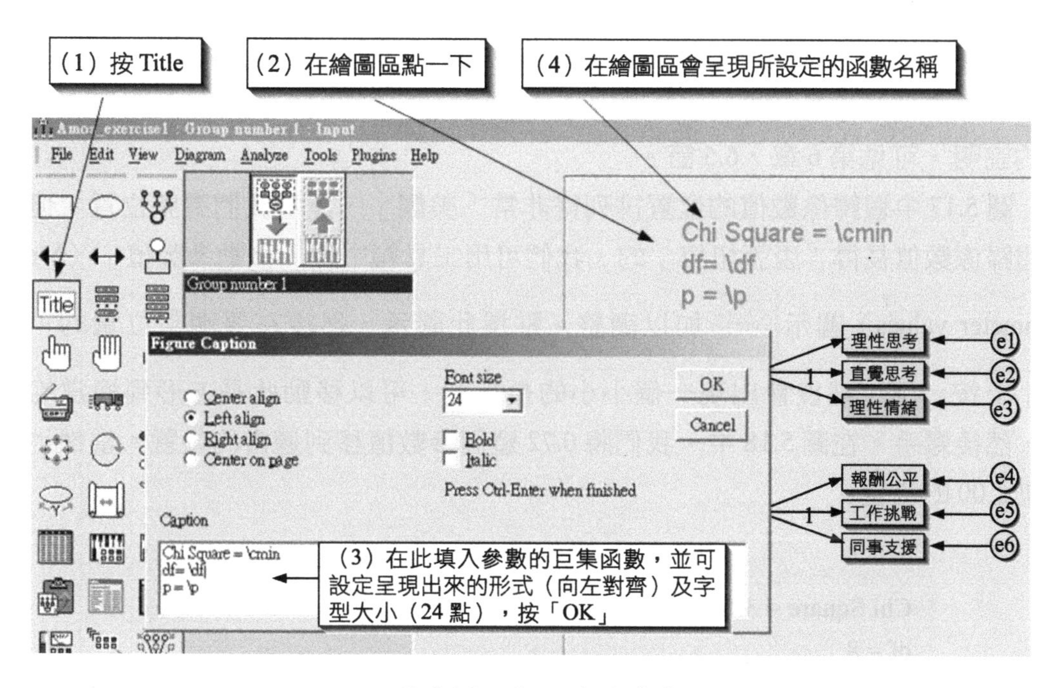

圖 5.16　顯示重要參數

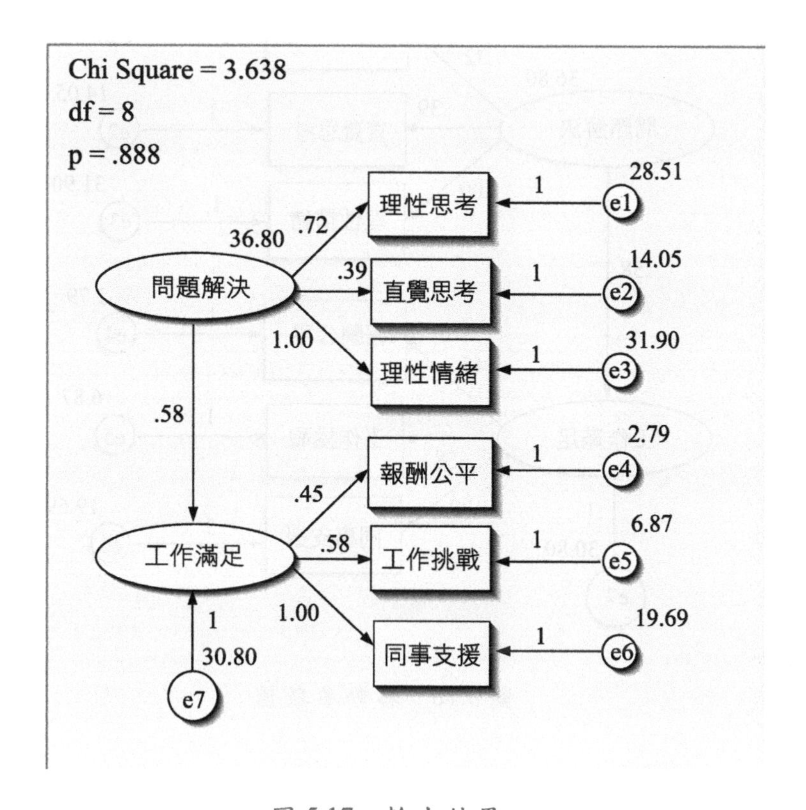

圖 5.17　輸出結果

在圖5.17中，我們發現，因素負荷量中有1.00值出現，例如理性情緒對問題解決的因素負荷量是1.00，這是識別性的問題，簡單的說，就是以此為標準。詳細的說明，可見第6章，6.5節。

圖5.17中迴歸係數值的位置排列得非常「美觀」，無需我們調整位置。但如果迴歸係數值長得「歪歪扭扭」的，我們可用工具箱中的「移動參數值」（Move parameter values）圖示 加以調整。點選此圖示，然後在要調整位置的「直線」上按一下，然後會出現一個小小的長方形，可以移動此長方形到適當的位置，然後鬆手。在圖5.18中，我們將0.72這個參數值移到適當的位置。當然也要移動1.00的位置。

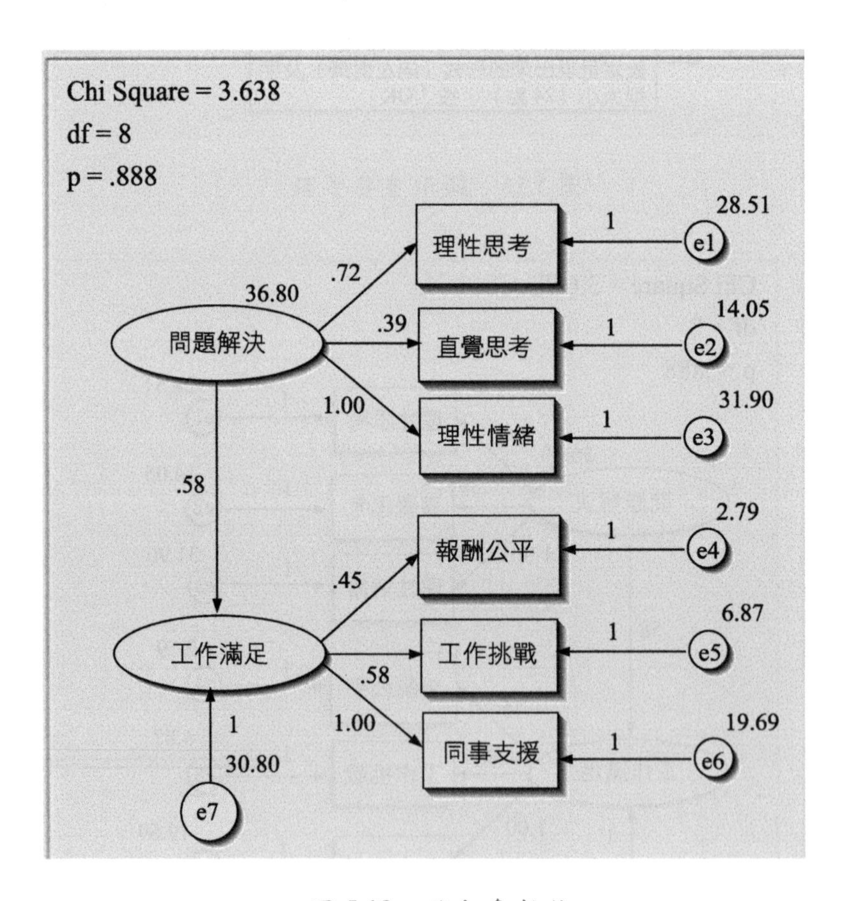

圖5.18　移動參數值

存檔之後，建立模式的工作便大功告成。Amos的模式檔案類型是AMW。值得說明的是，讀者如能將上述動作多練幾遍，便可駕輕就熟，得心應手。讀者如欲快速地建立路徑圖，可利用作者為你準備的「路徑圖樣板 泰生製作.AMW」。開啟之後，另存新檔，儲存成你要的檔案，然後再加以修改成符合你研究架構的路徑圖（修改的工具可能會用到 erase、move、duplicate）。

第 6 章
資料的輸入、處理與輸出

AMOS

資料的輸入、處理與輸出就是指資料的I（Input）、P（Process）、O（Output），這是任何系統的處理流程。本章將分別說明這三個步驟。在進行此三步驟之前，要注意一些重要事項。

6.1 Amos讀取資料前應注意事項

SPSS變數的標記

為了閱讀方便，不至於混淆，筆者建議要對變數的名稱做適當的處理。由於一個觀察變數包括了若干個問卷題項，所以在SPSS變數的標記上，可用變數1、變數2、……代表此變數。例如，問卷中有5個題項來衡量「熟悉」這個觀察變數，我們可用熟悉1、熟悉2、熟悉3、熟悉4、熟悉5分別代表第1個題項、第2個題項……，並用「熟悉」代表第一個觀察變數，如圖6.1（a）所示。

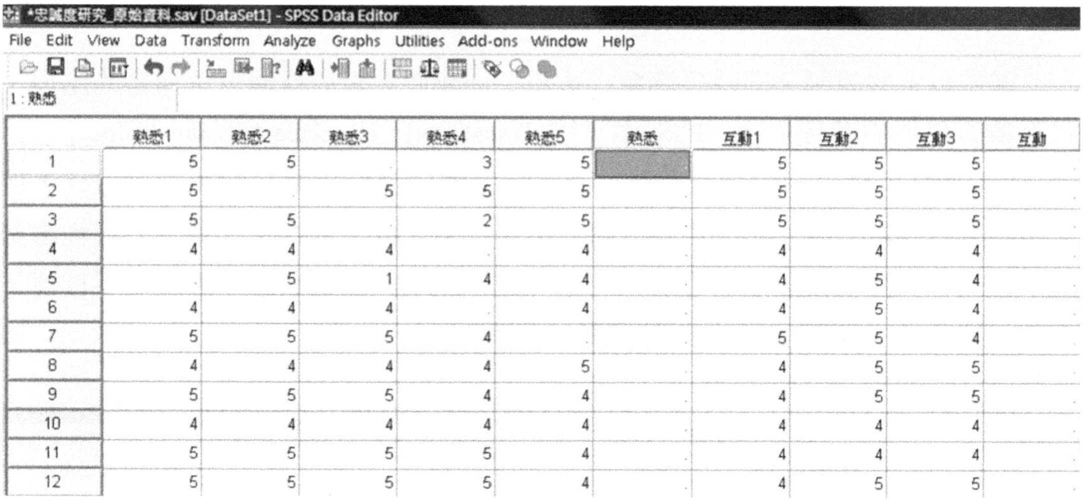

*忠誠度研究_原始資料.sav [DataSet1] - SPSS Data Editor

File Edit View Data Transform Analyze Graphs Utilities Add-ons Window Help

1 : 熟悉

	熟悉1	熟悉2	熟悉3	熟悉4	熟悉5	熟悉	互動1	互動2	互動3	互動
1	5	5	.	3	5		5	5	5	.
2	5	.	5	5	5	.	5	5	5	.
3	5	5	.	2	5	.	5	5	5	.
4	4	4	4	.	4	.	4	4	4	.
5	.	5	1	4	4	.	4	5	4	.
6	4	4	4	.	4	.	4	5	4	.
7	5	5	5	4	.	.	5	5	4	.
8	4	4	4	4	5	.	4	5	5	.
9	5	5	5	4	4	.	4	5	5	.
10	4	4	4	4	4	.	4	4	4	.
11	5	5	5	5	4	.	4	4	4	.
12	5	5	5	5	4	.	4	5	5	.

圖6.1　原始資料檔的標記方式

變數名稱（Name）用中文名稱的話，我們可以在Amos路徑圖中，以拖曳的方式直接將變數拖曳到觀察變數的方格內。況且名稱用中文則產生的報表易讀易懂，否則像「Q1←熟悉」這樣的輸出實在不好讀，而且閱讀起來要經常查照。

資料完整性

置換遺漏值

在 Amos 進行分析之前，會將輸入的原始資料轉換成共變數矩陣（可按[Analyze]、[Modeling Lab]，來看產生共變數矩陣的步驟）。如果我們對資料的遺漏值（missing values）不做適當的處理，就可能產生「非定正矩陣」的問題。

如果此共變數矩陣的對角線上的變異數為負值（可能是因為資料輸入錯誤、模式界定錯誤等原因），或者違反三角不均等條件，均可能導致「非定正矩陣」（nonpositive definitive matrices）的問題。所謂三角不均等條件是指：共變數矩陣內的共變數受限於其對角線上的變異數大小（不能大於個別變數的變異數平方值）。在相關矩陣中（可參考圖 6.8）須符合三角不均等條件，如 r_{13} 必須介於下列範圍之間：

$$\gamma_{13}\gamma_{23} \pm \sqrt{(1-\gamma_{12}{}^{2})(1-\gamma_{23}{}^{2})}$$

基於以上的說明，同時要避免「後患」，我們要對於遺漏值做適當的處理，以保持資料的完整性。在 SPSS 中，按[Transform]、[Replace Missing Values]（[轉換]、[置換遺漏值]）（圖 6.2 左），就可對遺漏的資料用某些數值加以取代，例如用數列平均數、附近點平均數、附近點中位數、線性內插法、點上的線性趨勢加以取代。一般的做法是用數列平均數（這一題項所有已填答者數值的平均值）來取代遺漏值。SPSS 會產生新的變數（圖 6.2 右）。

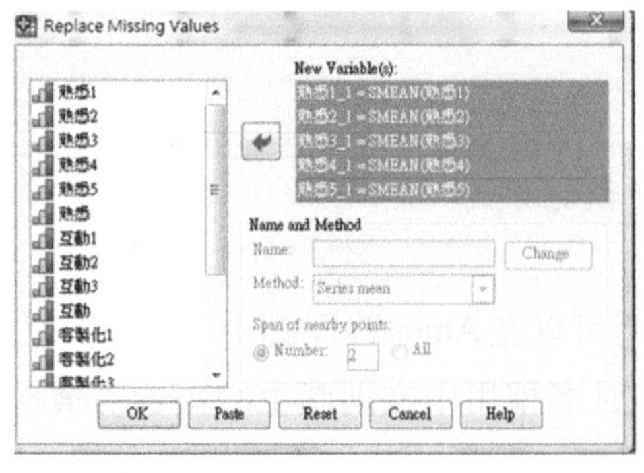

*忠誠度研究_原始資料.sav [DataSet1] - SPSS Data Editor

File Edit View Data Transform Analyze Graphs Utilities Add-ons Window Help

1 : 熟悉1_1 5

	客製化	熟悉1_1	熟悉2_1	熟悉3_1	熟悉4_1	熟悉5_1
1	.	5.0	5.0	4.4	3.0	5.0
2	.	5.0	4.4	5.0	5.0	5.0
3	.	5.0	5.0	4.4	2.0	5.0
4	.	4.0	4.0	4.0	4.3	4.0
5	.	4.5	5.0	1.0	4.0	4.0
6	.	4.0	4.0	4.0	4.3	4.0
7	.	5.0	5.0	5.0	4.0	4.2
8	.	4.0	4.0	4.0	4.0	5.0
9	.	5.0	5.0	5.0	4.0	4.0

圖 6.2　遺漏值的處理

然後用SPSS的Transform（轉換）、Compute（計算）以求熟悉1_1、熟悉2_1……的平均分數（圖6.3左）。然後，我們可將原始檔案另存成一個只具有觀察變數的SPSS檔案，以便Amos「清爽地」讀取，如圖6.3右所示。

	熟悉	互動	客製化
1	4.47	5.00	5.00
2	4.89	5.00	4.67
3	4.27	5.00	5.00
4	4.06	4.00	3.67
5	3.70	4.33	3.67
6	4.06	4.33	4.33
7	4.64	4.67	4.33
8	4.20	4.67	4.00
9	4.60	4.67	4.67
10	4.00	4.00	4.67
11	4.80	4.00	4.00
12	4.80	4.67	4.33
13	4.20	4.00	4.33
14	4.20	4.33	4.33
15	5.00	4.67	4.00
16	4.20	5.00	4.33
17	4.60	4.00	4.33

圖6.3　只具有觀察變數的SPSS檔案

Data Imputation

另外一個處理資料遺漏值的方法是用Amos的Data Imputation（資料估算）。在Amos中，開啟Ex30.AMW（這是Amos的一個範例），讀入資料檔Grant_x.SPSS Data Document。原始資料檔有許多遺漏值，如圖6.4所示。

按[Analyze]、[Data Imputation]，在「Amos Data Imputation」視窗中，可使用預設的Bayesian Imputation，在「Number of completed datasets」（產生的資料檔數目）可用預設的10個，也就是說，要產生10個SPSS資料檔。至於要Multiple output files（這10個資料檔分別產生）還是Single output file（這10個資料檔產生在一個檔內）則悉聽尊便。我們選擇的是「分別產生」，如圖6.5所示。

按[Impute]開始執行，執行的過程如圖6.6所示。此時Amos會計算出迴歸係數、截距、共變數、變異數。

按[OK]，Amos就會產生10個SPSS資料檔，如圖6.7所示。

Grant_x.sav [DataSet1] - SPSS Data Editor

File Edit View Data Transform Analyze Graphs Utilities Add-ons Window Help

44 : visperc 33

	visperc	cubes	lozenges	paragrap	sentence	wordmean	var
1	33.00	.	17.00	8.00	17.00	10.00	
2	30.00	.	20.00	.	.	18.00	
3	.	33.00	36.00	.	25.00	41.00	
4	28.00	.	.	10.00	18.00	11.00	
5	.	25.00	.	11.00	.	8.00	
6	20.00	25.00	6.00	9.00	.	.	
7	17.00	21.00	6.00	5.00	10.00	10.00	
8	.	.	30.00	11.00	23.00	.	
9	30.00	22.00	.	8.00	.	20.00	
10	.	28.00	22.00	.	.	36.00	
11	30.00	24.00	19.00	.	.	24.00	
12	33.00	.	16.00	8.00	17.00	.	
13	.	22.00	15.00	9.00	.	17.00	
14	27.00	.	.	9.00	11.00	7.00	
15	.	30.00	13.00	9.00	.	13.00	
16	.	25.00	.	9.00	23.00	15.00	
17	34.00	.	.	9.00	.	.	
18	.	.	5.00	.	4.00	2.00	
19	16.00	20.00	.	6.00	18.00	13.00	
20	18.00	.	17.00	19.00	24.00	33.00	
21	32.00	21.00	9.00	15.00	.	25.00	
22	.	20.00	14.00	.	18.00	.	
23	39.00	.	25.00	14.00	17.00	11.00	
24	32.00	26.00	.	11.00	23.00	23.00	
25	.	24.00	8.00	.	.	.	
26	31.00	19.00	13.00	8.00	22.00	17.00	
27	29.00	26.00	25.00	.	22.00	.	
28	25.00	.	26.00	5.00	7.00	.	
29	37.00	31.00	.	14.00	.	20.00	
30	.	26.00	19.00	.	21.00	14.00	
31	.	.	17.00	18.00	24.00	.	

圖 6.4　原始資料檔（許多遺漏值）

Amos Data Imputation
Regression imputation
Stochastic regression imputation
Bayesian imputation
Number of completed datasets
10
Multiple output files
Single output file
Incomplete Data Fi...
Completed Data Files
Grant_x
Grant_x_C.sav
Options
Help
File Names
Impute

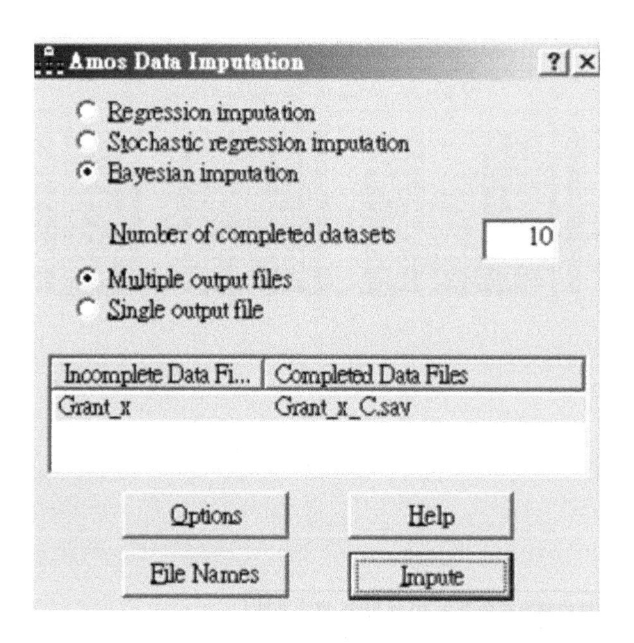

圖 6.5　「Amos Data Imputation」視窗

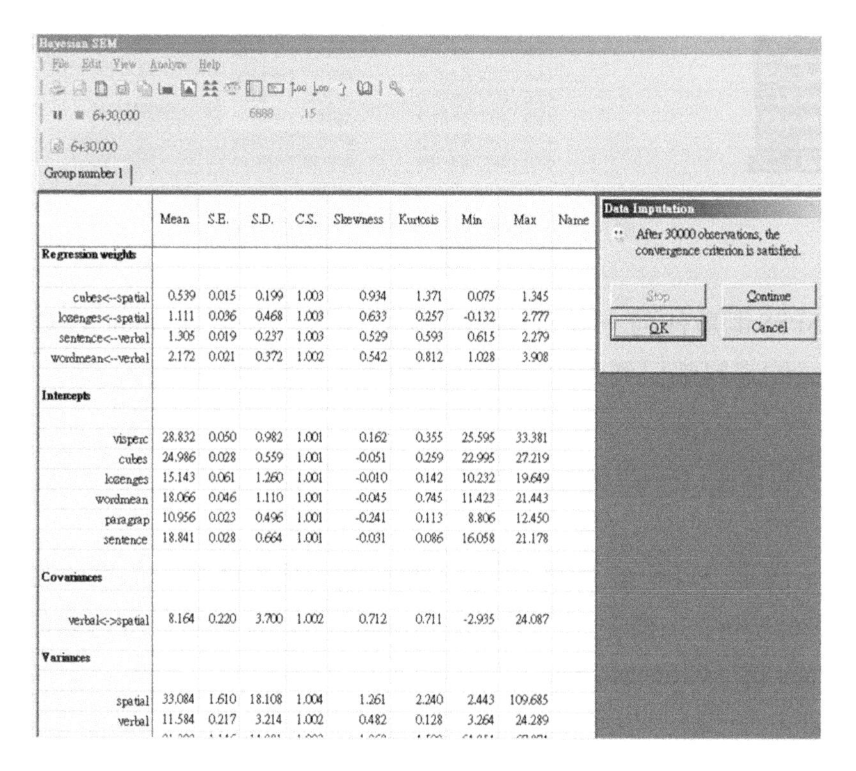

Bayesian SEM
File Edit View Analyze Help
6+30,000
6888 .15
6+30,000
Group number 1
Mean S.E. S.D. C.S. Skewness Kurtosis Min Max Name
Regression weights
cubes<--spatial 0.539 0.015 0.199 1.003 0.934 1.371 0.075 1.345
lozenges<--spatial 1.111 0.036 0.468 1.003 0.633 0.257 -0.132 2.777
sentence<--verbal 1.305 0.019 0.237 1.003 0.529 0.593 0.615 2.279
wordmean<--verbal 2.172 0.021 0.372 1.002 0.542 0.812 1.028 3.908
Intercepts
visperc 28.832 0.050 0.982 1.001 0.162 0.355 25.595 33.381
cubes 24.986 0.028 0.559 1.001 -0.051 0.259 22.995 27.219
lozenges 15.143 0.061 1.260 1.001 -0.010 0.142 10.232 19.649
wordmean 18.066 0.046 1.110 1.001 -0.045 0.745 11.423 21.443
paragrap 10.956 0.023 0.496 1.001 -0.241 0.113 8.806 12.450
sentence 18.841 0.028 0.664 1.001 -0.031 0.086 16.058 21.178
Covariances
verbal<->spatial 8.164 0.220 3.700 1.002 0.712 0.711 -2.935 24.087
Variances
spatial 33.084 1.610 18.108 1.004 1.261 2.240 2.443 109.685
verbal 11.584 0.217 3.214 1.002 0.482 0.128 3.264 24.289
Data Imputation
After 30000 observations, the convergence criterion is satisfied.
Stop
Continue
OK
Cancel

圖 6.6　Data Imputation（資料估算）

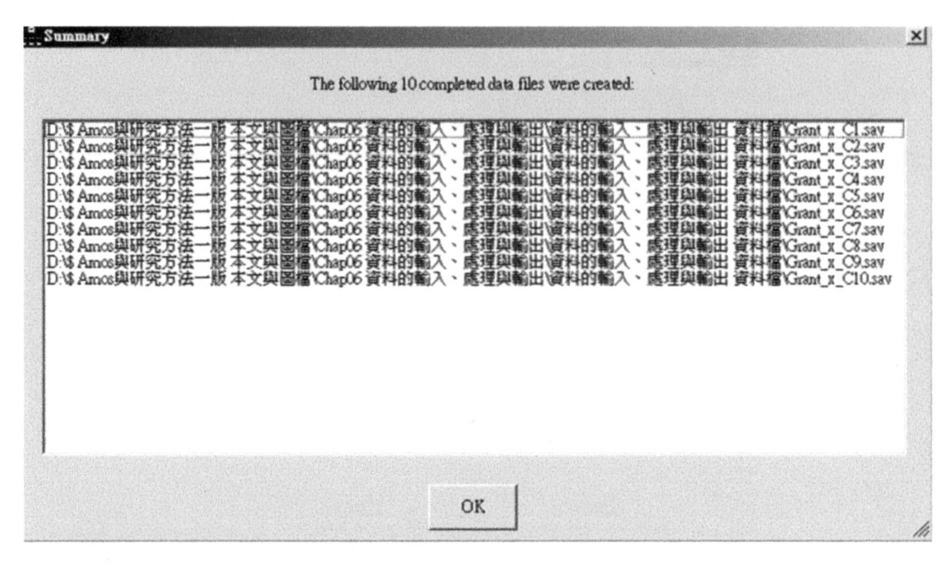

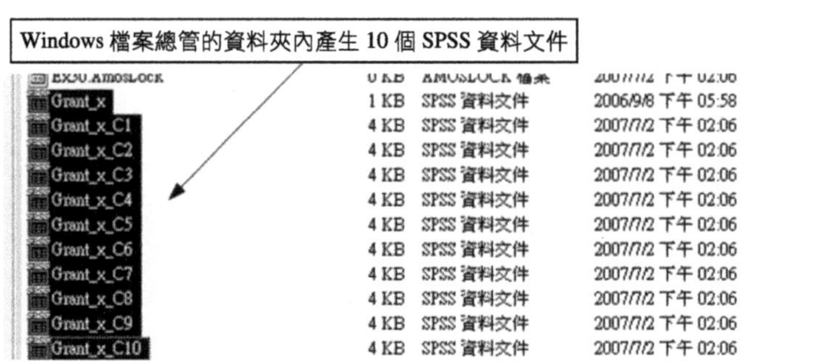

圖 6.7　產生 10 個 SPSS 資料檔

我們用 SPSS 開啟任何一個 SPSS 資料文件（我們是開啟 Grant_X_C2），可以看到所有遺漏的資料都已經適當地補齊，如圖 6.8 所示。

觀察變數的信度與效度

在 Amos 讀取 SPSS 的資料之前，要先檢驗觀察變數的信度。在 SPSS 的「Reliability Analysis」視窗中，左下角的「Model」共有五種信度考驗的方法：

（1）Alpha 值：Cronbach α 係數

（2）Split-half：折半信度

（3）Guttman：Guttman 最低下限真實信度法，信度係數從λ_1到λ_6

（4）Parallell：平行模式信度

Grant_x_C2.sav [DataSet1] - SPSS Data Editor

File Edit View Data Transform Analyze Graphs Utilities Add-ons Window Help

52 : visperc 31

	visperc	cubes	lozenges	paragrap	sentence	wordmean	spatial	verbal	CaseNo	ImputeNo
1	33.00	28.92	17.00	8.00	17.00	10.00	1.78	-1.39	1.00	2.00
2	30.00	24.45	20.00	12.51	24.12	18.00	0.14	1.55	2.00	2.00
3	28.94	33.00	36.00	13.94	25.00	41.00	10.12	5.87	3.00	2.00
4	28.00	20.56	17.03	10.00	18.00	11.00	-2.25	-2.45	4.00	2.00
5	36.78	25.00	2.53	11.00	18.90	8.00	-2.51	-0.71	5.00	2.00
6	20.00	25.00	6.00	9.00	21.46	18.11	-2.05	-3.34	6.00	2.00
7	17.00	21.00	6.00	5.00	10.00	10.00	-5.52	-4.75	7.00	2.00
8	33.54	32.91	30.00	11.00	23.00	21.04	8.68	2.10	8.00	2.00
9	30.00	22.00	9.75	8.00	22.08	20.00	-2.94	-0.55	9.00	2.00
10	34.57	28.00	22.00	15.16	25.54	36.00	2.19	5.56	10.00	2.00
11	30.00	24.00	19.00	13.78	20.62	24.00	-1.22	2.04	11.00	2.00
12	33.00	29.03	16.00	8.00	17.00	9.66	2.80	-3.74	12.00	2.00
13	33.77	22.00	15.00	9.00	15.34	17.00	-4.93	0.15	13.00	2.00
14	27.00	26.98	31.18	9.00	11.00	7.00	1.82	-3.37	14.00	2.00
15	36.88	30.00	13.00	9.00	19.95	13.00	2.73	-2.54	15.00	2.00
16	38.20	25.00	19.72	9.00	23.00	15.00	-0.87	-2.56	16.00	2.00
17	34.00	22.65	18.59	9.00	12.03	10.44	-4.76	-1.72	17.00	2.00
18	9.26	21.02	5.00	1.34	4.00	2.00	-8.01	-8.90	18.00	2.00
19	16.00	20.00	2.58	6.00	18.00	13.00	-8.78	-3.60	19.00	2.00
20	18.00	23.00	17.00	19.00	24.00	33.00	-3.87	6.58	20.00	2.00
21	32.00	21.00	9.00	15.00	23.87	25.00	-1.28	2.47	21.00	2.00
22	21.46	20.00	14.00	10.91	18.00	16.45	-6.30	-0.47	22.00	2.00
23	39.00	31.75	25.00	14.00	17.00	11.00	6.89	-0.89	23.00	2.00
24	32.00	26.00	12.84	11.00	23.00	23.00	1.12	0.52	24.00	2.00
25	20.74	24.00	8.00	13.98	22.12	20.96	-3.50	3.02	25.00	2.00
26	31.00	19.00	13.00	8.00	22.00	17.00	-4.18	-2.29	26.00	2.00
27	29.00	26.00	25.00	13.46	22.00	29.61	0.59	1.90	27.00	2.00

圖 6.8 遺漏值資料已補齊

（5）Strict parallel：嚴密平行信度，表示各題目平均數與變異數均是同質時的最大概率信度

Cronbach α值≧0.70 時，屬於高信度；0.35≦Cronbach α值＜ 0.70 時，屬於尚可；Cronbach α值＜ 0.35 則為低信度。[1] 在SPSS輸出的項目總和統計量（item-total correlation）的報表中，在最後的一欄「項目刪除時的 Cronbach's Alpha 值」中其解釋是這樣的：如果我們刪除了這個變數（項目），其餘項目的Cronbach's Alpha值會變成多少。所以我們也要做這個檢驗和處理。詳細的說明，可見榮泰生著，《SPSS 與研究方法》（五南圖書出版公司），第 8 章。

至於觀察變數的效度問題如何驗證，亦可參考榮泰生，《SPSS與研究方法》

---

[1] J. P. Gilford, *Psychometric Methods*, 2nd ed. (New York, NY: McGraw-Hill, 1954).

（五南圖書出版公司），第8章。

6.2 資料的讀取

檔案類型

Amos所支持的資料檔案類型有：dbf（dBASE或Microsoft FoxPro檔案）、xls（Microsoft Excel檔案）、wks（Lotus檔案）、mdb（Microsoft Access檔案）、sav（SPSS檔案）、txt或csv（文字檔案或逗點分隔值檔案）。本書所使用的資料檔案均為SPSS 12.0或以上版本的檔案。由於Amos已經是SPSS中的一個功能，所以筆者建議用SPSS建立原始資料檔比較好。

資料讀入方式

在Amos中，資料有兩種讀入的方式：以觀察變數的原始資料、以觀察變數的相關係數矩陣讀入。Amos進行模式估計時，會自動將原始資料或相關矩陣轉換成共變數矩陣，再進行參數估計。使用相關矩陣作為輸入資料時，必須提供各變數的標準差資料，因為Amos可用此標準差資料將相關矩陣轉換成共變數矩陣。

以圖6.13為例，在此路徑途中，資料輸入的兩種方式，如圖6.9的（a）、（b）所示。值得說明的是，如果以相關係數矩陣讀入資料，要先呈現內衍潛在變數的各觀察變數（呈現在左邊），然後再呈現外衍潛在變數的各觀察變數（讀者亦可開啟...\Chap07\Modi_MI_a.sav來體會SPSS相關矩陣格式，或者...\Chap10\Basic_1.csv來體會Excel相關矩陣輸入格式）。

讀取資料

資料讀取的方式，已在5.3節說明。簡單地說，我們要建立好路徑圖，然後再在工具箱中點選「Select data file(s)」圖示（），或者按[File]、[Data Files]，在出現的「Data Files」視窗中，按「File Name」，在出現的「開啟」的視窗中，選擇要讀入的檔案。

（a）以觀察變數的原始資料讀入

原始資料檔讀入.sav - SPSS Data Editor

File Edit View Data Transform Analyze Graphs Utilities Window Help

1：理性思考 33

	理性思考	直覺思考	理性情緒	報酬公平	工作挑戰	同事支援	var
1	33	22	17	8	17	10	
2	30	25	20	10	23	18	
3	36	33	36	17	25	41	
4	28	25	9	10	18	11	
5	30	25	11	11	21	8	
6	20	25	6	9	21	16	
7	17	21	6	5	10	10	
8	33	31	30	11	23	18	
9	30	22	20	8	17	20	

（b）以觀察變數的相關係數矩陣資料讀入

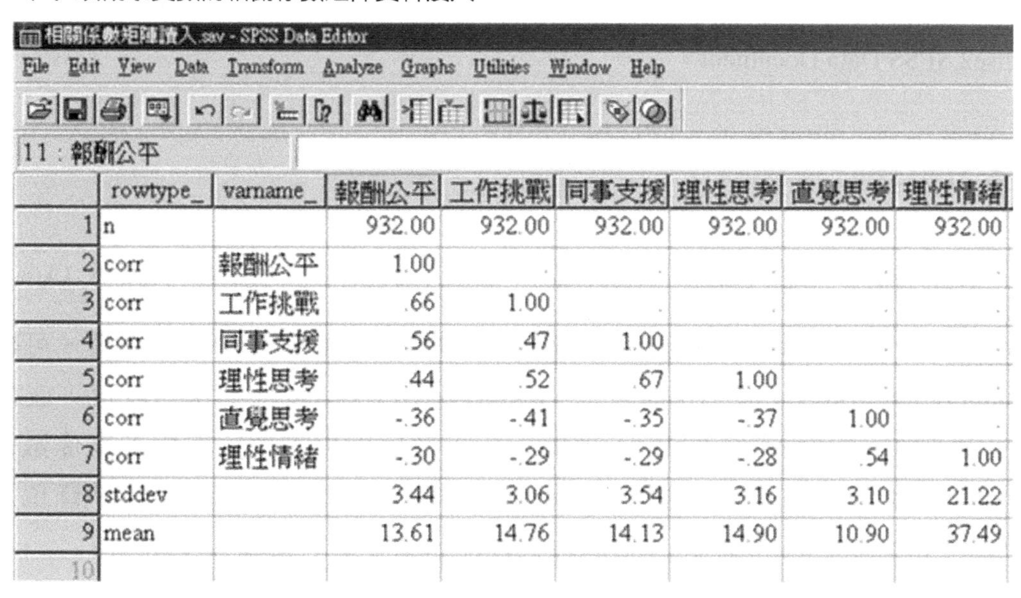

相關係數矩陣讀入.sav - SPSS Data Editor

File Edit View Data Transform Analyze Graphs Utilities Window Help

11：報酬公平

	rowtype_	varname_	報酬公平	工作挑戰	同事支援	理性思考	直覺思考	理性情緒
1	n		932.00	932.00	932.00	932.00	932.00	932.00
2	corr	報酬公平	1.00	.	.	.	.	.
3	corr	工作挑戰	.66	1.00	.	.	.	.
4	corr	同事支援	.56	.47	1.00	.	.	.
5	corr	理性思考	.44	.52	.67	1.00	.	.
6	corr	直覺思考	-.36	-.41	-.35	-.37	1.00	.
7	corr	理性情緒	-.30	-.29	-.29	-.28	.54	1.00
8	stddev		3.44	3.06	3.54	3.16	3.10	21.22
9	mean		13.61	14.76	14.13	14.90	10.90	37.49
10								

圖 6.9　Amos 資料的兩種讀入方式

分組資料的讀取

分組資料的讀取與單一（不分組）資料基本上是相同的。不同的是，是要在「Data Files」視窗中，交代 Grouping Variable（分組變數）與 Group Value（分組值）。詳細的說明，請見第9章。

6.3 資料的處理（分析）

路徑圖繪製完成，資料檔也順利讀取之後，接著就要進行分析，此時我們要考慮的是要分析什麼（分析屬性視窗設定）、分析哪些參數（參數名稱設定）以及執行（計算估計值）。

路徑圖檔案：...\Chap06\Amos_Exercise2.AMW，資料檔案：...\Chap06\Amos_Exercise2.SPSS Data Document。

分析屬性視窗設定

在工具箱中，按「Analysis properties」圖示（ ），或者按[View]、[Analysis Properties]，在「Analysis Properties」視窗的 Output 中點選要分析的係數。可點選 Minimization history（極小化歷史）、Standardized estimates（標準估計值，或稱標準化係數）、Squared multiple correlations（相關係數平方值，亦稱判定係數）、Modification Indices（調整指標）、Critical ratio for differences（參數差異決斷值）、Tests for normality and Outliers（常態性與極端值檢定），如圖 6.10 所示。

在「Analysis Properties」視窗的 Numerical 中，可讓我們決定是否「allow non-positive definite sample covariance matrices」（允許樣本的非定正共變數矩陣）。強烈建議不要勾選。

在「Analysis Properties」視窗的 Output 中，可讓我們鍵入輸出報表的標題。

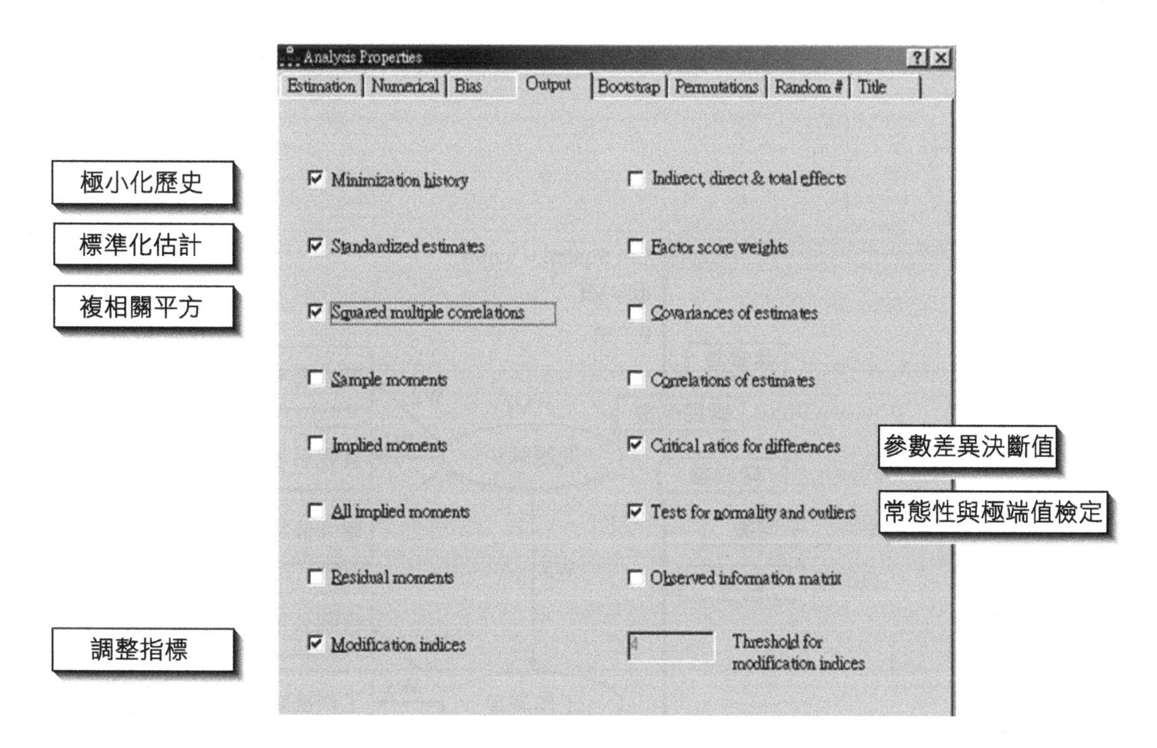

圖 6.10　分析屬性視窗設定

參數名稱設定

建立參數名稱的方式是：按 [Plugins]、[Name Parameters]，在出現的「Amos Graphics」視窗中，點選要命名的參數，如圖 6.11 所示。如果我們不做此設定，則在輸出報表中 Amos 會以預設的 Par_1、Par_2、Par_3 來命名各參數，使得我們不容易識別。

要命名的參數包括：Covariances（共變數）、Regression weights（迴歸係數）、Variances（變異數）、Means（平均數）、Intercepts（截距）。起頭字（係數的代表）分別是 C、W、V、M、I。如點選迴歸係數、變異數，則這些代號就會出現在路徑圖上。

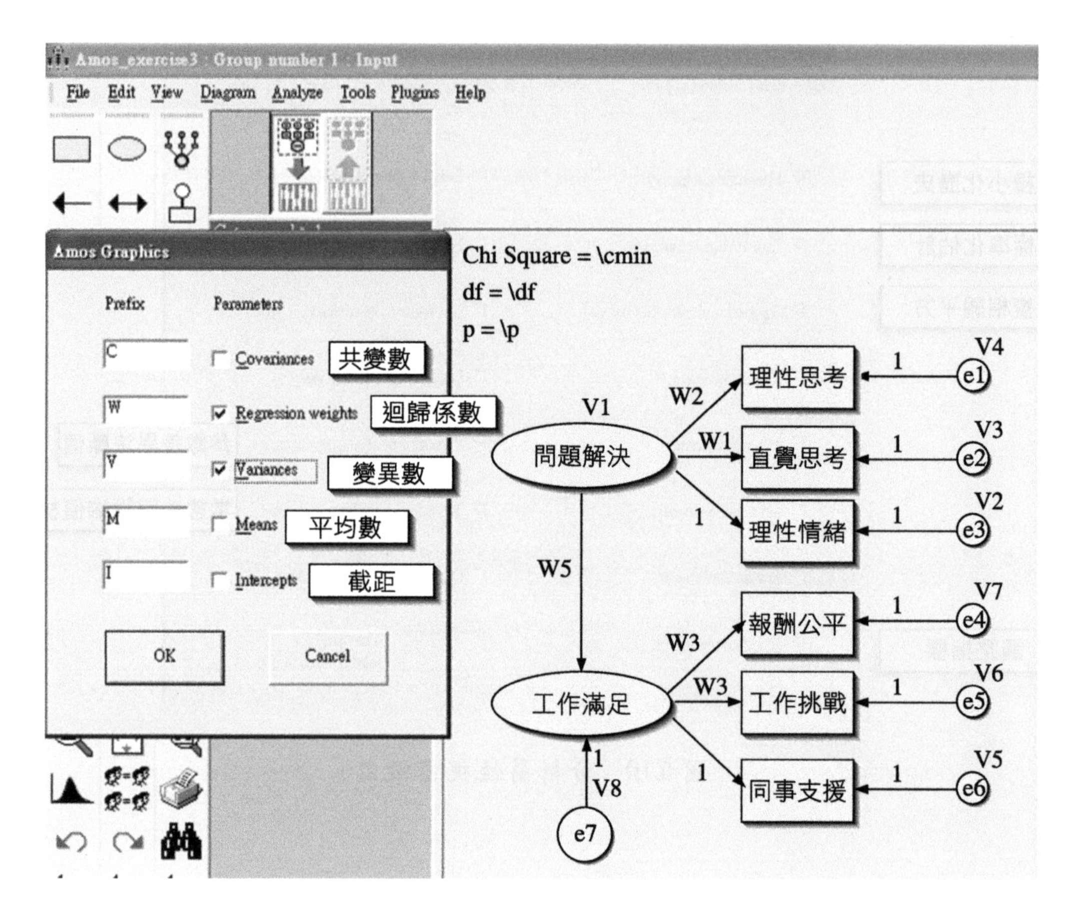

圖 6.11　參數名稱設定

計算估計值

接著，在工具箱中，點選「Calculate estimates」圖示（ ），或者按[Analyze]、[Calculate Estimates]，以產生估計值，如圖 6.12 所示。

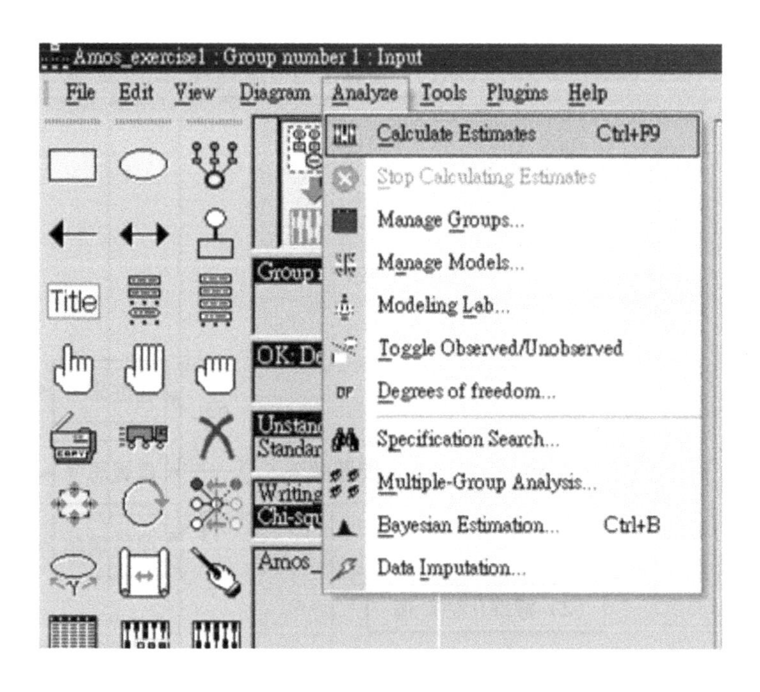

圖 6.12　計算估計值

6.4 資料的輸出

檢視輸出估計值

按「輸出路徑圖」的圖示，我們可檢視其估計值（路徑係數），如圖 6.13 所示。

產生輸出報表

Amos 輸出報表格式是 AMOSOUTPUT。在工具箱中，點選「View text」圖示（ ），或者按 [View]、[Text Output]，就會產生輸出報表。（圖 6.14）。

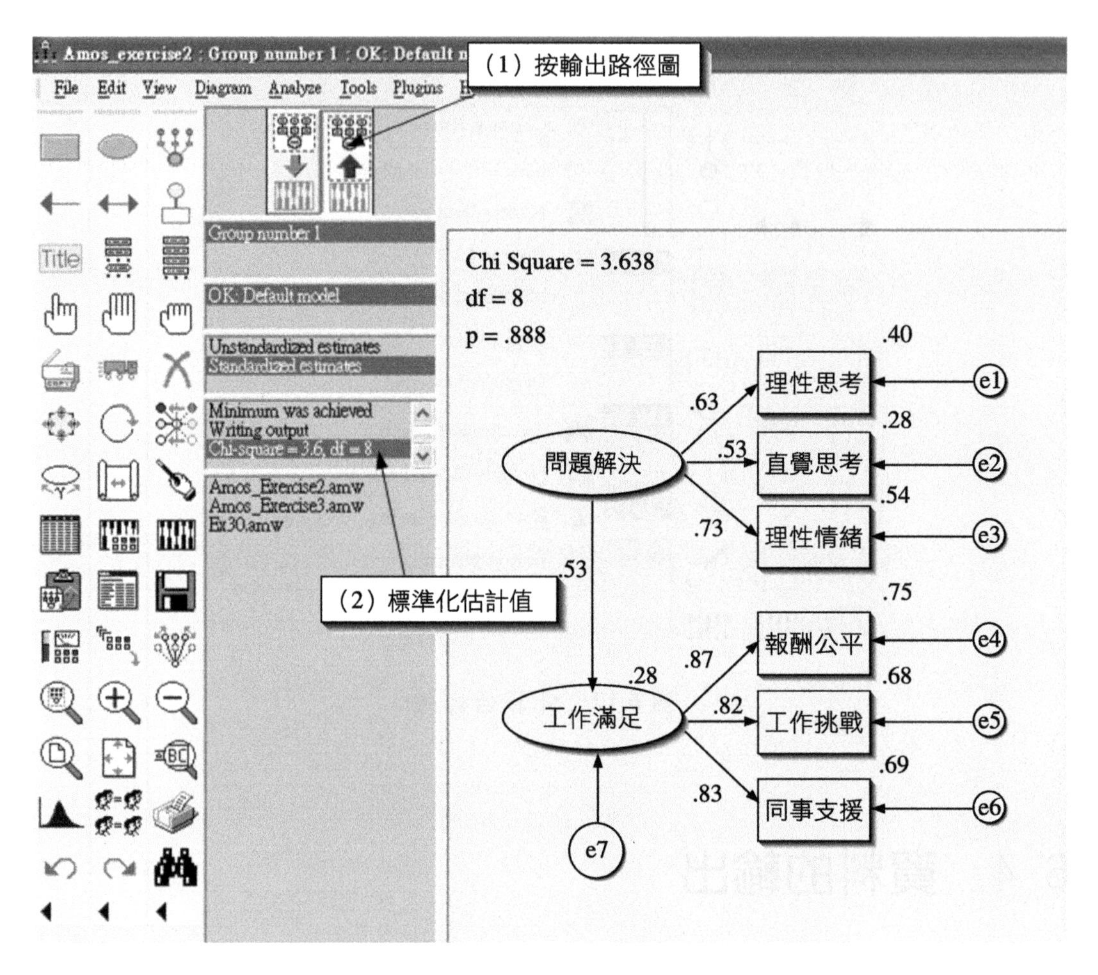

圖 6.13　檢視輸出估計值（標準化估計值）

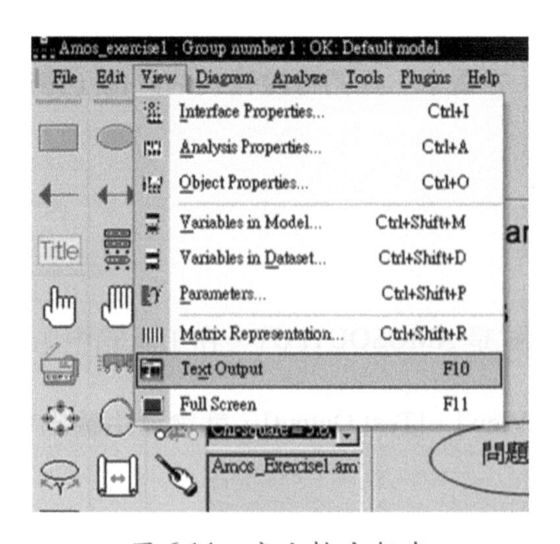

圖 6.14　產生輸出報表

輸出報表內容

報表的分析項目隨著我們在 Analyze Properties 視窗中勾選的內容而定。在本例中，輸出的內容包括（圖 6.15）：

（1）Analysis Summary（分析摘要）

（2）Notes for Group（群組說明）

（3）Variable Summary（變數摘要）

（4）Parameter summary （參數摘要）

（5）Assessment of normality（常態性估計）

（6）Observations farthest from the centroid（距離群體形心最遠之觀察值）

（7）Notes for Model（模式說明）

（8）Estimates（估計值）

（9）Modification Indices（調整指標）

（10）Minimization history（極小化歷史）

（11）Pairwise Parameter Comparison（成對參數比較，這是因為勾選 Critical ratio for difference 的原因）

（12）Model Fit（模式適合度或配合度）

（13）Execution Time（執行時間）

輔助說明

在報表中，有超連結的地方（滑鼠產生手指狀），就會有詳細說明，如圖 6.16 所示。有關此報表的數據可參考...\Chap06\Amos_Exercise2.AMOSOUTPUT 檔案）。

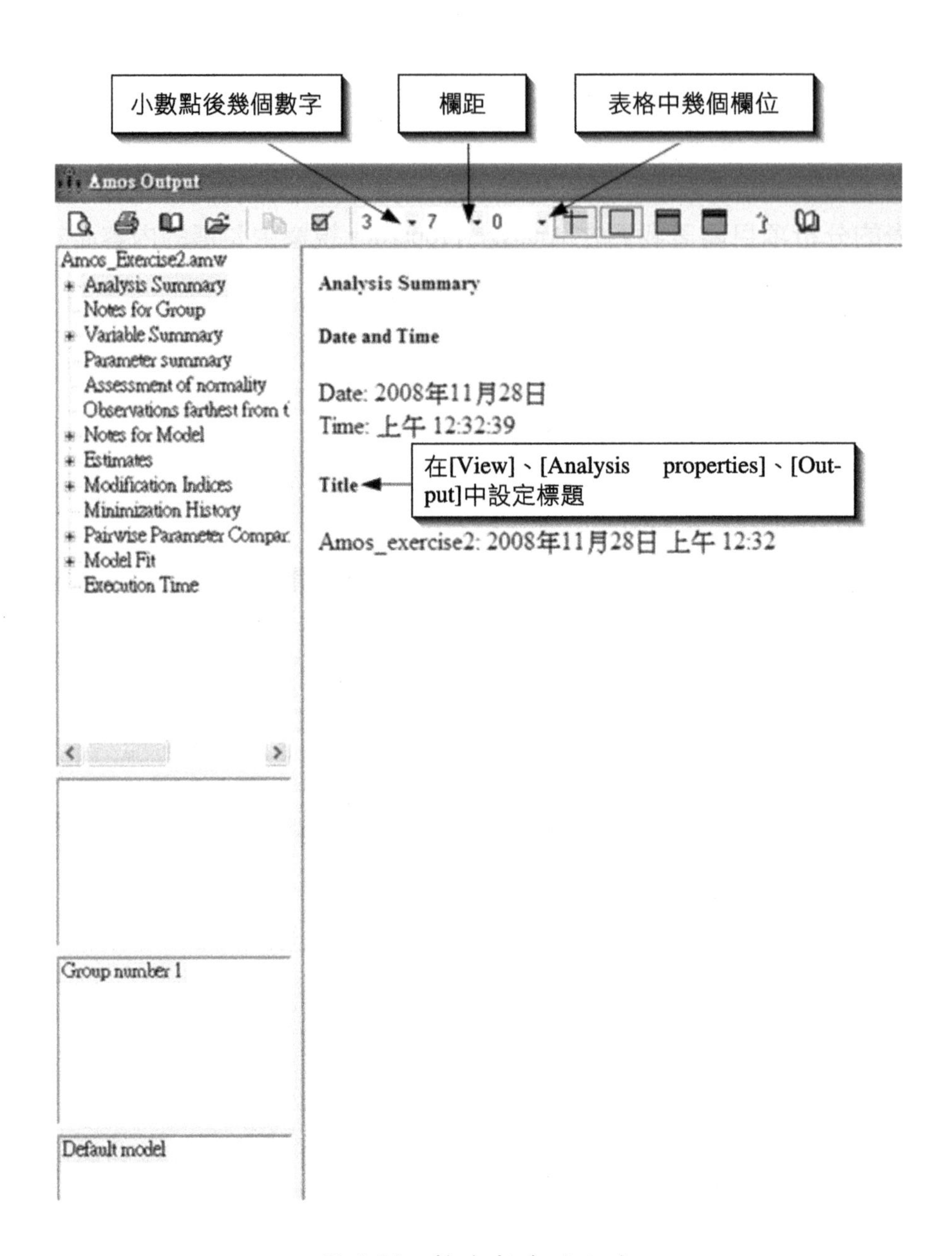

圖 6.15　輸出報表的內容

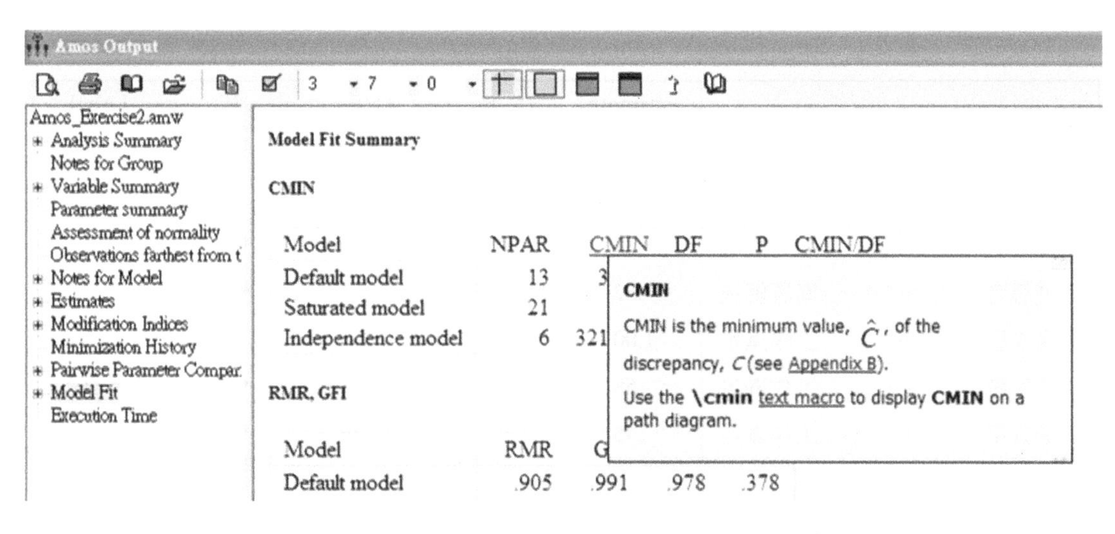

圖 6.16　輸出報表的輔助說明

6.5　報表解讀

未標準化迴歸係數

未標準化迴歸係數是根據變數的原始分數或共變數矩陣求得。在 Regression Weights：（Group number 1-Default model）中：

Estimate 為未標準化係數（非標準化因素負荷量），此值可比較相對影響力。

SE 是 Standard Error（標準化誤差）。

C. R.是 Critical Ration（決斷值），相當於 t 值或 z 值。如果 $t>1.95$，則 $p<0.05$；如果 $t>2.58$，則 $p<0.01$。

P 就是 Probability。*表示 $p<0.05$，**表示 $p<0.01$，***表示 $p<0.001$。

Label 就是標記（也就是我們在 [Plugins]、[Name Parameters]後在出現的「Amos Graphics」視窗中所做的設定）。

從表 6.1 中，我們可以知道，問題解決對於工作滿足具有顯著性的影響（$p<0.001$）。

表 6.1　Regression Weights: (Group number 1 - Default model)

			Estimate	S. E.	C. R.	P	Label
工作滿足	←	問題解決	.58	.13	4.37	***	W5
理性情緒	←	問題解決	1.00				
直覺思考	←	問題解決	.39	.08	4.70	***	W1
理性思考	←	問題解決	.72	.14	5.09	***	W2
同事支援	←	工作滿足	1.00				
工作挑戰	←	工作滿足	.58	.05	10.91	***	W3
報酬公平	←	工作滿足	.45	.04	11.36	***	W4

識別性的問題

在表 6.1 中我們發現，在潛在變數與各觀察變數之間的路徑係數中（例如「理性情緒」與「問題解決」之間）有一個觀察變數出現「1」，其餘的觀察變數則沒有。這個「1」表示識別性，也就是在非標準化的估計值中，作為解釋的基準。識別性的問題就是等化的問題，所謂「等化」就是將潛在變數的測量單位與觀察變數的測量單位設為相同。

以表 6.1 所呈現的非標準化係數為例，在對「問題解決」這個潛在變數的解釋中，以「理性情緒」對「問題解決」的影響為基準（也就是為 1），「直覺思考」對「問題解決」的影響為 0.39，「理性思考」對「問題解決」的影響為 0.72，可見「理性思考」對「問題解決」的影響最大。

至於應將哪個觀察變數設為基準呢？一個簡單的法則是：以與潛在變數為正向關係的觀察變數為準。但如果所有的觀察變數都是正向呢？選擇最具有信度的那個觀察變數。值得了解的是，如果這些係數都經過標準化，則沒有所謂基準的問題。

（表中數據，可參考...Chap06\Amos_Exercise2.AMOSOUTPUT 檔案）。

標準化迴歸係數

標準化迴歸係數是根據變數的z分數或相關矩陣求得。解釋未標準化係數與標準化係數的方式是一樣的。例如在表 6.2 中，Estimate 為標準化係數（標準化因素負荷量），此值可比較相對影響力。在整個模式中，我們也可發現，「報酬公平」對「工作滿足」的影響最大。

表 6.2　標準化迴歸係數--Standardized Regression Weights: (Group number 1 - Default model)

			Estimate
工作滿足	←	問題解決	.53
理性情緒	←	問題解決	.73
直覺思考	←	問題解決	.53
理性思考	←	問題解決	.63
同事支援	←	工作滿足	.83
工作挑戰	←	工作滿足	.82
報酬公平	←	工作滿足	.87

違犯估計

在評鑑模式配適度（第 7 章）之前，必須先檢查是否「違犯估計」（offending estimates），也就是檢驗估計係數是否超出可接受的範圍。具體來說，研究者可以逐一檢視參數估計的結果，檢查每一個參數的正負號、數值大小、測量誤差等，是否透露某些變數的測量品質不佳的訊息，如果某些變數的測量誤差過於嚴重，研究者應先行解決測量的問題，重新檢討參數的估計，而非進入模型評鑑的程序。[2]

所謂違犯估計是指模式內統計所輸出的估計係數，超出了可接受的範圍，也就是模式獲得不適當的解（improper solution）的情況。參照 Hair、Anderson、Tatham 與 Black(1998）的定義，所提出違犯估計的項目有：[3]

（1）負的誤差變異數存在。

（2）標準化係數超過或太接近 1（通常以 0.95 為門檻）。

由表 6.3 得知，模式中誤差變異數的測量誤差值為 0.59 到 9.51，並無負的誤

---

[2] 邱皓政，《結構方程模式：LISREL 的理論、技術與應用》（台北：雙葉書廊，2003）

[3] Hair, Anderson, Tatham, and Black(1998), *Multivariate Date Analysis with Reading*. New York: Maxwell MacMillan International.

差變異數存在；另外從表 6.2 可以得知，模式中標準化係數值之絕對值為 0.53 到 0.87，皆未超過 0.95，結果顯示此模式並未發生有違犯估計之現象，因此可以進行整體模式配適度之檢驗。

表 6.3　Variances: (Group number 1 - Default model)

	Estimate	S. E.	C. R.	P	Label
問題解決	36.80	9.51	3.87	***	par_6
e7	30.80	6.04	5.10	***	par_7
e3	31.90	7.30	4.37	***	par_8
e2	14.05	1.98	7.08	***	par_9
e1	28.51	4.75	6.00	***	par_10
e6	19.69	3.40	5.80	***	par_11
e5	6.87	1.17	5.88	***	par_12
e4	2.79	.59	4.76	***	par_13

常態性檢定

在進行常態性檢定之前，要確信我們使用的是原始資料檔（不是相關係數矩陣），而且資料沒有遺漏值。

Amos 模式的前提假設

Amos 是以最大概數法（Maximum Likelihood Method）、最小平方法（Least - Squares Method），來進行假設檢定、區間推定等。要對標準差（standard error）做有效的計算，Amos 會做以下的假設：（1）線性關係（linearity of relationships）；（2）觀察值獨立。也就是甲樣本的選取獨立於乙樣本，換句話說，就是樣本的選取是隨機的；（3）觀察變數必須滿足常態分配的要求。如果能滿足上述的兩個前提假設，則 Amos 就會產生「漸進結論」（asymptotic conclusions），也就是所獲得的結論在大樣本的情況下也會是「幾乎正確的」（approximately true）。

因此，我們要進行觀察變數的常態性檢定。常態性分配的基本假設涉及到單變量（univariate）的常態分配與多變量（multivariate）的常態分配。通常單變量呈常態分配時，多變量常態分配也會成立，但不一定百分之百會是這樣。變數違反常態性分配時，我們應先檢查資料有無極端值存在（稍後說明），假如沒有極端值存在，也可使用較具強韌性的參數估計法，例如ADF法，或使用Bootstrapping（資料複製）方法，以產生比較穩定的參數估計值。

再次強調，在使用 Amos 常態性與極端值檢定前，要確信原始資料沒有遺漏值（見 6.1 節，Amos 讀取資料前應注意事項）。

表 6.4 中，第一個變數的 min（極小值）是 1.00、max（極大值）是 19.00、skew（偏態係數）為 0.40、kurtosis（峰度係數）為 0.20。在常態分配時，偏態係數與峰度係數均要接近於 0。Kline（1998）對於偏態係數與峰度係數提出這樣的看法：偏態係數>3，峰度係數>8，即到達關切程度；如果峰度係數>20，即屬嚴重關切程度。[4]

表 6.4 Assessment of normality (Group number 1)

Variable（變數）	min（極小值）	max（極大值）	skew（偏態係數）	c. r.（決斷值）	kurtosis（峰度係數）	c. r.（決斷值）
報酬公平	1.00	19.00	.40	1.97	.20	.50
工作挑戰	4.00	28.00	−.54	−2.68	.17	.42
同事支援	2.00	41.00	.72	3.55	.18	.45
理性思考	11.00	51.00	−.12	−.58	−.09	−.21
直覺思考	9.00	37.00	.24	1.16	.80	1.97
理性情緒	3.00	36.00	.62	3.03	−.48	−1.18
Multivariate（多變量）					3.72	2.28

表中的c. r.代表偏態係數或峰度係數除以標準誤的臨界值。最後一行為Mardis多變量峰度係數（3.72），c. r.（2.28）。當 c. r.值>2 時，即暗示有些單變量可能具有極端值；當 c. r.值>1.96 時，即表示有些單變量違反常態分配的假設，我們必須再去探究哪一個（或哪些）變數發生問題。違反多變量常態分配的條件會導致高估 χ^2 值及低估參數估計值的標準誤。因此，多變量常態性檢定是 SEM 最重

[4] R. B. Kline, *Principles and Practices of Structural Equation Modeling* (New York: Guilford).

要的基本動作。

在我們的例子中，多變量 c. r.值是 2.28，可以發現有些單變量可能具有極端值，所以我們必須對這些可能的極端值加以處理。

極端值

表 6.5（僅列出部分資料）提供了一些額外的常態性資訊。Amos 會計算出每一個觀察值遠離群體形心（centroid）的 Mahalanobis d-squared（Mahalanobis d2）距離，並以大小加以排序。以表中第一列觀察值編號 42 為例，p1 值的意思是：當常態分配假設為真的話，此資料的Mahalanobis d2 距離會超過 21.01 的機率是 0.00；p2 值的意思是：當常態分配假設為真的話，排序最大的 Mahalanobis d2 距離（此例子為第 42 個觀察值）會超過 21.01 的機率是 0.23。通常 p2 值比 p1 值更能反映出非常態分配的個案。因此，當 p2 值很小時（通常以小於 0.05 為判斷基準）即表示該觀察值可能為極端值（outlier）。

如果發現極端值的個案，最簡便的方法就是將這些個案資料刪除。刪除時最好一次刪除一個，逐步檢視刪除後的 p2 值，才不至於做出錯誤的決定（誤刪掉資料），因為有可能刪除一個極端值，另一個較接近的個案會變成極端值。同樣地，有時兩個個案只有同時存在時，才會同時變成極端值，如果刪掉其中一個，另一個即變成正常的個案。

表 6.5　Observations farthest from the centroid (Mahalanobis distance) (Group number 1)

Observation number	Mahalanobis d-squared	p1	p2
42	21.01	.00	.23
124	19.24	.00	.10
20	18.10	.01	.06
117	15.27	.02	.27
79	14.75	.02	.22
54	14.22	.03	.20
35	13.96	.03	.15
37	13.62	.03	.13
3	13.47	.04	.08

續表 6.5　Observations farthest from the centroid (Mahalanobis distance) (Group number 1)

Observation number	Mahalanobis d-squared	p1	p2
45	13.41	.04	.04
77	13.30	.04	.03
83	12.67	.05	.05
89	12.19	.06	.08
36	12.00	.06	.07
23	11.61	.07	.09
121	11.59	.07	.06
113	11.50	.07	.04
28	11.38	.08	.03
80	11.36	.08	.02
18	11.13	.08	.02
31	10.89	.09	.02
86	10.67	.10	.03
108	10.42	.11	.04
109	10.27	.11	.04
55	9.98	.13	.06
34	9.07	.17	.41

以下是我們逐步刪除極端值的情形：

步驟	資料筆數	開啟 SPSS 檔案	刪除第幾筆	另存新檔
1	145	Amos_Exercise2.sav	45	Amos_Exercise2_刪除 45.sav
2	144	Amos_Exercise2_刪除 45.sav	112	Amos_Exercise2_刪除 112.sav
3	143	Amos_Exercise2_刪除 112.sav	28	Amos_Exercise2_刪除 28.sav
4	142	Amos_Exercise2_刪除 28.sav	35	Amos_Exercise2_刪除 35.sav
5	141	Amos_Exercise2_刪除 35.sav	3	Amos_Exercise2_刪除 3.sav
6	140	Amos_Exercise2_刪除 3.sav	29	Amos_Exercise2_刪除 29.sav
7	139	Amos_Exercise2_刪除 29.sav	19	Amos_Exercise2_刪除 19.sav
8	138	Amos_Exercise2_刪除 19.sav	37	Amos_Exercise2_刪除 37.sav
9	137	Amos_Exercise2_刪除 37.sav	31	Amos_Exercise2_刪除 31.sav
10	136			

原資料筆數 145，逐步刪除後最後是 136 筆資料。此時，剔除了所有的極端值，如表 6.6 所示（僅列出部分資料）。讀者可開啟 Amos_Exercise2.AMW，讀入 Amos_Exercise2_刪除 31.sav 之後，經過計算估計值、產生報表，在 Observations farthest from the centroid (Mahalanobis distance) (Group number 1)表中，便可看到已經沒有 p2 值大於 0.05 的資料。

表 6.6 Observations farthest from the centroid (Mahalanobis distance) (Group number 1)—剔除所有的極端值之後

Observation number	Mahalanobis d-squared	p1	p2
115	22.06	.00	.15
31	17.35	.01	.30
46	16.90	.01	.15
71	15.89	.01	.13
108	15.64	.02	.07
81	13.46	.04	.37
69	13.20	.04	.30
75	12.94	.04	.25
72	12.78	.05	.19
112	12.60	.05	.14
78	12.05	.06	.21
21	11.86	.07	.18
47	11.65	.07	.16
100	11.64	.07	.10
17	11.61	.07	.06
101	11.26	.08	.08
105	10.33	.11	.35

檢視 CMIN（卡方值）、顯著性值（P 值）

在 SPSS 每刪除一筆資料，就要在 Amos 內讀入刪除後的新檔，並在計算估計值、產生輸出報表後，檢視其 CMIN（卡方值）、顯著性值（P 值）。因此以上的做法固然可剔除所有的極端值，但是在進行的過程中，我們忽略了一個重要的動作，就是要檢視其 CMIN（卡方值）、顯著性值（P 值），以判斷資料與模式的配適度情形（見配適度的說明，卡方值愈小、P值愈大，表示資料與模式的配適度愈佳）。因此，在考慮配適度的情況下，我們在刪除了第 45 筆資料後即可停止不再刪除（因為如果再刪除第 112 筆資料，反而會使卡方值變大、P 值變小），如下表 6.7 所示：

表 6.7　刪除資料後的 CMIN（卡方值）、P 值變化

步驟	資料筆數	開啟 SPSS 檔案	刪除第幾筆	CMIN（卡方值）	P 值
1	145	Amos_Exercise2.sav		3.638	0.888
2	144	Amos_Exercise2.sav	45	2.594	0.957
3	143	Amos_Exercise2_刪除 45.sav	112	3.333	0.912

在 Amos 中，開啟 Amos_Exercise2.AMW，另存新檔為 Amos_Exercise3.AMW（目的是所產生的輸出報表不要把先前的蓋掉，因此用一個新的路徑圖名稱），並讀入 Amos_Exercise2_刪除 45.sav。經過計算估計值之後，所產生的報表是：...\Chap06\ Amos_Exercise3.AMOSOUTPUT 檔案。

建構效度

潛在變數的建構效度為模式內在品質的判斷標準之一。若潛在變數的建構效度>0.60，則表示模式的內在品質良好。完全標準化係數值估計值可用來計算潛在變數的組合效度（composite validity）。組合效度亦稱建構效度（construct validity），可作為衡量或檢定潛在變數的效度指標。[5]

計算建構效度會利用到報表中的因素負荷量（也就是標準化迴歸係數表中的 Estimate 值，表 6.8）與誤差變異量（圖 6.17）來估算。

---

[5] 有些學者將建構效度稱為建構信度。嚴格地說，建構信度是指建構效度中信度這一部分。衡量建構信度（validity of constructs）的標準有單一尺度（unidimensionality）、方法內收斂效度、信度、穩定性、方法間區別效度等（見第 4 章，圖 4.7）。

表 6.8　標準化迴歸係數 - Standardized Regression Weights: (Group number 1 - Default model)

			Estimate
工作滿足	←	問題解決	.53
理性情緒	←	問題解決	.75
直覺思考	←	問題解決	.53
理性思考	←	問題解決	.63
同事支援	←	工作滿足	.84
工作挑戰	←	工作滿足	.82
報酬公平	←	工作滿足	.87

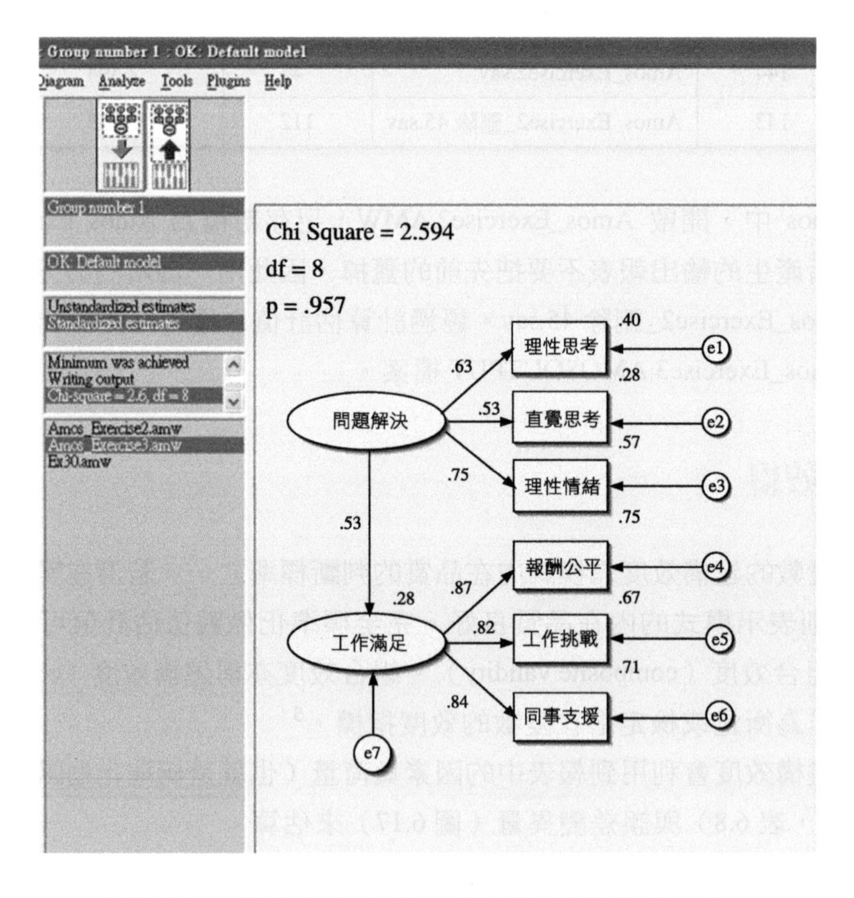

圖 6.17　標準化估計值—刪除第 45 筆資料之後

我們可將上述說明的東西整理如下：

	因素負荷量	誤差變異量
潛在變數：問題解決		
觀察變數：理性思考	0.63	0.61（$1-0.63^2$）
觀察變數：直覺思考	0.53	0.72（$1-0.53^2$）
觀察變數：理性情緒	0.75	0.44（$1-0.75^2$）

建構效度的公式如下：

$$\rho_c = \frac{\Sigma(\lambda)^2}{[\Sigma(\lambda)^2 + \Sigma(\theta)]}$$
$$= \frac{\Sigma（標準化因素負荷量）^2}{[\Sigma（標準化因素負荷量）^2 + \Sigma（觀察變數的誤差變異量）]}$$

ρ_c 為建構效度，λ 為指標變數在潛在變數上完全標準化參數估計值（因素負荷量或迴歸係數），θ 為觀察變數的誤差變異量（error variance）。

在我們的例子中，「問題解決」這個潛在變數的建構效度是：

$$問題解決 = (0.63 + 0.53 + 0.73)^2 / [(0.63 + 0.53 + 0.75)^2 + (0.61 + 0.72 + 0.44)]$$
$$= 3.64 / (3.64 + 1.77) = 3.64 / 5.41 = 0.67$$

「問題解決」的建構效度為 0.67，比標準值 0.60 略高。而如果要提升此建構效度可能要從「基本」做起，也就是要檢視問卷的題項內容，利用 item-total correlation 來提升 Cronbach α值等。我們也可以利用 Excel 建立公式，快速地算出來，如圖 6.18 所示。

敏銳的讀者可能發現到，在圖 6.17 中「理性思考」的右上方有一個 0.40 的數值，這是觀察變數（理性思考）所解釋的變異量中有多少變異量來自於潛在變數（問題解決）。由 1 減去 0.40 = 0.60，就是觀察變數（理性思考）所解釋的變異量中有多少變異量來自於觀察變數（理性思考）以外的原因，也就是誤差變異量。這個數值與我們所計算的值 0.61 非常接近（因為取小數點位置的關係）。

另一個與建構效度類似的指標是「平均變異數抽取量」（average variance extracted, AVE），以 ρ_v 表示。「平均變異數抽取量」可解釋：潛在變數所解釋的變異量中有多少變異量來自於指標變數。「平均變異數抽取量」愈大，表示指標變數可解釋潛在變數的程度愈高。其計算公式是：

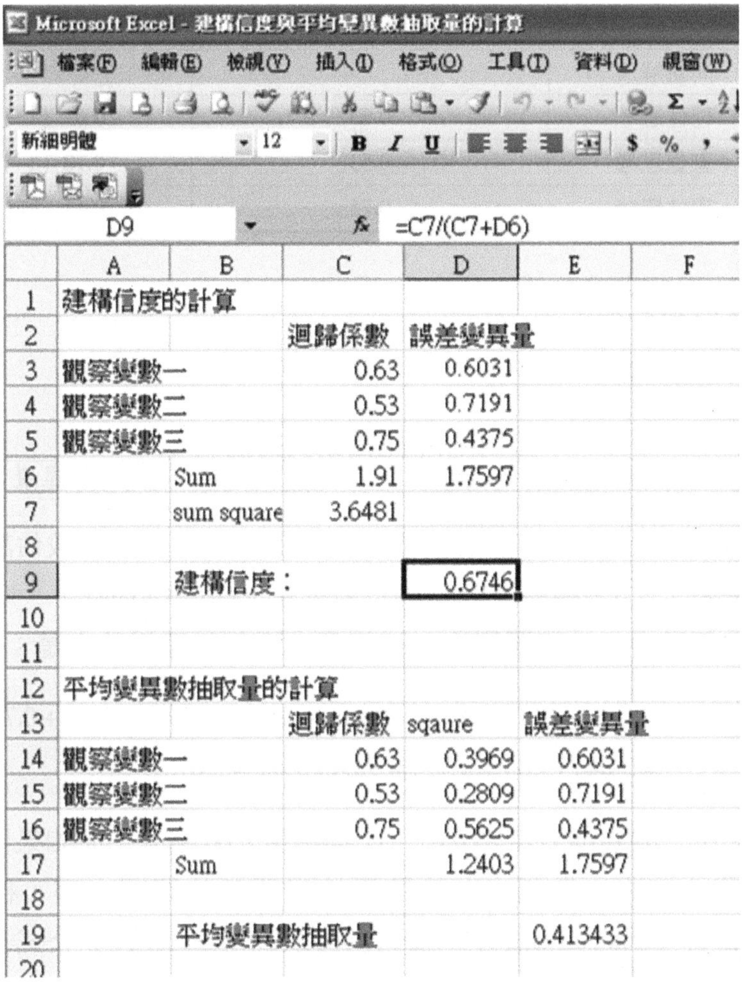

Microsoft Excel - 建構信度與平均變異數抽取量的計算

檔案(F) 編輯(E) 檢視(V) 插入(I) 格式(O) 工具(T) 資料(D) 視窗(W)

新細明體 12 B I U $ %

D9 fx =C7/(C7+D6)

	A	B	C	D	E	F
1	建構信度的計算					
2			迴歸係數	誤差變異量		
3	觀察變數一		0.63	0.6031		
4	觀察變數二		0.53	0.7191		
5	觀察變數三		0.75	0.4375		
6		Sum	1.91	1.7597		
7		sum square	3.6481			
8						
9		建構信度：		0.6746		
10						
11						
12	平均變異數抽取量的計算					
13			迴歸係數	sqaure	誤差變異量	
14	觀察變數一		0.63	0.3969	0.6031	
15	觀察變數二		0.53	0.2809	0.7191	
16	觀察變數三		0.75	0.5625	0.4375	
17		Sum		1.2403	1.7597	
18						
19		平均變異數抽取量			0.413433	
20						

圖 6.18　建構效度與平均變異數抽取量的計算

$$\rho_v=\frac{\Sigma(\lambda^2)}{[\Sigma(\lambda^2)+\Sigma(\theta)]}$$

$$=\frac{\Sigma\text{（標準化因素負荷量}^2\text{）}}{[\Sigma\text{（標準化因素負荷量}^2\text{）}+\Sigma\text{（觀察變數的誤差變異量）}]}$$

「平均變異數抽取量」亦是模式內在品質的判斷標準之一。一般而言，若潛在變數的「平均變異數抽取量」> 0.50，則表示模式的內部品質很佳。在我們的例子中，「平均變異數抽取量」=0.41，顯然不夠理想。

本書已經為讀者以 Excel 建立好計算建構效度與平均變異數抽取量的公式。讀者可稍加修改自行沿用（檔名：...\chap06\建構效度與平均變異數抽取量的計算.xls）。

Critical Ratios for Differences between Parameters (Default model)

表 6.9 是 Critical Ratios for Differences between Parameters (Default model)，也就是參數差異決斷值的簡要報表。表中凡是沒有設定參數的，Amos 就會以 Par_3、Par_4、……來表示。

以 W1（直覺思考對問題解決的迴歸係數）、W2（理性思考對問題解決的迴歸係數）為例，在交叉格所顯示的統計量是 2.60。當顯著水準設為 0.05 時，如果統計量的絕對值大於 1.96，則可解釋為「在 0.05 的顯著水準下，有顯著性差異」。當顯著水準設為 0.01 時，如果統計量的絕對值大於 2.58，則可解釋為「在 0.01 的顯著水準下，有顯著性差異」。當顯著水準設為 0.001 時，如果統計量的絕對值大於 3.29，則可解釋為「在 0.001 的顯著水準下，有顯著性差異」。如果研究的顯著水準設定在 0.05，則此例的統計量的絕對值為 2.60>1.96，所以我們可結論：「在 0.05 的顯著水準下，W1、W2 具有顯著性差異」。

表 6.9　Critical Ratios for Differences between Parameters (Default model)摘要表

	W1	W2	W3	W4	W5
W1	.00				
W2	2.60	.00			
W3	2.01	−.88	.00		
W4	.65	−1.87	−2.90	.00	
W5	1.54	−.88	−.01	.95	.00

在單一群組的研究中，除非你的研究是檢視觀察變數對潛在變數的影響有無顯著差異，否則沒有必要做參數差異決斷值（Critical Ratios for Differences between Parameters）。參數差異決斷值大多是用來比較多群組之間，路徑係數（迴歸係數）上的差異。詳細的說明，可參考第 9 章。

配適度（或適合度、配合度）

在這裡我們先說明配適度的有關指標。在輸出報表的配適度（或稱適合度、配合度）這方面，各種指標均呈現出三種模式：Default model（預設模式）、Saturated model（飽和模式）、Independence model（獨立模式）。

Default model（預設模式）：我們所建立的模式。

Saturated model（飽和模式）：對觀察變數的變異數、變數之間的所有關係進行估計的模式。

Independence model（獨立模式）：只對觀察變數的變異數進行估計的模式。

CMIN

Model	NPAR	CMIN	DF	P	CMIN/DF
Default model	13	2.59	8	.96	.32
Saturated model	21	.00	0		
Independence model	6	325.24	15	.00	21.68

NPAR 是指估計的參數個數。不論在 Default model（預設模式）、Saturated model（飽和模式）或 Independence model（獨立模式）中，將 NPAR 與 DF 相加（這是樣本動差的數目），結果都會一樣。在此例中，13 + 8 = 21 + 0 = 6 + 15，答案都是 21。

CMIN是乖離度（discrepancy）的巨集函數。乖離度表示卡方值（Chi-square），它可以檢視模式是否適合數據。完全適合數據時，乖離度值為0。相對的，當模式不適合數據時，乖離度值為無限大。飽和模式其乖離度為0。獨立模式其乖離度是 325.24（大得驚人）。我們所建立的模式的乖離度是 2.59，應該還算不錯。

DF（Degree of Freedom）是自由度。

P是指顯著性。這是利用乖離度值與自由度所計算出的機率值。顯著性大於0.05，即可認定該模式與資料配合適度（或有良好的適合度）；顯著性小於 0.05，即可認定該模式與資料配合不適度（或有不良的適合度）。值得注意的是，Chi-square 檢定會受到觀察值個數的影響，當觀察值個數增加時，顯著性值（P 值）會有接近 0 的傾向，因此研究者在使用大量數據進行分析時，要特別注意。此例的 P 值是 0.96，大於 0.05，故可以判斷模式適合數據。

CMIN/DF 是指乖離度除以自由度。CMIN/DF 愈接近 0，表示模式與數據的配適愈好。此例的 CMIN/DF 是 0.32，因此可認定模式與數據的配適佳。

RMR, GFI

Model	RMR	GFI	AGFI	PGFI
Default model	.81	.99	.98	.38
Saturated model	.00	1.00		
Independence model	12.80	.52	.33	.37

RMR（root mean square residual）愈接近於 0 表示模型配適度愈佳，通常採RMR < 0.05。此例的 RMR = 0.81，表示配合未盡理想。

GFI（goodness of fit index）愈接近 1 表示模型適合度愈佳，通常採 GFI > 0.9。此例的 GFI = 0.99，表示配合度良好。

AGFI（adjust goodness of fit index）愈接近 1 表示模型適合度愈佳，通常採AGFI > 0.9。此例的 AGFI = 0.98，表示配合度良好。

Baseline Comparisons

Model	NFI Delta1	RFI rho1	IFI Delta2	TLI rho2	CFI
Default model	.99	.99	1.02	1.03	1.00
Saturated model	1.00		1.00		1.00
Independence model	.00	.00	.00	.00	.00

Baseline Comparisons 是指基準比較。相關的指標（統計值）有 NFI、RFI、IFI、TLI、CFI。

NFI（Normed Fit Index）是指基準化適合度指標。NFI 的值是在 0 與 1 之間。NFI 值愈大，表示模式與數據的配適度愈佳。NFI 的計算公式是：1-（預設模式的乖離度／獨立模式的乖離度）。因此，當預設模式的乖離度為 0 時，表示預設模式的配適度良好，此時 NFI 等於 1。當預設模式、獨立模式的配適度均不佳時，（預設模式的乖離度／獨立模式的乖離度）的值會接近相等，而NFI會接近 0。此例的 NFI 為 0.99，表示配適度良好。

RFI（Relative Fit Index）是指相對適合度指標。RFI 的值在 0 與 1 之間。當數據完全配合模式時，RFI等於 1。RFI是根據預設模式的乖離度、獨立模式的乖離度的值來計算。此例的 RFI 為 0.99，表示配適度良好。

IFI（Incremental Fit Index）是指增分適合度指標。IFI的值在 0 與 1 之間。當數

據完全配合模式時，IFI 等於 1。IFI 是根據預設模式的乖離度、獨立模式的乖離度的值來計算。此例的 IFI 為 1.02，表示配適度良好。

TLI（Tucker-Lewis Index）是指 Tucker-Lewis 指標。TLI 的值在 0 與 1 之間。當數據完全配合模式時，TLI 等於 1。此例的 TLI 為 1.03，表示配適度良好。

CFI（Comparative Fit Index）是指比較適合度指標。CFI的值在 0 與 1 之間。當數據完全配合模式時，CFI 等於 1。此例的 CFI 為 1.00，表示配適度良好。CFI 指標可修正 NFI 的缺點（受到觀察個數的影響）、TLI 的缺點（容易脫離 0 與 1 之間的範圍）。

Parsimony-Adjusted Measures

Model	PRATIO	PNFI	PCFI
Default model	.53	.53	.53
Saturated model	.00	.00	.00
Independence model	1.00	.00	.00

Parsimony-Adjusted Measures是指簡效性修正衡量，其主要的指標有：PRATIO、PNFI 與 PCFI。

PRATIO（Parsimony Ratio）是指簡效比。PRATIO的值愈小，表示估計的參數個數愈多。 PRATIO 的計算是：預設模式自由度／獨立模式自由度。此例的 PRATIO 為 0.53，表示估計的參數個數不多不少。

PNFI（Parsimony-adjusted Normed Fit Index，或 Parsimony-adjusted NFI）是指簡效性已修正基準化適合度指標。PNFI的計算公式是：PRATIO×NFI。此例的PNFI 是 0.53。

PCFI（Parsimony-adjusted Comparative Fit Index，或 Parsimony-adjusted CFI）是指簡效性已修正比較適合度指標。PCFI的計算公式是：PRATIO×CFI。此例的PCFI 是 0.53。

NCP

Model	NCP	LO 90	HI 90
Default model	.00	.00	.00
Saturated model	.00	.00	.00
Independence model	310.24	255.27	372.64

NCP（Noncentrality Parameter）是指非心參數。NCP的計算公式是：母體乖離度／（觀察值個數）－（組數）。此例的 NCP 是 0.00。

LO90 是指非心參數的 90%信賴區間的下限值。此例的 LO90 是 0.00。

HI90 是指非心參數的 90%信賴區間的上限值。此例的 HI90 是 0.00。

FMIN

Model	FMIN	F0	LO 90	HI 90
Default model	.02	.00	.00	.00
Saturated model	.00	.00	.00	.00
Independence model	2.27	2.17	1.79	2.61

FMIN 是指最小乖離度值。FMIN 表示數據與模式的乖離。FMIN 的計算公式是：乖離度／（觀察值個數－組數）。此例的 FMIN 為 0.02。

F0 表示母體與模式的乖離。此例的 F0 為 0.00。

LO 90 表示母體乖離度值的 90%信賴區間的下限值。此例的 LO 90 是 0.00。

HI 90 表示母體乖離度值的 90%信賴區間的上限值。此例的 HI 90 是 0.00。

RMSEA

Model	RMSEA	LO 90	HI 90	PCLOSE
Default model	.00	.00	.00	.99
Independence model	.38	.34	.42	.00

RMSEA是指平均平方誤差平方根。RMSEA的計算公式是：母體乖離度／自由度。此公式可修正母體乖離度值受到估計參數值影響的缺點。RMSEA小於 0.05

時，可以判斷模式的配適度佳。RMSEA大於0.1時，表示模式配適度差，應調整模式或其他適當調整。0.05<RMSEA<0.1，表示模式處於灰色地帶，不滿意但可接受。此例的 RMSEA 為 0.00，表示模式配適度佳。

LO 90 表示 RMSEA 的 90%信賴區間的下限值。此例的 LO 90 是 0.00。

HI 90 表示 RMSEA 的 90%信賴區間的上限值。此例的 HI 90 是 0.00。

PCLOSE 是指接近適合性檢定的機率。當 PCLOSE 大於 0.05 時，可以接受「RMSEA小於0.05」的虛無假說。此例的PCLOSE是0.99>0.05，故可接受「RMSEA小於0.05」的虛無假說。如前述，RMSEA小於0.05時，可以判斷模式的配適度佳。

AIC

Model	AIC	BCC	BIC	CAIC
Default model	28.59	29.93	67.20	80.20
Saturated model	42.00	44.16	104.37	125.37
Independence model	337.24	337.86	355.06	361.06

AIC（Akaike's Information Criterion）是指赤池資訊基準。AIC 的計算公式是：（參數個數×2）+ 乖離度。本例的參數個數是 13，乖離度是 2.59，故 AIC 是 28.59。研究者在建立數個模式時，可利用AIC來比較多個模式，AIC愈小表示該模式較優。

BCC（Browne-Cudeck Criterion）是指 Browne-Cudeck 基準。BCC與 AIC 一樣，適用於比較多個模式。相較於AIC，BCC對於模式的複雜性（參數過多）有較重的處罰（也就是估計值會變高）。BCC 愈小表示該模式較優。

BIC（Bayes Information Criterion）是指 Bayes 資訊基準。相較於 AIC、BCC、CAIC，BIC 對於模式的複雜性（參數過多）有較重的處罰（也就是估計值會變高）。BIC 愈小表示該模式較優。

CAIC（Consistent Akaike's Information Criterion）是指一致赤池資訊基準。相較於AIC、BCC，CAIC對於模式的複雜性（參數過多）有較重的處罰（也就是估計值會變高），但是處罰的程度不如 BIC。CAIC 愈小表示該模式較優。

從以上的說明可知，對於模式的複雜性（參數過多）的處罰依照輕重的程度是：AIC、BCC、CAIC、BIC。AIC 的處罰最輕，BIC 的處罰最重。

ECVI

Model	ECVI	LO 90	HI 90	MECVI
Default model	.20	.24	.24	.21
Saturated model	.29	.29	.29	.31
Independence model	2.36	1.97	2.79	2.36

ECVI（Expected Cross Validation Index）是指預期交叉驗證指標。ECVI 的計算公式是：AIC ／（觀察值個數 − 組數)。

LO 90 表示 ECVI 的 90%信賴區間的下限值。此例的 LO 90 是 0.24。

HI 90 表示 ECVI 的 90%信賴區間的上限值。此例的 HI 90 是 0.24。

MECVI 的計算公式是：BCC ／（觀察值個數 − 組數）。

HOELTER

Model	HOELTER .05	HOELTER .01
Default model	855	1,108
Independence model	11	14

HOELTER 0.05 是指 HOELTER 0.05 指標，表示「模式正確」的假設在 5%的顯著水準下未被捨棄的最大觀察值個數。

HOELTER 0.01 是指 HOELTER 0.01 指標，表示「模式正確」的假設在 1%的顯著水準下未被捨棄的最大觀察值個數。

配適度綜合說明

在模式配適度（goodness-of-fit）評估方面，若模型配適度愈高，則代表模型可用性愈高，參數的估計愈具有其涵義。Amos 是以卡方統計量（χ^2）來進行檢定，一般以卡方值 $P > 0.05$ 作為判斷，意即模式具良好的配適度。但是卡方統計量容易受到樣本大小影響，因此除了卡方統計量外，還須同時參考其他配適度指標。下表列舉了學者較常使用的其他測量指標。

配適指標	判斷準則
絕對配適度指標	
χ2	一般以卡方值P > 0.05 作為判斷，意即模式具良好的配適度。
GFI (goodness of fit index)	愈接近 1 表示模型適合度愈佳，通常採 GFI > 0.9
RMR (root mean square residual)	愈接近於 0 表示模型配適度愈佳，通常採 RMR < 0.05
RMSEA (root mean square error of approximation)	愈接近於 0 表示模型配適度愈佳，通常採 RMSEA < 0.1
增值配適度指標	
AGFI (adjust goodness of fit index)	愈接近 1 表示模型適合度愈佳，通常採 AGFI > 0.9
NFI (normed fit index)	愈接近 1 表示模型適合度愈佳
CFI (comparative fit index)	愈接近 1 表示模型適合度愈佳
IFI (incremental fit index)	愈接近 1 表示模型適合度愈佳
精簡配適度指標	
AIC（Akaike's Information Criterion）指赤池資訊基準。	可利用 AIC 來比較多個模式，AIC 愈小表示該模式較優。
CAIC（Consistent Akaike's Information Criterion）一致赤池資訊基準	可利用 AIC 來比較多個模式，CAIC 愈小表示該模式較優。

第7章 模式修正

AMOS

在所建立的模式中，如果配適度不佳，研究者就必須加以修正。

7.1 利用修正指標

我們現在來說明模式的修正。Amos 資料檔的位置：...\Chap07\Modi_MI_a.AMW。從本例中，讀者可了解如何以漸進的方式來修正模式。

資料與觀測變數

資料檔案是 Modi_MI_a.sav，如圖 7.1 所示。這是以預測變數的標準差及相關係數讀入，Amos 會自動將之轉換成共變數矩陣，以便進一步分析。

Modi_MI_a.sav - SPSS Data Editor

File Edit View Data Transform Analyze Graphs Utilities Window Help

1 : rowtype_ n

	rowtype_	varname_	熟悉	互動	反應性	保證性	品牌知名	品牌聯想
1	n		932.00	932.00	932.00	932.00	932.00	932.00
2	corr	熟悉	1.00	.	.	.	.	.
3	corr	互動	.66	1.00	.	.	.	.
4	corr	反應性	.56	.47	1.00	.	.	.
5	corr	保證性	.44	.52	.67	1.00	.	.
6	corr	品牌知名	-.36	-.41	-.35	-.37	1.00	.
7	corr	品牌聯想	-.30	-.29	-.29	-.28	.54	1.00
8	stddev		3.44	3.06	3.54	3.16	3.10	21.22
9	mean		13.61	14.76	14.13	14.90	10.90	37.49

圖 7.1　資料檔

7.2 模式 A

所建立的模式（稱為模式 A）如圖 7.2 所示，檔案位置：...\Chap07\ Modi_MI _a。在模式 A 中，「顧客關係」是「熟悉」、「互動」的潛在變數；「服務品質」是「反應性」、「保證性」的潛在變數；「品牌資產」是「品牌知名」、

「品牌聯想」的潛在變數。

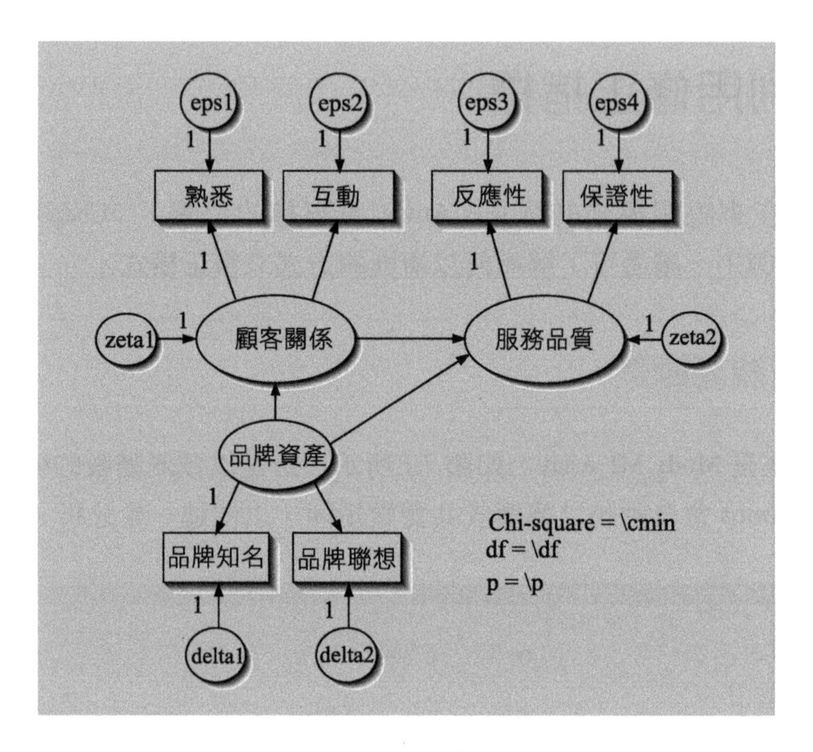

圖 7.2　模式 A

執行之後，所產生的輸出報表如下：

執行方式：在工具箱中，點選「Calculate estimates」圖示（ ），或者按[Model Fit]、[Calculate Estimates]

Computation of degrees of freedom (Default model)

Number of distinct sample moments:	21
Number of distinct parameters to be estimated:	15
Degrees of freedom (21 - 15):	6

Result (Default model)
Minimum was achieved
Chi-square = 71.544
Degrees of freedom = 6
Probability level = .000

RMSEA

Model	RMSEA	LO 90	HI 90	PCLOSE
Default model	.11	.09	.13	.00
Independence model	.39	.38	.40	.00

Chi-square = 71.544，顯著性水準（probability level, P）=0.000，應棄卻此模式。同時，RMSEA=0.11>0.05。換句話說，此模式不能配合資料，因此我們必須加以修正。我們修正的目標是：使得 Chi-square 減少，P 值增加。

在 Amos 中，點選[View]、[Analysis Properties]，在「Analysis Properties」對話方塊中，點選[Output]，並勾選「Modification Indices」（修正指標），如圖 7.3 所示。

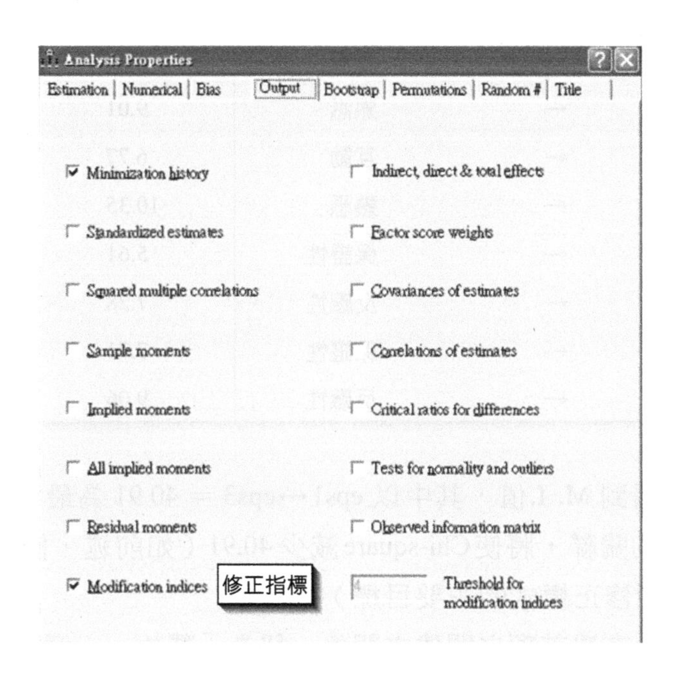

圖 7.3　勾選「Modification Indices」

執行之後，所產生的「修正指標」（Modification Indices, M. I.）表如下：

Modification Indices (Group number 1 - Default model)

Par Change 是指當模式改變時（例如將 eps1 與 eps3 建立關係），eps1 與 eps3 之間的共變數增加了 1.25。

Covariances: (Group number 1 - Default model)

			M. I.	Par Change
eps2	↔	delta1	5.91	−.42
eps2	↔	eps4	26.55	.82
eps2	↔	eps3	32.07	−.99
eps1	↔	delta1	4.61	.42
eps1	↔	eps4	35.37	−1.07
eps1	↔	eps3	40.91	1.25

Regression Weights: (Group number 1 - Default model)

			M. I.	Par Change
保證性	←	互動	5.46	.06
保證性	←	熟悉	9.01	−.06
反應性	←	互動	6.77	−.07
反應性	←	熟悉	10.35	.08
互動	←	保證性	5.61	.05
互動	←	反應性	7.28	−.05
熟悉	←	保證性	7.71	−.07
熟悉	←	反應性	9.06	.07

從上表中可看到M. I.值，其中以eps1↔eps3 = 40.91為最大。這是指：如果建立eps1與eps3的關聯，將使Chi-square減少40.91（如前述，使Chi-square減少，P值增加，是我們修正模式的主要目標）。

有些學者將「在誤差項之間建立關係」稱為「釋放」，意思是說，原來在此誤差項之間沒有關係的（或者說誤差之間關係固定為0），現在我們「釋放」這個限制，變成有關係。

7.3 模式B

基於以上的了解，我們可再建立一個模式，稱為模式B（不必重建，只要另存新檔，將模式名稱儲存為 Modi_MI _b 即可）。

在模式 B 中，在 eps1 與 eps3 間拉出雙箭頭（ ⟷ ），以建立其關係，如圖 7.4 所示。

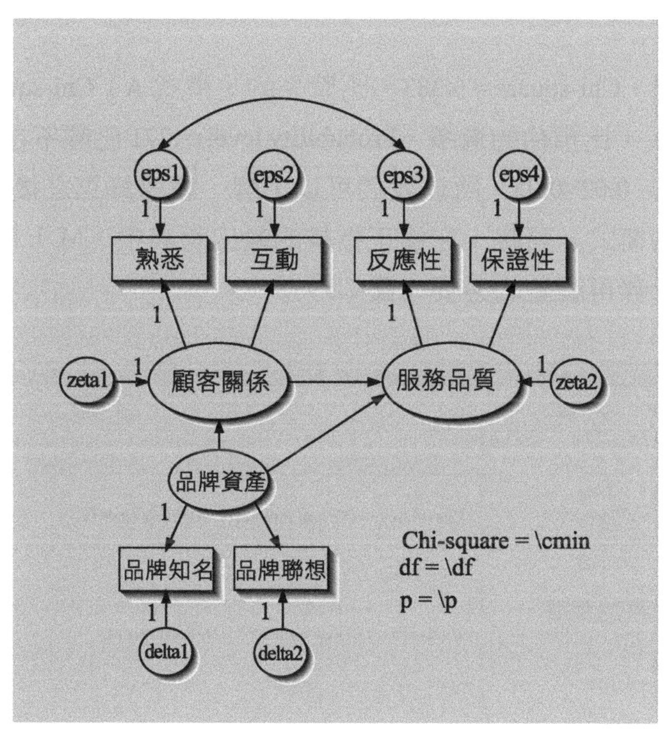

圖 7.4　模式 B

執行之後所產生的輸出報表如下：

Computation of degrees of freedom (Default model)

Number of distinct sample moments:	21
Number of distinct parameters to be estimated:	15
Degrees of freedom (21 - 16):	6

Result (Default model)

Minimum was achieved
Chi-square = 6.383
Degrees of freedom = 5
Probability level = .271

RMSEA

Model	RMSEA	LO 90	HI 90	PCLOSE
Default model	.02	.00	.05	.94
Independence model	.39	.38	.40	.00

我們可看出，Chi-square＝6.383，比原先的（模式 A）Chi-squarer 減少了 65.16（71.544－6.383），比預估的還多。Probability level＝.271 已經不在棄卻區域之內。同時，RMSEA ＝ 0.02<0.05。所以我們可以了解，經過修正之後的模式 B 是合理的可用於分析的模式。同時，在修正指標的輸出報表中，M. I. Par Change 也沒有資料顯示，表示無再調整的必要（圖 7.5）。

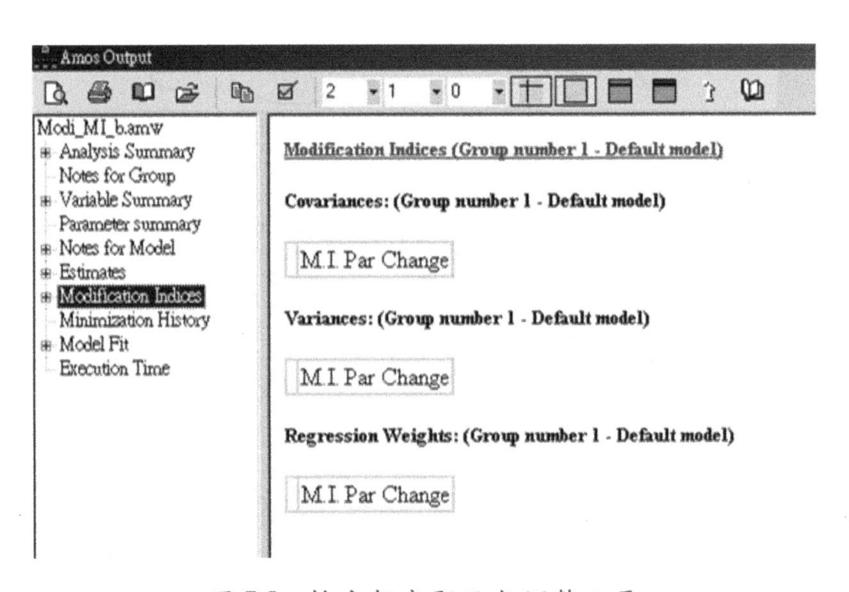

圖 7.5　輸出報表顯示無調整必要

值得提醒的是，我們在建立 eps1 與 eps3 的關聯時，會使 Chi-square 大幅減少，這是統計上的意義，在理論上和實務上，要注意此兩者的關係是合乎邏輯的。

7.4 進階研究

現在我們再舉一個「不順的例子」，說明如何以M. I.來逐步判斷模式配合度的情形。

路徑圖：...\Chap07\忠誠度研究_原始模式.AMW

資料檔為：...\Chap07\忠誠度研究_觀察變數.SPSS Data Document

研究架構如圖 7.6 所示。

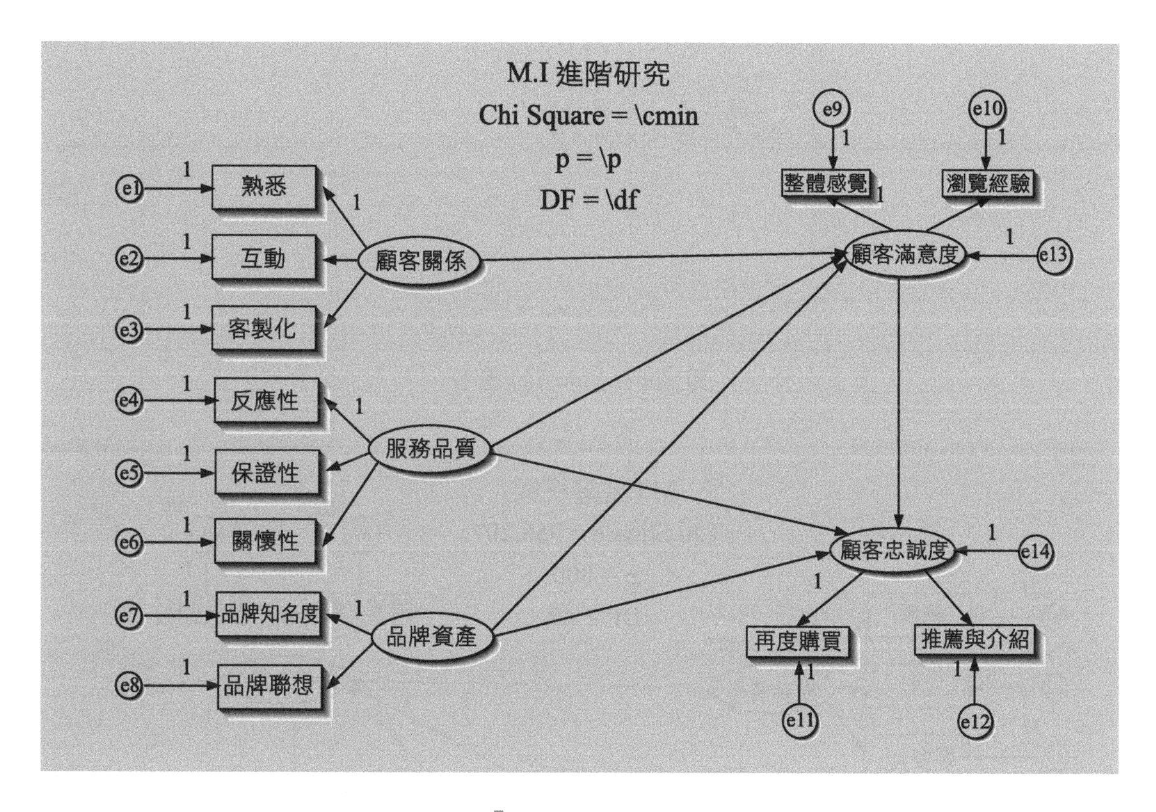

圖 7.6 「忠誠度研究」路徑圖

按[Analyze]、[Calculate Estimates]，Amos提出警告：將在「顧客關係」與「服務品質」之間、「顧客關係」與「品牌資產」之間、「服務品質」與「品牌資產」無關係的情況下進行分析。（圖 7.7）。按「Proceed with the analysis」（進行分析）之後，結果如圖 7.8 所示。

在輸出的係數值方面，Chi-square 為 956.207（高得驚人），p= 0.000<0.05，顯然模式與資料配適度非常低。在輸出報表上（按[View]、[Text Output]），我們看到 RMSEA=0.24>0.05，更證實了模式與資料配適度非常低。

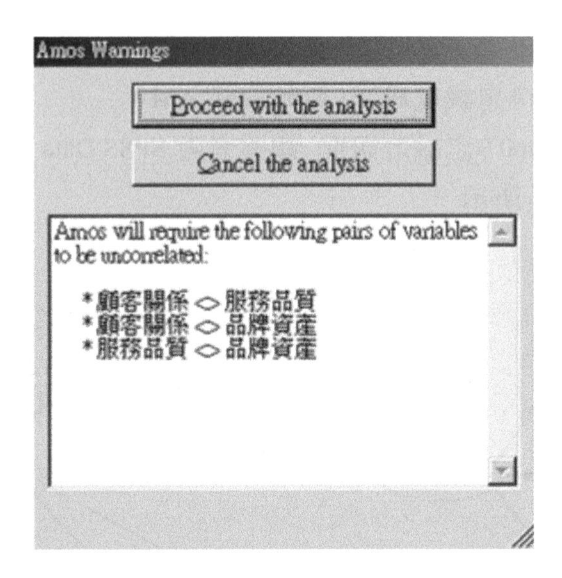

圖 7.7　Amos 的警告

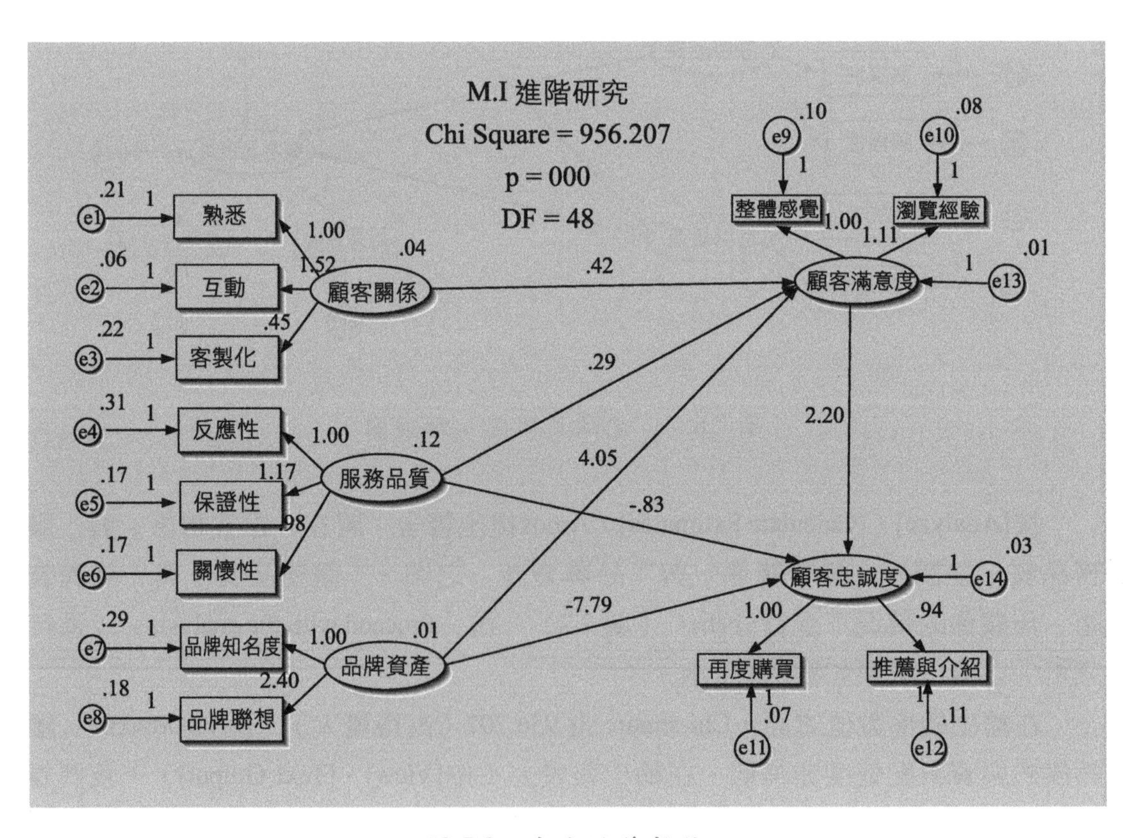

圖 7.8　產生的係數值

Model	RMSEA	LO 90	HI 90	PCLOSE
Default model	.24	.23	.26	.00
Independence model	.28	.27	.29	.00

在 Modification Indices 表中，我們看到 M. I.值最大的是 e6↔e7 = 225.06，這是指：如果建立e6與e7的關聯，將使Chi-square減少225.06（使Chi-square減少，P值增加，是我們修正模式的主要目標）。

Modification Indices: Covariances: (Group number 1 - Default model)

			M. I.	Par Change
品牌資產	↔	服務品質	24.20	.01
e12	↔	e10	5.00	.02
e8	↔	服務品質	18.05	.04
e7	↔	服務品質	170.35	.17
e7	↔	e8	5.93	.03
e6	↔	e7	225.06	.21
e5	↔	e8	5.84	.03
e4	↔	品牌資產	27.78	.02
e4	↔	e9	7.90	.03
e4	↔	e12	10.88	.04
e4	↔	e11	15.95	−.05
e3	↔	品牌資產	5.69	.01
e3	↔	e8	4.58	.02
e3	↔	e5	4.65	.03
e2	↔	e7	7.03	.03
e2	↔	e6	5.89	.02
e1	↔	e12	7.69	−.03
e1	↔	e11	8.32	.03
e1	↔	e5	8.81	.04
e1	↔	e4	8.94	−.05

我們在 e6 與 e7 之間建立關係之後，所得到的輸出如下：RMSEA = 0.11，顯然有進步，但是仍然>0.05。

Model	RMSEA	LO 90	HI 90	PCLOSE
Default model	.11	.10	.12	.00
Independence model	.28	.27	.29	.00

在輸出的 Modification Indices 報表中，M. I.值最大的是 e8 與「服務品質」的關係 29.52。但是要注意：我們不能在誤差與潛在變數之間建立關係，因為如果在其間建立關係就會違反 SEM 假設：殘差與潛在變數無關。

所以要選第二大的數據，也就是 e4↔e11 之間的關係。我們如果建立 e4 與 e11 的關聯，將使 Chi-square 減少 14.99。

Covariances: (Group number 1 - Default model)

			M. I.	Par Change
品牌資產	↔	服務品質	12.05	.00
e12	↔	e9	5.27	−.02
e8	↔	服務品質	29.52	.08
e8	↔	顧客關係	4.71	.01
e7	↔	服務品質	4.78	.01
e5	↔	顧客關係	7.25	.02
e5	↔	e11	5.64	.03
e5	↔	e8	8.37	.04
e4	↔	品牌資產	7.41	.00
e4	↔	e12	7.96	.03
e4	↔	e11	14.99	−.04
e4	↔	e8	8.25	.04
e3	↔	品牌資產	5.78	.00
e3	↔	e8	4.97	.03
e1	↔	e12	8.08	−.03
e1	↔	e11	7.45	.03
e1	↔	e5	7.16	.04
e1	↔	e4	10.03	−.05

在 e4與 e11 建立關係之後，所輸出的報表如下。RMSEA 仍然維持在 0.11，表示無進步空間。而 RMSEA=0.11>0.05，顯然模式與資料不配合。此時，此模式要重新修訂。比較嚴謹的做法是從問卷設計開始重新檢討。

Model	RMSEA	LO 90	HI 90	PCLOSE
Default model	.11	.09	.12	.00
Independence model	.28	.27	.29	.00

Covariances: (G'roup number 1 - Default model)

			M. I.	Par Change
品牌資產	↔	服務品質	10.36	.00
e12	↔	e10	7.23	.02
e12	↔	e9	4.53	−.02
e8	↔	服務品質	27.46	.07
e8	↔	顧客關係	4.29	.01
e7	↔	服務品質	4.74	.01
e5	↔	顧客關係	4.94	.02
e5	↔	e8	7.35	.04
e4	↔	品牌資產	5.25	.00
e4	↔	e8	8.80	.04
e3	↔	品牌資產	5.71	.00
e3	↔	e14	4.07	−.02
e3	↔	e8	4.89	.03
e1	↔	e12	5.21	−.02
e1	↔	e11	4.47	.02
e1	↔	e5	6.74	.04
e1	↔	e4	7.22	−.04

事實上，讀者不妨做個練習。以Amos開啟「忠誠度研究_原始模式.SMW」，資料檔為「忠誠度研究_觀察變數.SPSS Data Document」。剔除極端值之後，檢視此模式與資料的配適度。或者，在剔除極端值之後，如何修正此模式（例如簡化此模式），使得模式與資料的配合更為適當。

第 8 章
模式探索

AMOS

模式探索又稱模式設定探索（model specification search），簡稱設定探索（specification search），其目的在於從各種可能的模式中找出最佳的一個模式。值得注意的是，模式探索只適合單一群體的分析。

模式探索可分為兩種：（1）驗證性模式探索（confirmatory specification search）：只探索模式中若干個變數之間的關係，目的在於驗證；（2）探索性模式探索（exploratory specification search）：探索模式中許多變數之間的關係，目的在於探索。

8.1 驗證性模式探索

首先，我們先說明驗證性模式探索。從本例中，讀者可了解如何選擇適當的模式。

觀念架構

研究者所建立的觀念架構，以 Amos 做圖之後，如圖 8.1 所示。圖中並沒有「選擇性」（以虛線表示）的箭頭出現。

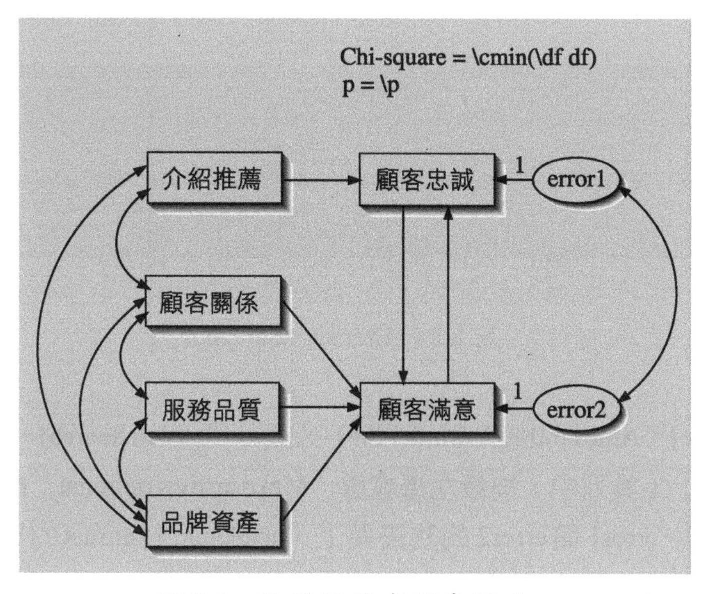

圖 8.1 驗證性模式探索模式

研究問題

研究者感到有興趣發掘的是顧客忠誠影響顧客滿意、顧客滿意影響顧客忠誠這兩個變數之間的關係。他們想要進一步了解：到底是顧客忠誠影響顧客滿意呢？還是顧客滿意影響顧客忠誠呢？還是兩者之間都沒有關係？

設定

開啟檔案（Amos 檔案名稱：...\Chap08\Modi_SS_a.AMW）。首先設定要檢驗的變數之間的箭頭（以虛線表示）。按[View]、[Interface Properties]，在「Interface Properties」視窗中，點選「Accessibility 」，勾選「Alternative to Color」，如圖 8.2 所示。「Alternative to Color」是產生不同顏色（Amos 6.0 預設為黃色，Amos 5.0 預設為藍色），也就是我們要將以後所點選的雙箭頭、單箭頭變色以便於識別。

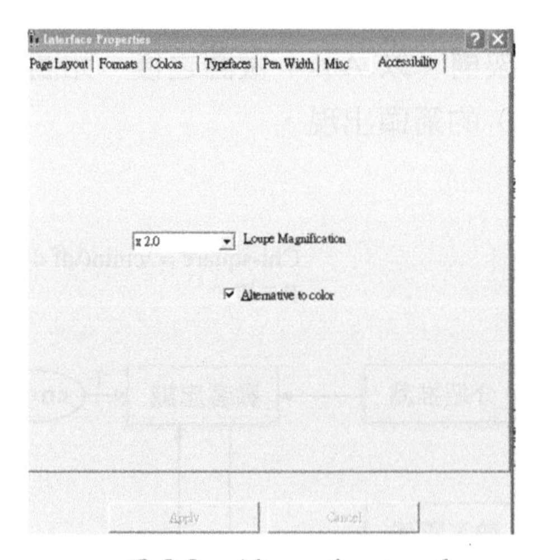

圖 8.2 Alternative to color

按 [Analyze]（Amos 5.0版為Model Fit）、[Specification Search]，在出現的「Specification Search」工具列中，按最左邊虛線「Make arrows optional」的圖示（ ），然後在路徑圖中error1 與error2 的雙箭頭上、academic到attract的單箭頭上、attract到academic的單箭頭上這些要驗證的地方分別加以點選，使它們呈現出虛線，如圖 8.3 所示。

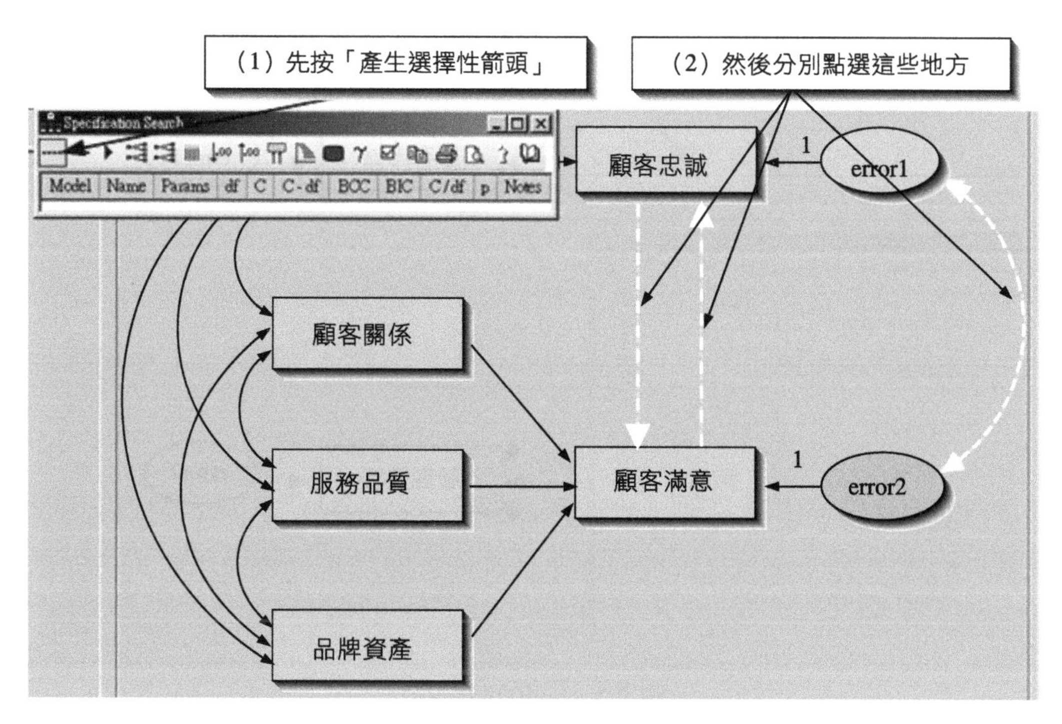

圖 8.3　要驗證的地方分別加以點選

選擇「探索」的選項

在「Specification Search」工具列中，點選「Option」圖示（ ），或按 Alt + O，在出現的「Options」視窗的 Current results 中，所呈現的預設情況如圖 8.4 所示。

在「Options」視窗中，按 [Next search]，所產生的情況如圖 8.5 所示。在視窗中可看到「8 models will be fitted」，因為在我們的模式中有三個參數，而每個參數都有兩種狀況（有影響、無影響），所以 $2^3 = 8$。

在「Retain only the best _model」左邊的方格中，將數值設為「0」。如果保持原來的預設值（10）的話，就表示所設定的探索要產生至多 10 個具有 1 個參數的模式、至多 10 個具有 2 個參數的模式等等。如果設為「0」，則表示所產生的模式數沒有加以限制，也就是產生 8 個模式。

然後，關掉「Options」視窗。

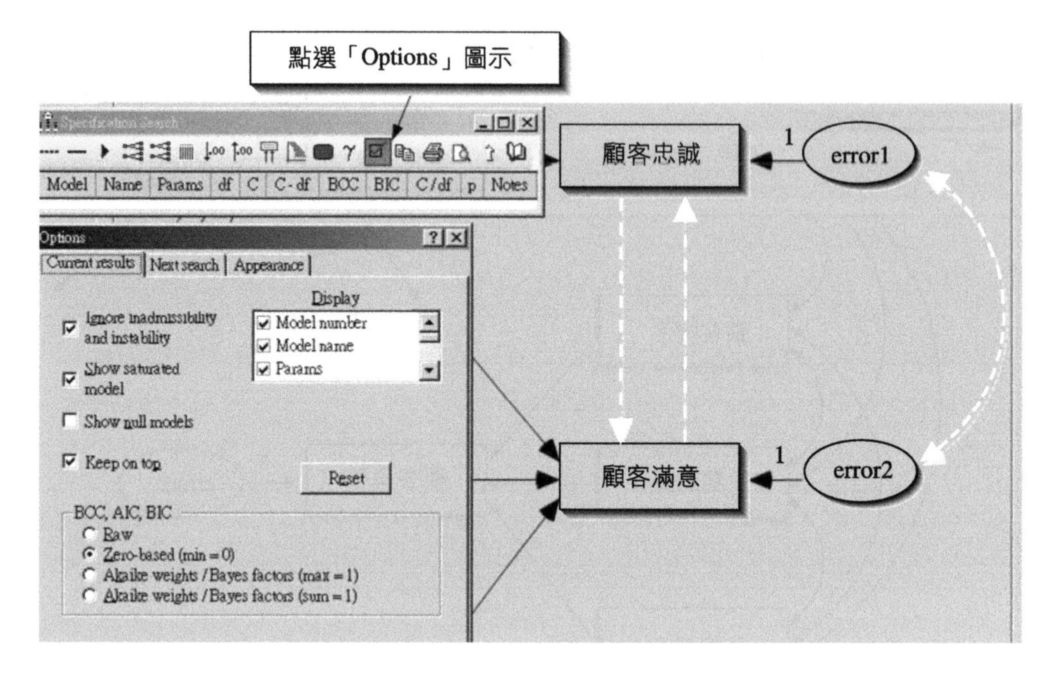

圖 8.4　Current results

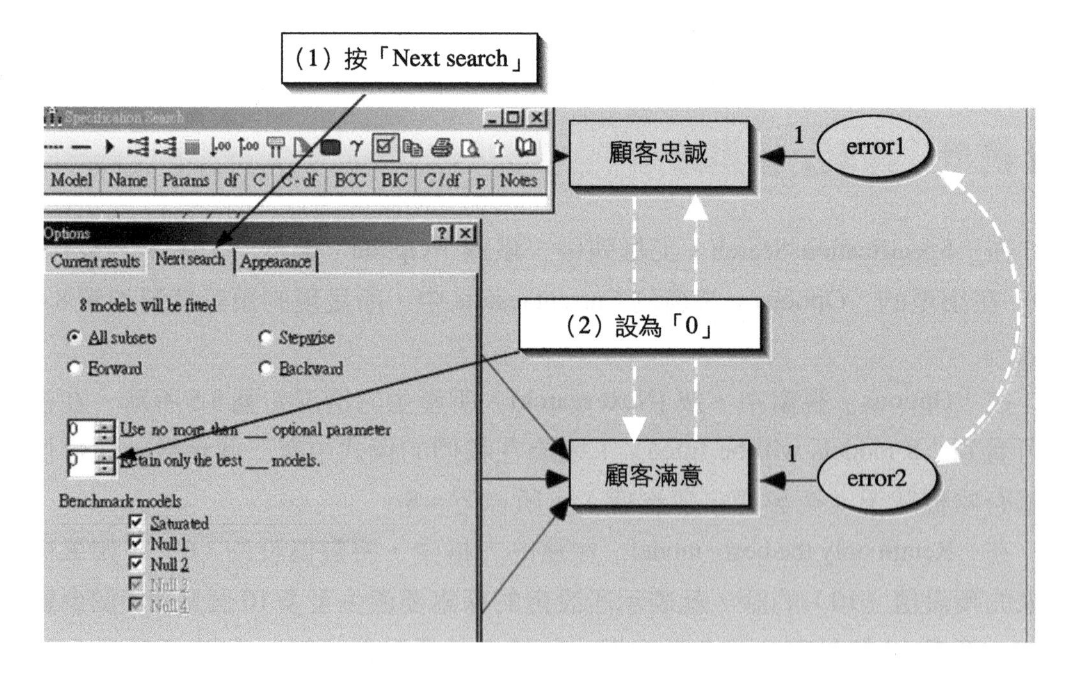

圖 8.5　Next search

執行「模式探索」

在「Specification Search」工具列中，按「Perform specification search」（執行模式探索）圖示（ ▶ ），就會產生「8 個模式的配適指標彙總表」，如圖 8.6 所示。

「Model」欄顯示模式名稱，從 1 到 8，再加上飽和模式（Sat）。在第一列中，模式 1 具有 19 個參數，其自由度為 2。C 在這裡是指 Chi-square 值，也就是乖離函數（discrepancy function）（也就是第 4 章所說的 CMIN）。

在圖中，最佳的模式其數值會以底線表示。在第 6 章所說明的 CFI、RMSEA 等，在這個表中並不呈現。

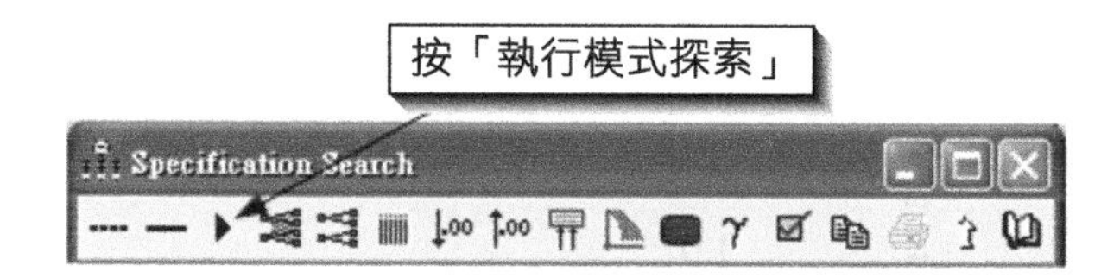

8 個模式的配適指標彙總

Specification Search

Model	Params	df	C	C - df	BCC_0	BIC_0	C / df	p	Notes
1	19	2	2.761	0.761	3.830	10.375	1.381	0.251	
2	18	3	19.155	16.155	18.154	21.427	6.385	0.000	
3	17	4	19.215	15.215	16.144	16.144	4.804	0.001	
4	16	5	67.342	62.342	62.201	58.929	13.468	0.000	
5	17	4	27.911	23.911	24.840	24.840	6.978	0.000	
6	18	3	2.763	-0.237	1.761	5.034	0.921	0.430	
7	17	4	3.071	-0.929	0.000	0.000	0.768	0.546	
8	18	3	2.895	-0.105	1.894	5.167	0.965	0.408	
Sat	21	0	0.000	0.000	5.208	18.299			

圖 8.6　8 個模式的配適指標彙總

我們可以按模式所代表的數字，來看該模式的路徑圖。例如雙按「7」，就可看到模式 7 的路徑圖。我們也可以看每個模式的路徑係數。在「Specification Search」視窗中，先按 γ 圖示（Show parameters estimates on path diagram），再在「7」上點兩下，就會出現模式 7 的路徑圖係數，如圖 8.7 所示。

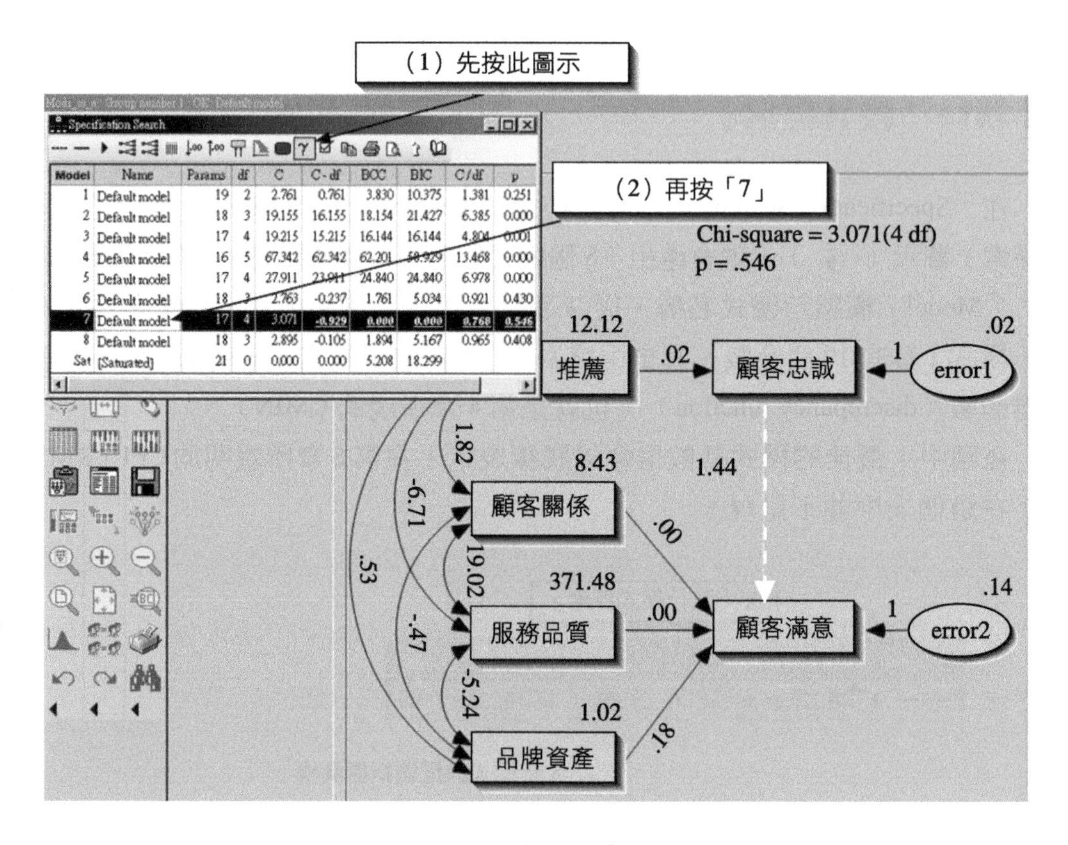

圖 8.7　顯示模式 7 的參數估計值

Zero-based（BCC_0）

如第 6 章所述，BCC（Browne-Cudeck Criterion）是指 Browne-Cudeck 基準。BCC 與 AIC 一樣，適用於比較多個模式。相較於 AIC，BCC 對於模式的複雜性（參數過多）有較重的處罰（也就是估計值會變高）。BCC 愈小表示該模式較優。

在「Specification Search」視窗中，按「BCC_0」，數字就會由小到大排序，如圖 8.8 所示。

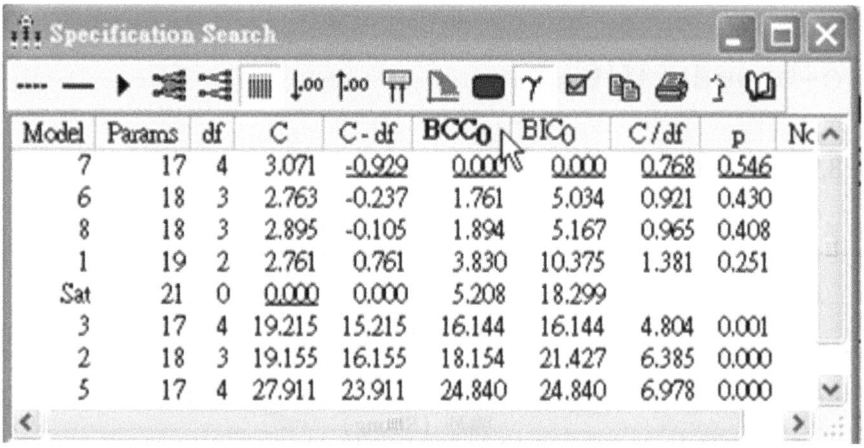

Specification Search

Model	Params	df	C	C - df	BCC0	BIC0	C / df	p	Nc
7	17	4	3.071	-0.929	0.000	0.000	0.768	0.546	
6	18	3	2.763	-0.237	1.761	5.034	0.921	0.430	
8	18	3	2.895	-0.105	1.894	5.167	0.965	0.408	
1	19	2	2.761	0.761	3.830	10.375	1.381	0.251	
Sat	21	0	0.000	0.000	5.208	18.299			
3	17	4	19.215	15.215	16.144	16.144	4.804	0.001	
2	18	3	19.155	16.155	18.154	21.427	6.385	0.000	
5	17	4	27.911	23.911	24.840	24.840	6.978	0.000	

圖 8.8　BCC_0

根據 Burnham 和 Anderson（1998）的建議，將一個常數加到所有的 BCC，以使得最小的 BCC 成為 0。BCC_0 這個 0 的下標就表示這個意義。BIC 也是經過同樣的處理。Burnham 和 Anderson（1998）認為：[1]

BCC_0	配適度（此模式不是 K-L 最佳模式）
0~2	沒有充分的證據顯示此模式不能被視為是此樣本所代表的母體是「實際上 K-L 最佳模式」（K-L Best）。[2] 簡單地說，就是模式與資料配適度佳。
~4	微弱的證據顯示此模式不是 K-L 最佳模式。
4~7	肯定的證據顯示此模式不是 K-L 最佳模式。
7~10	強烈的證據顯示此模式不是 K-L 最佳模式。
>10	非常強烈的證據顯示此模式不是 K-L 最佳模式。

根據 Burnham 和 Anderson（1998）的看法，模式 7（BCC_0 = 0.000）是最佳模式，但是模式 6（BCC_0 = 1.761）、模式 8（BCC_0 = 01.894）也不能剔除。

[1] Burnham, K. P., and D. R. Anderson. *Model selection and inference: A practical information-theoretic approach* (New York: Springer-Verlag, 1998).

[2] K-L 是統計學家 Kullbakc 和 Leibler 名字的起頭字。可參考：Kullback, S., and R. A. Leibler, On information and sufficiency. *Annals of Mathematical Statistics*, 1951., Vol. 22. pp. 79-86.

Zero-based（BIC_0）

在圖 8.9 中的 BIC_0，根據 Raftery（1995）的解讀是這樣的：[3]

BIC_0	Raftery（1995）解讀
0~2	微弱 （Weak）
2~6	肯定（Positive）
6~10	強烈（Strong）
>10	非常強烈（Very strong）

依據Raftery（1995）準則，我們具有「肯定的」證據認為，模式 6、8 的配適度優於其他模式（除模式 7 之外）；我們有「非常強烈的」證據認為，模式 7 的配適度優於其他模式。

Alkaike weights/Bayes factor (sum=1)－BCC_p

如第 4 章所述，CAIC（Consistent Akaike's Information Criterion）是指一致赤池資訊基準。相較於AIC、BCC，CAIC對於模式的複雜性（參數過多）有較重的處罰（也就是估計值會變高），但是處罰的程度不如 BIC。CAIC 愈小表示該模式較優。

按 [Analyze]、[Specification Search]，在出現的「Specification Search」工具列中，點選「Option」圖示（ ☑ ），或按 Alt+O，在出現的「Options」視窗內，點選 Current results，在其中的「BCC、AIC、BIC」方框內，點選「Akaike weights/Bayes factors (sum=1)」，如圖 8.9 所示。

---

[3] Raftery, A. E. *Bayesian model selection in structural equation models*. In: Testing structural equation models, K. A. Bollen and J. S. Long, eds. Newbury Park, CA: Sage Publications, 1993, pp. 163-180.

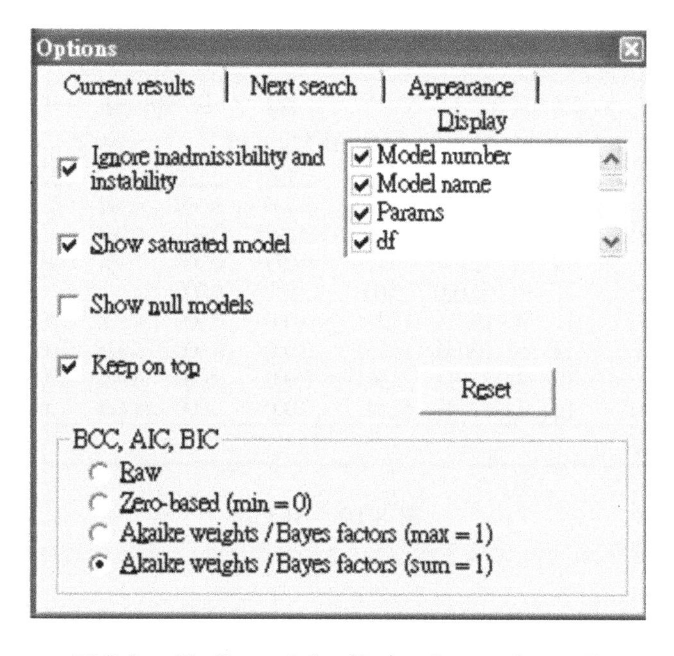

圖 8.9　Akaike weights Bayes factors (sum=1)

在「Specification Search」工具列中，按「Perform specification search」（執行模式探索）圖示（ ）。在配適度輸出表（圖 8.10）中，原來是 BCC_0 的那一欄現在成了 BCC_p，BCC_p 包括了赤池係數（Akaike weights）。BCC_p 的下標 p 表示某種狀況的機率。以 BCC_p 來看，「K-L 最佳」的模式 7 只是模式 6 的 2.41 倍（0.494/0.205）。根據 Bozdogan（1987）的看法，BCC_p 可以這樣解讀：模式 7 成為「K-L 最佳」模式的機率是 0.494，而模式 6 成為「K-L 最佳」模式的機率是 0.205。最可能成為最佳模式的是：模式 7、6、8、1。模式 7、6、8、1 的機率總和是 0.96（0.494 + 0.205 + 0.192 + 0.073）。我們可以這樣認為，在模式 7、6、8、1 之中，必有一個成為最佳模式的機率是 96%。

Alkaike weights/Bayes factor (sum=1)-BIC_p

從圖 7-10 的 BIC_p 來看，模式 7 是正確的模式的機率是 0.860。我們具有充足的理由認為，模式 7、6、8 的機率總和是 0.99（0.860 + 0.069 + 0.065）。我們可以這樣認為，在模式 7、6、8 之中，必有一個成為最佳模式的機率是 99%。

Specification Search

Model	Params	df	C	C - df	BCCp	BICp	C / df	p	Notes
7	17	4	3.071	-0.929	0.494	0.860	0.768	0.546	
6	18	3	2.763	-0.237	0.205	0.069	0.921	0.430	
8	18	3	2.895	-0.105	0.192	0.065	0.965	0.408	
1	19	2	2.761	0.761	0.073	0.005	1.381	0.251	
Sat	21	0	0.000	0.000	0.037	0.000			
3	17	4	19.215	15.215	0.000	0.000	4.804	0.001	
2	18	3	19.155	16.155	0.000	0.000	6.385	0.000	
5	17	4	27.911	23.911	0.000	0.000	6.978	0.000	
4	16	5	67.342	62.342	0.000	0.000	13.468	0.000	

圖 8.10　BCC_P

Alkaike weights/Bayes factor (max=1)-BCC_L

按 [Analyze]、[Specification Search]，在出現的「Specification Search」工具列中，點選「Option」圖示（ ），或按 Alt+O，在出現的「Options」視窗內，點選 Current results，在其中的「BCC、AIC、BIC」方框內，點選「Akaike weights/Bayes factors (max=1)」，如圖 8.11 所示。

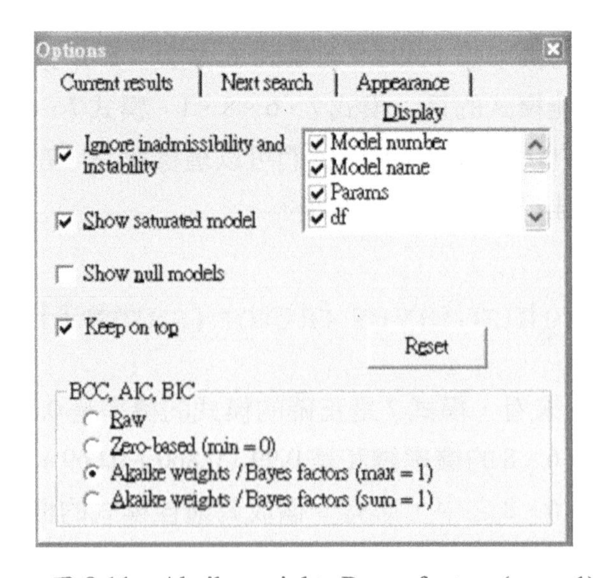

圖 8.11　Akaike weights Bayes factors (max=1)

在「Specification Search」工具列中，按「Perform specification search」（執行模式探索）圖示（ ▶ ）。在配適度輸出表中，按「Show short list」圖示（ ），或按 Ctrl+S，以顯示簡要輸出，如圖 8.12 所示。

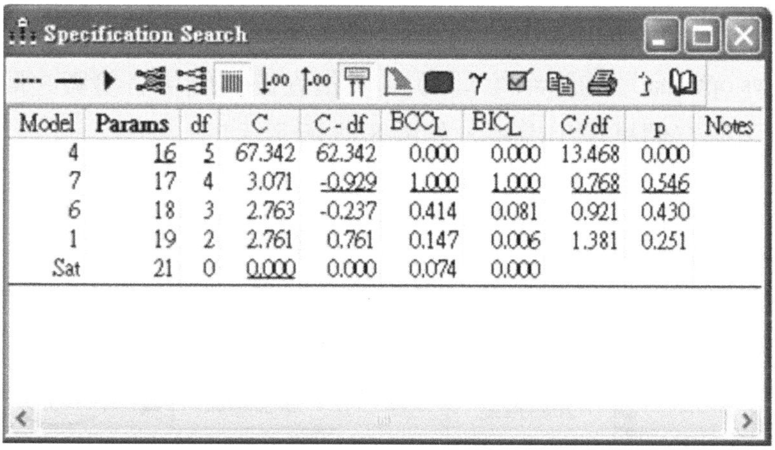

Specification Search

Model	Params	df	C	C - df	BCC_L	BIC_L	C / df	p	Notes
4	16	5	67.342	62.342	0.000	0.000	13.468	0.000	
7	17	4	3.071	-0.929	1.000	1.000	0.768	0.546	
6	18	3	2.763	-0.237	0.414	0.081	0.921	0.430	
1	19	2	2.761	0.761	0.147	0.006	1.381	0.251	
Sat	21	0	0.000	0.000	0.074	0.000			

圖 8.12　BCC_L

輸出報表中的 BCC_L 顯示，具有「17 個參數」的模式 7 遠優於具有「16 個參數」的模式 4。參數數目如果超過 17，所提高的配適度相當有限。參數數目從 16 到 17，會獲得相對高的「報酬」。

Alkaike weights/Bayes factor (max=1)-BIC_L

從圖 8.12 的 BIC_L 來看，也可以獲得上述的結論。

8.2　探索性模式探索

研究問題

研究者 Felson 和 Bohrnstedt 有興趣探索所建立的模式中各變數的影響情形。

設定

開啟檔案（Amos 檔案名稱：...\Chap08\ Modi_SS_b.AMW）。按 [Analyze]、[Specification Search]，在出現的「Specification Search」工具列中，按最左邊虛線「Make arrows optional」的圖示（ ），然後在路徑圖中各變數之間的箭頭上分別加以點選，使它們呈現出虛線，如圖 8.13 所示。

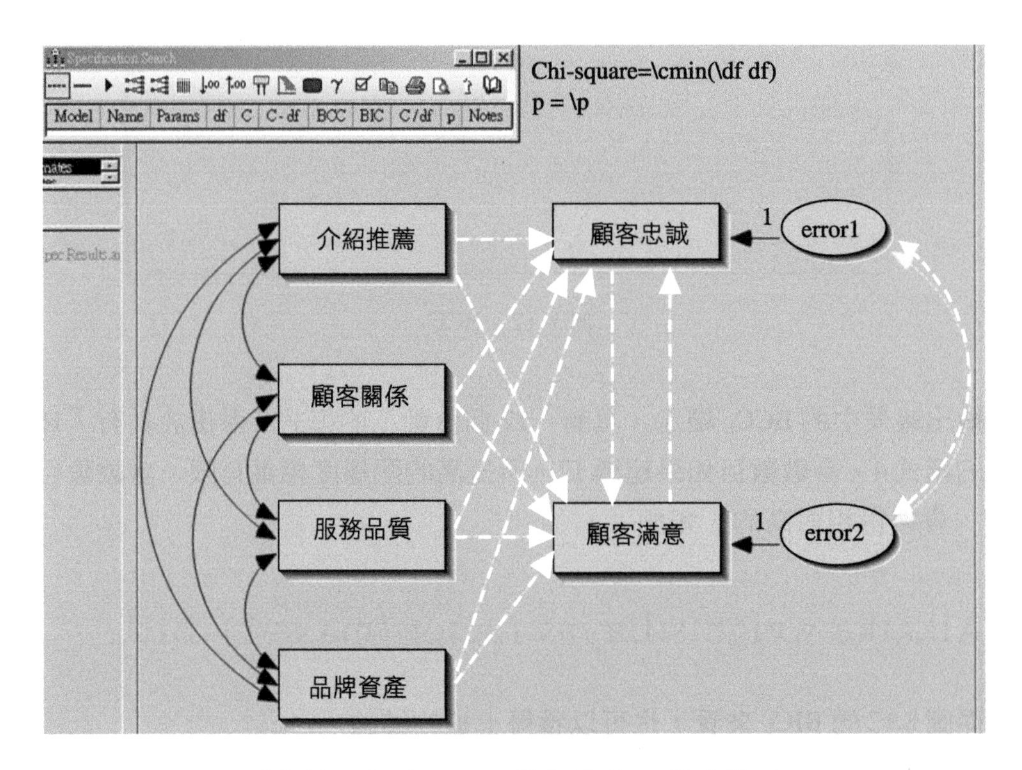

圖 8.13　分別加以點選各變數之間的箭頭

選擇「探索」的選項

在「Specification Search」工具列中，點選「Option」圖示（ ），或按 Alt + O，在出現的「Options」視窗中，其 Current results 選「Zero-based (min = 0)」。

按 [Next search]， 在「Retain only the best _model」左邊的方格中，將數值設為

「10」，這表示所設定的探索要產生至多 10 個具有 1 個參數的模式、至多 10 個具有 2 個參數的模式等等，所產生的情況如圖 8.14 所示。然後，關掉「Options」視窗。

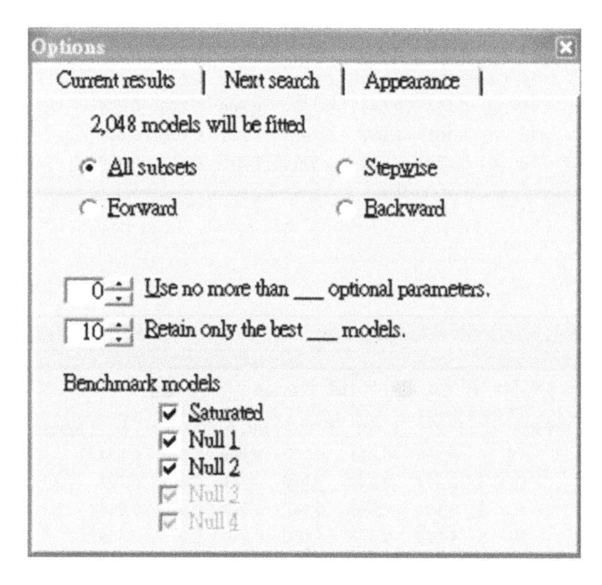

圖 8.14　Next search

執行「模式探索」

在「Specification Search」工具列中，按「Perform specification search」（執行模式探索）圖示（ ▶ ），就會產生「配適指標彙總表」，如圖 8.15 所示。圖中的（a）所呈現的是 BCC 與（b）所呈現的是 BIC 排序。

以 BCC 來看，模式 32 是最佳模式：以 BIC 來看，模式 22 是最佳模式。我們現在來看看模式 32、模式 22 的路徑圖及係數，如圖 8.16、圖 8.17 所示。在「Specification Search」視窗中，先按γ圖示（Show parameters estimates on path diagram），再在模式所代表的數字上點兩下，就會出現該模式的路徑圖係數。

(a) 以 BCC 排序

Specification Search

Model	Name	Params	df	C	C - df	BCC 0	BIC 0	C / df	p	Notes
32	Default model	16	5	2.954	-2.046	0.000	3.141	0.591	0.707	
42	Default model	17	4	0.896	-3.104	0.011	6.425	0.224	0.925	
43	Default model	17	4	0.900	-3.100	0.015	6.429	0.225	0.925	
22	Default model	15	6	5.156	-0.844	0.132	0.000	0.859	0.524	
33	Default model	16	5	3.101	-1.899	0.147	3.288	0.620	0.684	
52	Default model	18	3	0.333	-2.667	1.519	11.205	0.111	0.954	

(b) 以 BIC 排序

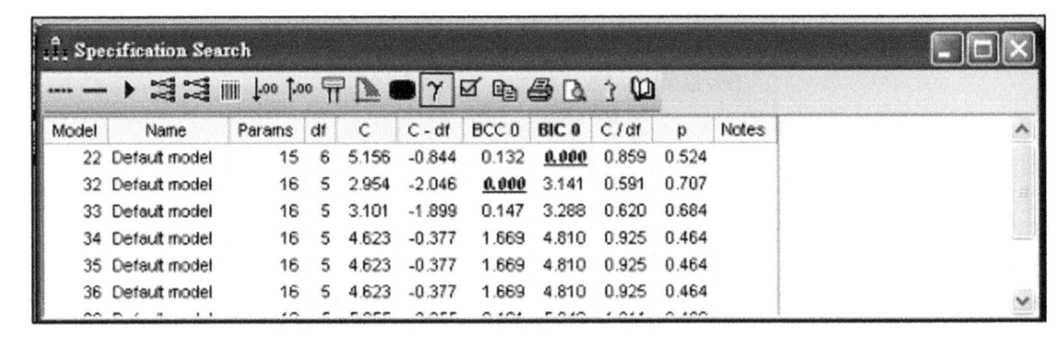

Specification Search

Model	Name	Params	df	C	C - df	BCC 0	BIC 0	C / df	p	Notes
22	Default model	15	6	5.156	-0.844	0.132	0.000	0.859	0.524	
32	Default model	16	5	2.954	-2.046	0.000	3.141	0.591	0.707	
33	Default model	16	5	3.101	-1.899	0.147	3.288	0.620	0.684	
34	Default model	16	5	4.623	-0.377	1.669	4.810	0.925	0.464	
35	Default model	16	5	4.623	-0.377	1.669	4.810	0.925	0.464	
36	Default model	16	5	4.623	-0.377	1.669	4.810	0.925	0.464	

圖 8.15　BCC 與 BIC 排序

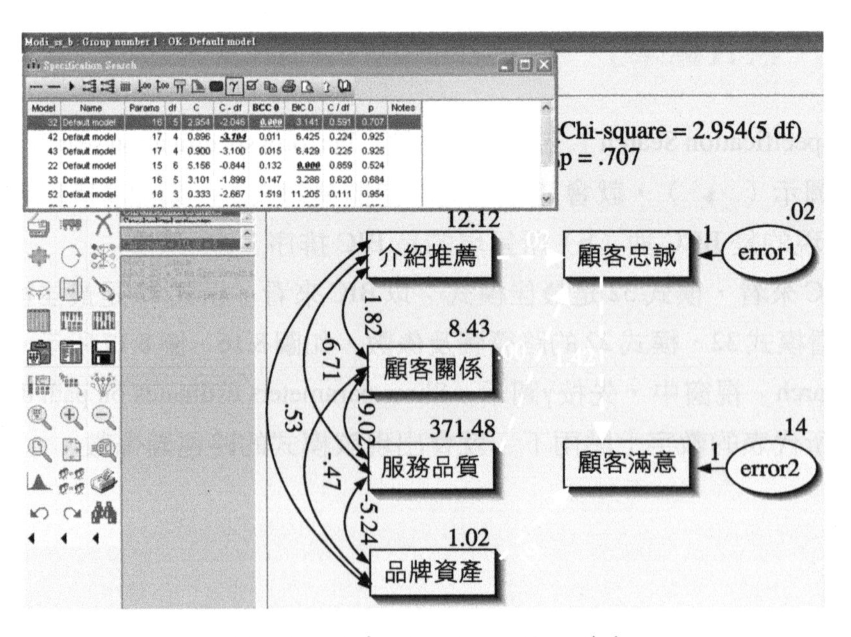

圖 8.16　模式 32 的路徑圖及係數

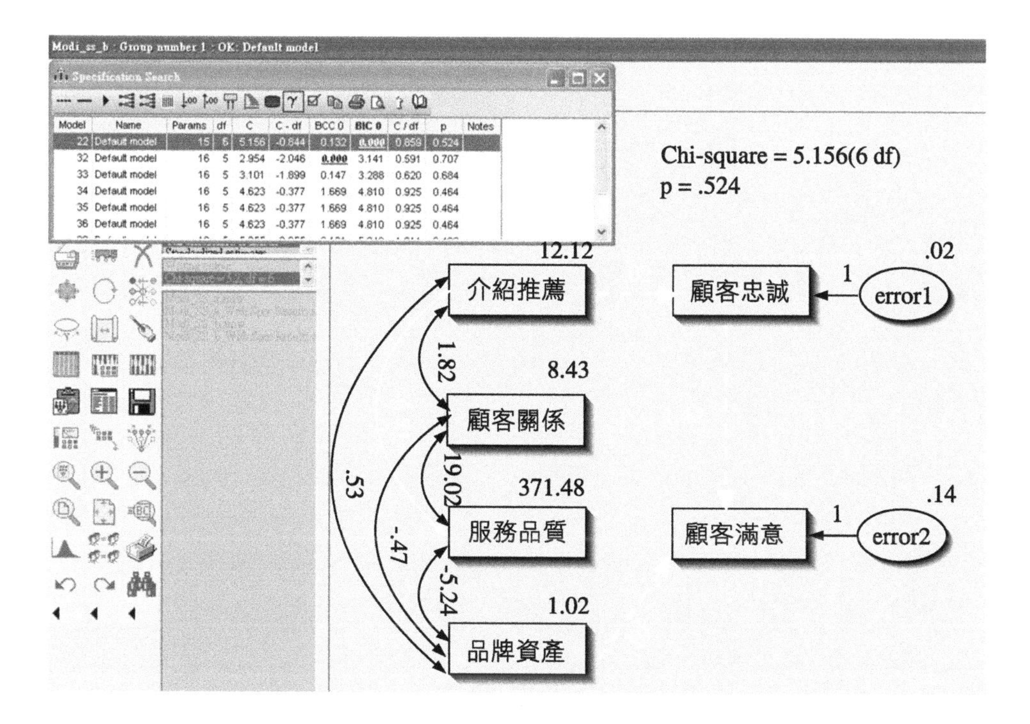

圖 8.17　模式 22 的路徑圖及係數

第 9 章

多群組分析

AMOS

9.1 分組

有時候我們有必要對檔案中的各類型（如性別、領導風格、廣告類型等）分別加以分析。我們不必對每一組（類型）重繪模式，因為不論哪一組別都用同樣的模式進行分析。更深入的研究中，我們可能要形成若干個模式，這裡所說的「形成若干個模式」並不是要重繪模式，而是對每一個模式設定不同的參數（路徑係數）。當然，我們也可以為不同的組別設定不同的路徑圖（或模式）。

在SPSS中所分的群組，有的群組是明顯容易分辨的（如性別、廣告類型），有的是經過集群分析之後產生的群組類別（可參考：榮泰生著，《SPSS 與研究方法》，第9章）。值得一提的是，分組變數可以作為干擾變數，例如，將服務品質分為高、低兩類，分別檢視在模式中變數的關係（如是否具有顯著性差異），[1] 則服務品質就是干擾變數。

我們如果決定要用多群組分析，顯然我們懷疑（或有興趣了解）群組之間在重要變數間的係數有無顯著差異（這些重要變數與研究假說息息相關），而有無顯著差異在企業的策略運用上具有重要意涵。

值得注意的是，在分組之前，要對資料的遺漏值、違犯估計、常態性、極端值做適當的處理，並確信資料與模式的配適度相當良好（見第6章）。

分組的方法

現在我們利用 Amos 中的一個範例，來說明如何分組。開啟檔案（檔案名稱：...\Chap09\Amos_Exercise2.AMW）。在工具箱中點選「Select data file(s) (Ctrl+D)」圖示（ ），或者按 [File]、[Data Files]，在出現的「Data Files」視窗中，按「File Name」，在出現的「開啟」的視窗中，選擇要讀入的檔案（本例中為SPSS檔案，檔案名稱是Amos_Exercise2.SAV）。接下來的動作如圖 9.1 中的（2）到（5）所示。

---

[1] 可用 critical ratio for differences 來檢驗，容後說明。

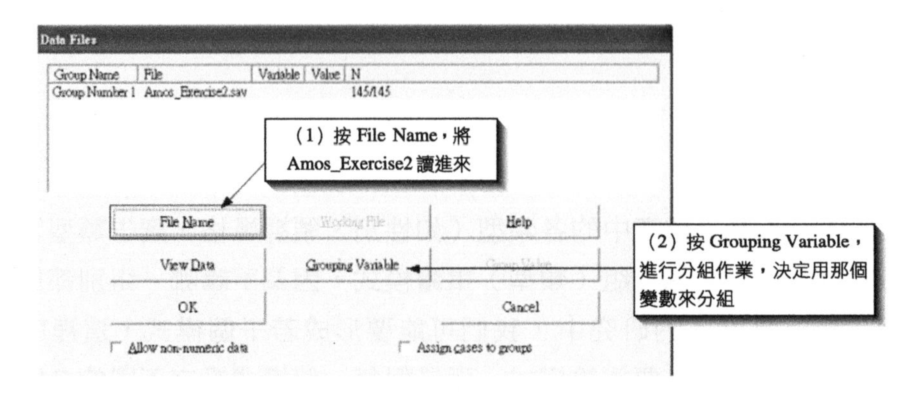

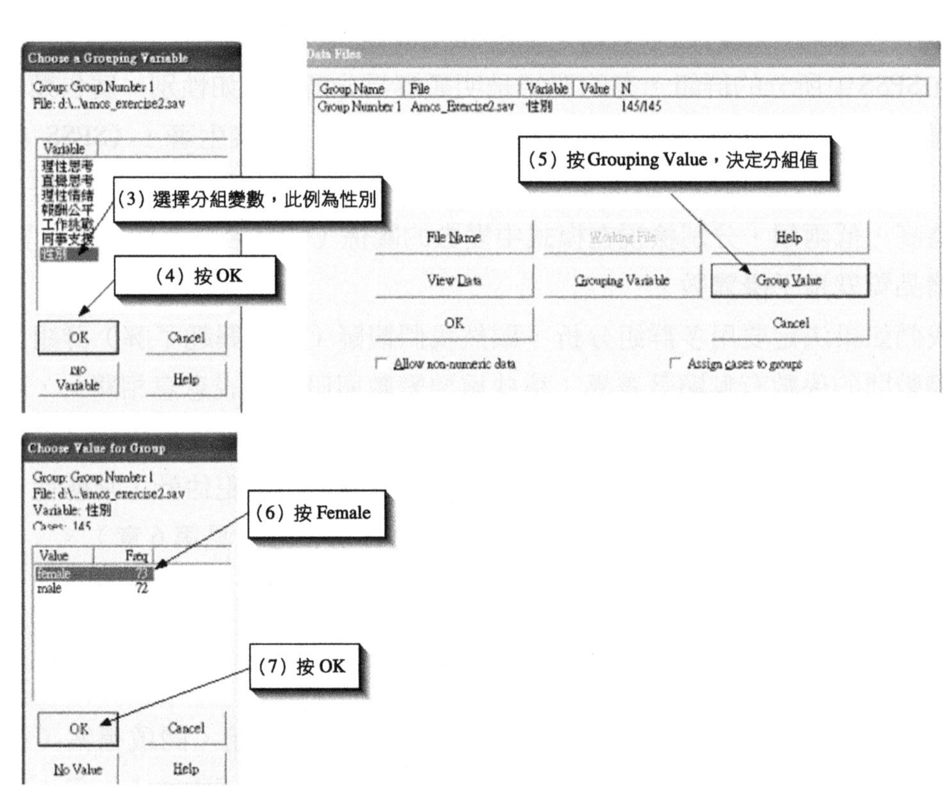

圖 9.1　分組（女性）

Amos 對於檔案的預定名稱是「Group Number 1」。現在我們將它改成「Female」，以便於辨識。在「群組清單」中的「Group Number 1」處雙擊（或按[Analyze]、[Manage Group]），在「Manage Group」視窗中的「Group Name」填入 Female。然後按「New」，在「Manage Group」視窗中的「Group Name」填入 Male。然後按「Close」。

按[File] [Dataset]，在出現的「Data files」視窗中的〈Working〉處按一下，讀入Amos_Exercise2檔案。接下來的動作如圖9.2所說明的動作，只是「Group Value」要選擇「Male」。

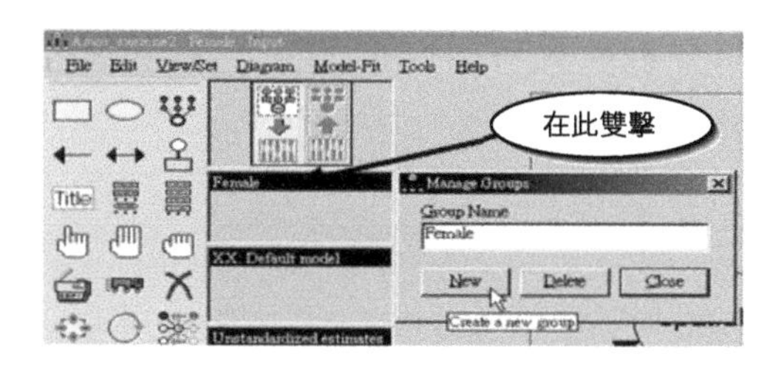

（8）在預設的「Group Number 1」處雙擊，在「Manage Group」視窗中的「Group Name」填入Female。然後按[New]……

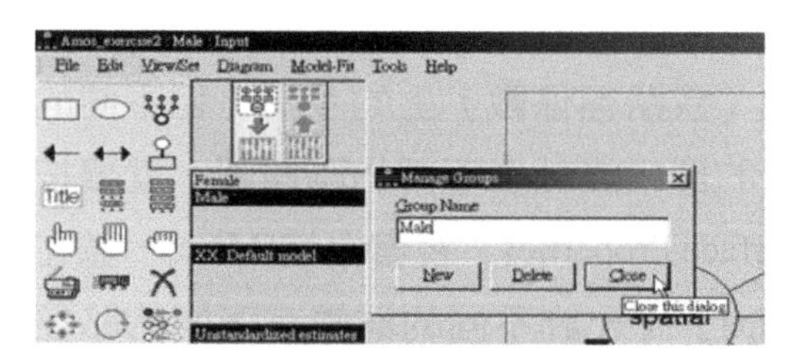

（9）在「Manage Group」視窗中的「Group Name」填入 Male。然後按[Close]。

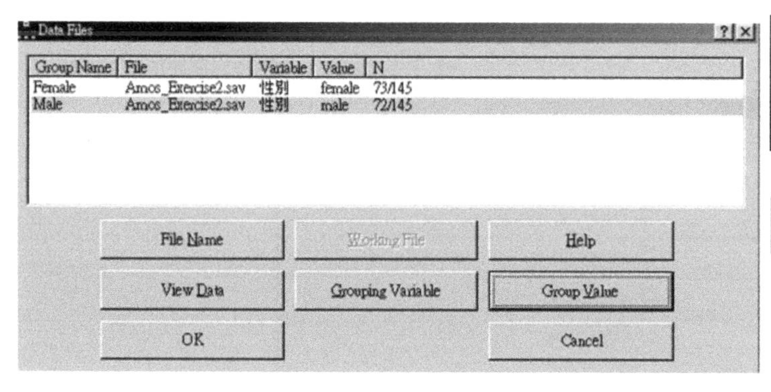

（10）按[File] [Dataset]，在出現的「Data files」視窗中的〈working〉處按一下，按 File Name，讀入 Amos_Exercise2 檔案。接下來的動作，如對女性分組一樣。

（11）分組完成！

圖 9.2　分組（男性）

如果沒有分組，卻想要進行多群組分析（按[Analyze]、[Calculate Estimates]），Amos就會提出如圖9.3的說明（Amos路徑圖只有一組，如果要進行多群組分析，要按[Analyze]、[Manage Model]）。

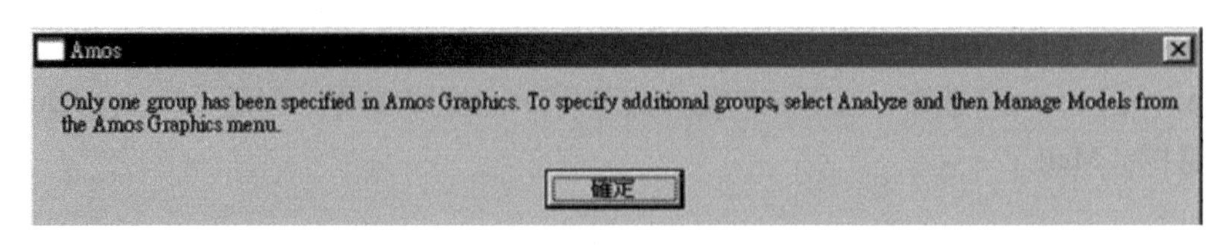

圖 9.3　Amos 提出多群組分析的說明

群組與路徑圖

首先，我們要說明是否對不同的群組設計了不同的路徑圖。大多數的研究都會以相同的路徑圖來檢定兩組在各迴歸係數（或路徑係數）上的差異，但不同的研究者有不同的目的，所以如果我們對不同的群組設計了不同的路徑圖，就要按[View]、[Interface Properties]，在出現的「Interface Properties」視窗中按[Misc]，並在「Allow different path diagrams for different groups」（允許不同的群體有不同的路徑圖）處打勾，如圖 9.4 所示。

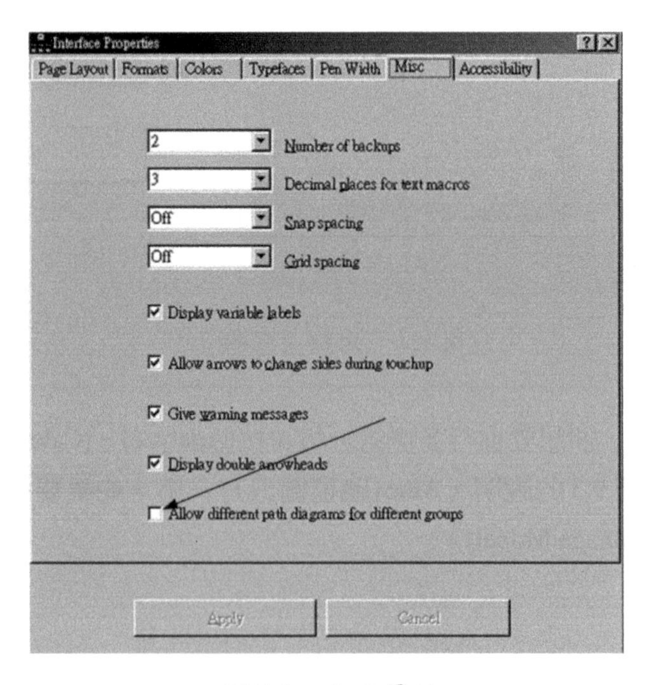

圖 9.4　介面屬性

分析組性：交代要分析什麼

分組妥善之後，我們就要交代要分析什麼。按[View]、[Analyze Properties]，在「Analyze Properties」視窗的 Output 勾選「Critical ratios for differences」（參數差異決斷值），如圖 9.5 所示。這個值可比較兩組在迴歸係數上的差異是否顯著。

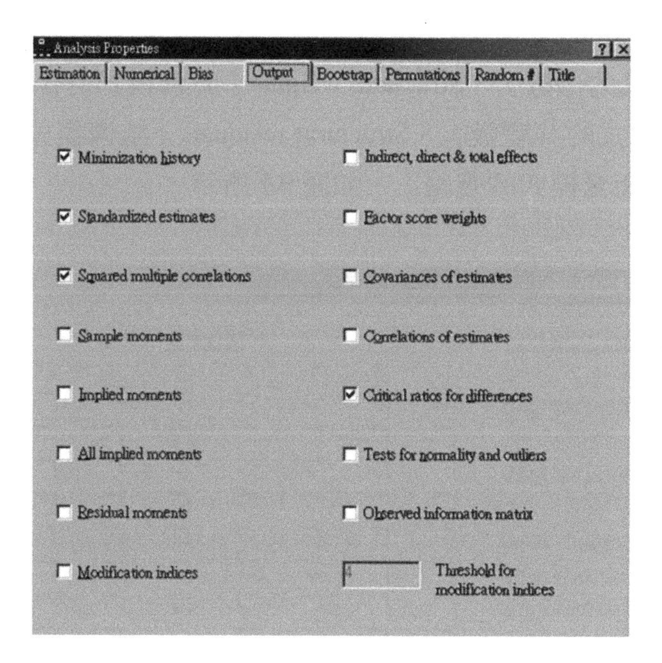

圖 9.5　分析屬性視窗

參數名稱設定與模式

接著，我們要設定參數名稱，以及要分析的模式。按[Analyze]、[Multiple-Group Analysis]（或者按工具箱中的 圖示），此時 Amos 會提出以下的說明（圖 9.6），意思是說：此程式將會清除你在路徑圖左邊所建立的模式（如果先前你已經建立過模式），它也會修正你的參數限制。按「確定」即可。

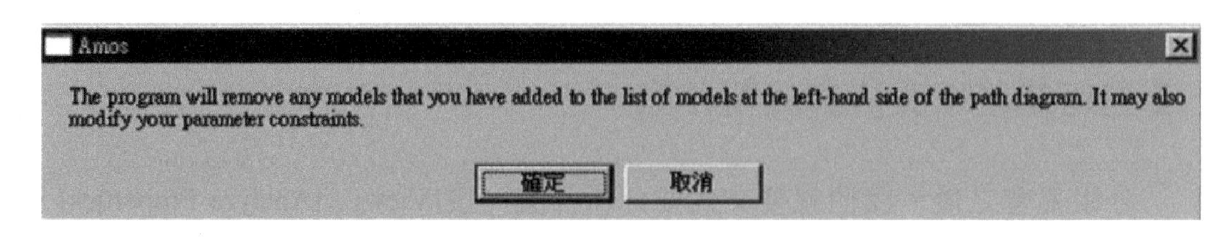

圖 9.6　多群組分析前 Amos 的說明（警告）

在「Multiple-Group Analysis」視窗中，呈現了五個模式，分別是 Measurement weights（測量模式的係數）、Structural weights（結構模式的係數）、Structural covariances（結構模式的共變數）、Structural residuals（結構模式的殘差）、Measurement residuals（衡量模式的殘差），如圖 9.7 所示。

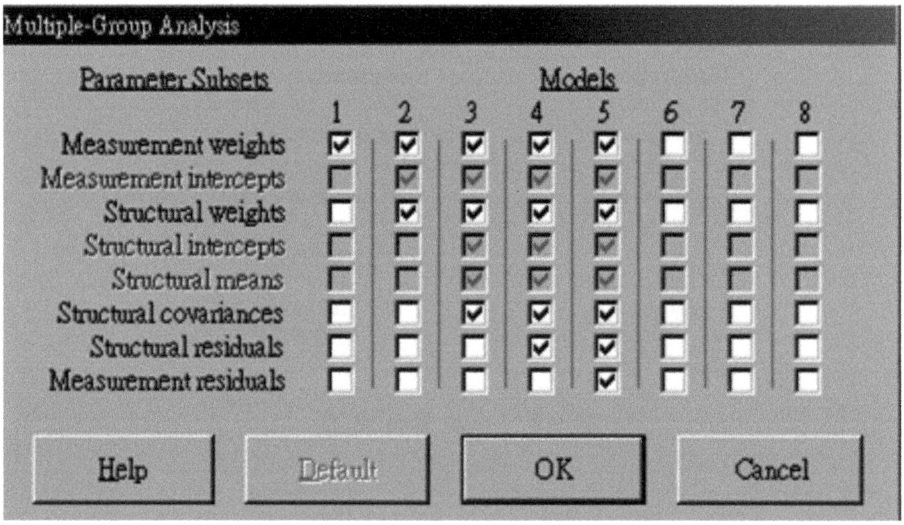

Multiple-Group Analysis
Parameter Subsets
Models
1 2 3 4 5 6 7 8
Measurement weights
Measurement intercepts
Structural weights
Structural intercepts
Structural means
Structural covariances
Structural residuals
Measurement residuals
Help
Default
OK
Cancel

圖 9.7　多群組分析視窗

在「Multiple-Group Analysis」視窗中，我們所勾選的模式（當然你也可以只建立三個模式或二個模式，這要看你的研究目的而定），會產生相關的係數名稱，如圖 9.8 所示。

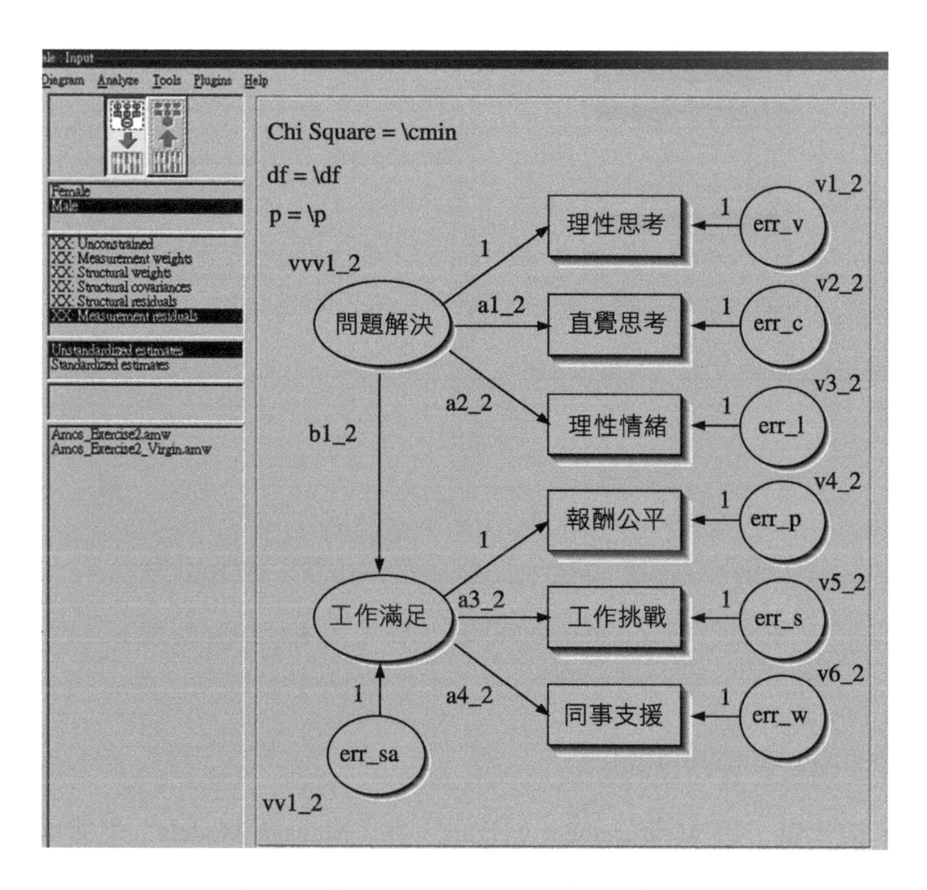

圖 9.8　在路徑圖上產生相關的係數

9.2 模式管理

按[Analyze]、[Manage Models]，我們要進行模式管理。由於我們在先前的多群組分析視窗中設定了五個模式，所以加上Unconstrained（未設限）模式總共有六個模式。

Unconstrained

在「顯示區」按Unconstrained，在「Manage Models」視窗中，不做任何限制，如圖 9.9 所示。

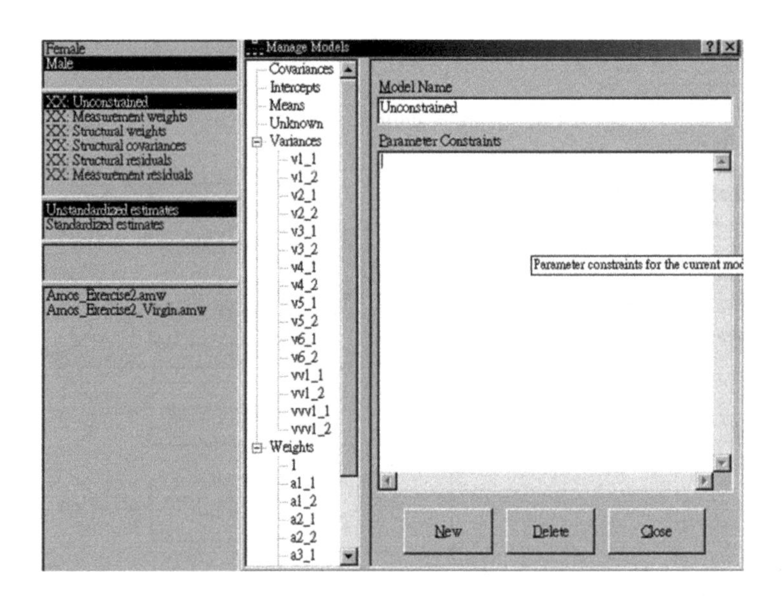

圖 9.9　Unconstrained Model 的設定（不做任何設定）

Measurement weights

在「顯示區」按 **Measurement weights**，在「**Manage Models**」視窗中，就會呈現在多群組分析視窗中對於模式 1 的設定，也就是在兩組中對測量模式的係數設為相等，如圖 9.10 所示。

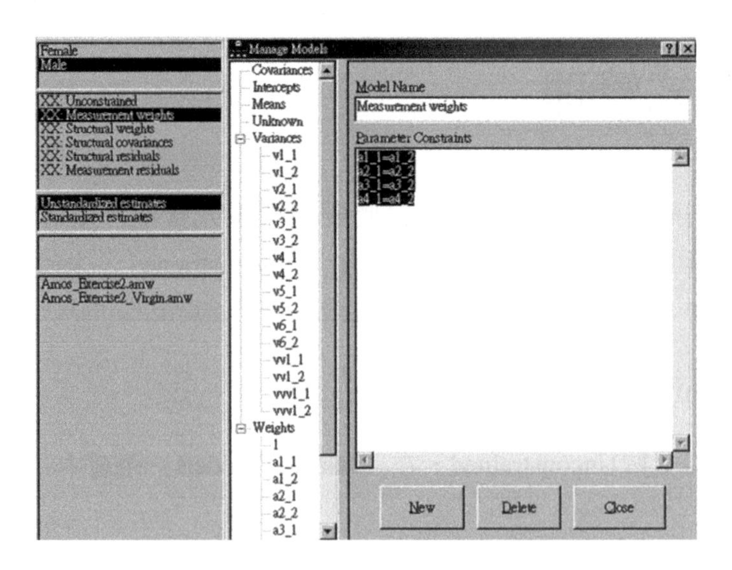

圖 9.10　Measurement weights 的設定

Structural weights

在「顯示區」按 Structural weights，在「Manage Models」視窗中，就會呈現在多群組分析視窗中對於模式 2 的設定，也就是在兩組中對測量模式的係數再加上結構模式的係數設為相等，如圖 9.11 所示。

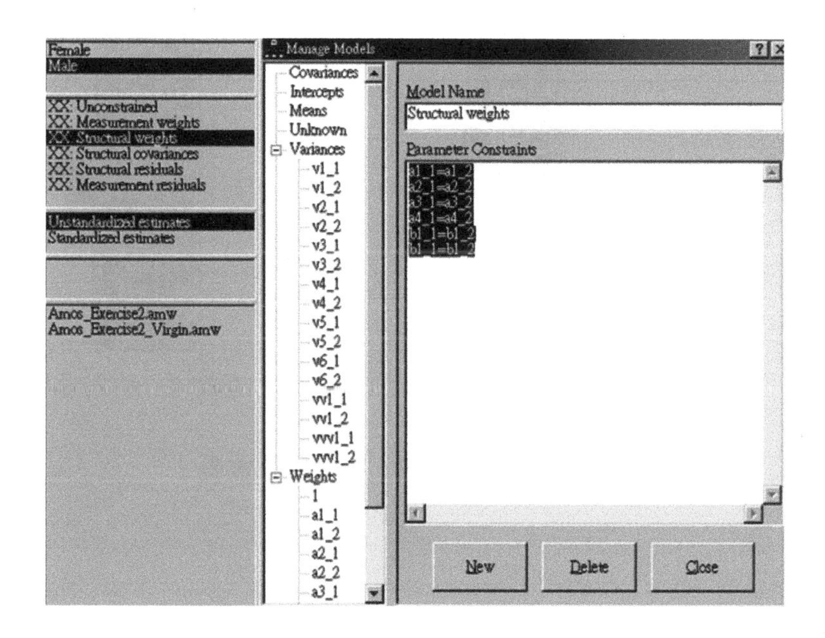

圖 9.11　Structural weights 的設定

模式 3、4、5 的設定情形

模式 3、4、5 的設定情形如圖 9.12 所示。我們這裡所說的「設定」，是 Amos 依照我們在多群組分析視窗中的勾選情形所做的設定。簡單地說，設限的情況愈來愈嚴格，而且總是依據前一個模式再加上一些限制。

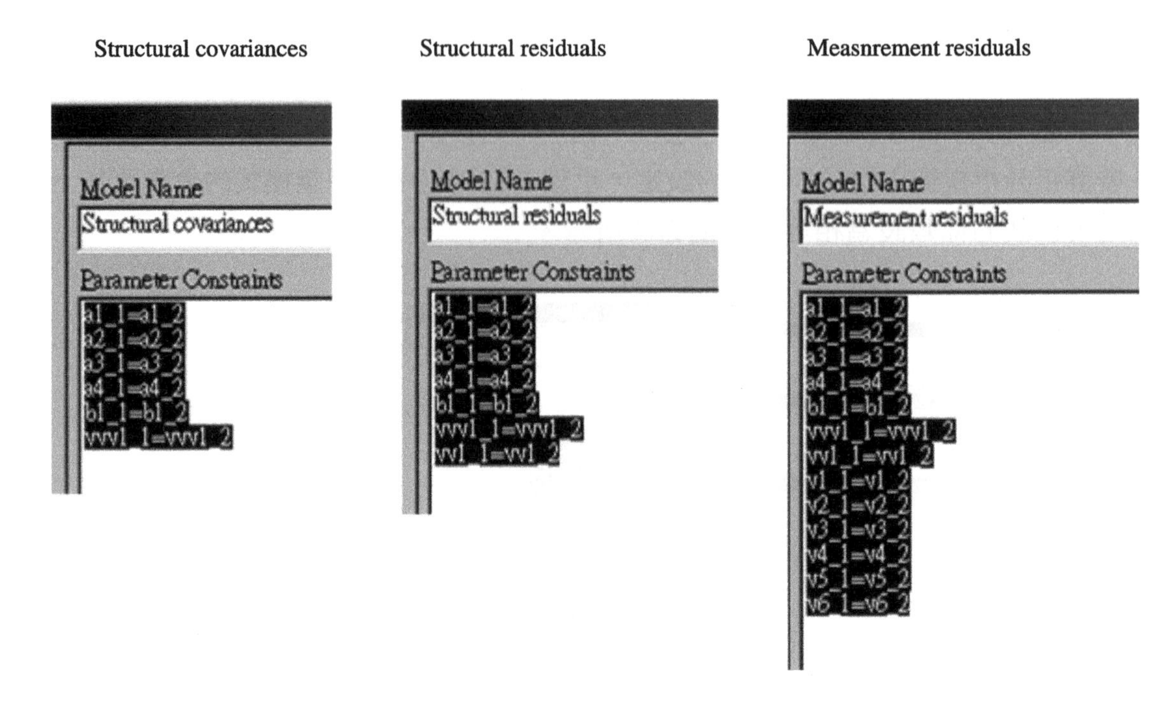

圖 9.12　模式 3、4、5 的設定情形

9.3 執行

模式設計妥善之後，我們就要執行。按[Analyze]、[Calculate Estimates]或Ctrl+F9，就會在「顯示區」看到 OK 的字樣，如圖 9.13 所示。原來是 XX，如果看不到 OK 字樣，表示執行有問題，此時要再檢查參數、模式的設定是否有問題。

圖 9.13　執行 OK

9.4　報表解讀

按[View]、[Text Output]或 F10，就可以看到輸出報表。

RMSEA

從 RMSEA 的數據中，我們發現這模式的「模式與資料配合」情形相當良好（RMSEA 均<0.05）。

Model	RMSEA	LO 90	HI 90	PCLOSE
Unconstrained	.01	.00	.08	.74
Measurement weights	.00	.00	.07	.87
Structural weights	.00	.00	.06	.88
Structural covariances	.00	.00	.06	.91
Structural residuals	.00	.00	.07	.85
Measurement residuals	.00	.00	.06	.92
Independence model	.27	.24	.29	.00

Nested Model Comparison：測量模式

在 Nested Model Comparison（巢狀或隔宿模式比較）項下，在 Assuming model Unconstrained to be correct（假設未設限模式為真的情況下），Measurement weights 模式（測量係數模式）的 P=0.77 > 0.05，表示男女兩組在測量模式係數（因素負荷量）上無顯著差異或具有組間不變性（invariance between groups）。

Assuming model Unconstrained to be correct:

Model	DF	CMIN	P	NFI Delta-1	IFI Delta-2	RFI rho-1	TLI rho2
Measurement weights	4	1.81	.77	.01	.01	−.01	−.01
Structural weights	5	2.33	.80	.01	.01	−.01	−.01
Structural covariances	6	2.68	.85	.01	.01	−.01	−.02
Structural residuals	7	5.56	.59	.02	.02	−.01	−.01
Measurement residuals	13	9.54	.73	.03	.03	−.01	−.01

但是上述說明的只是整體現象，也就是整體性的無差異 χ^2 檢定，可能會蒙蔽特定因素負荷量的組間效果，所以我們要利用「參數配對」來檢視個別變數。在報表中按[Pairwise Parameter Comparisons]、[Unconstrained]，在 Critical Ratios for Differences between Parameters（Unconstrained）表中（圖 9.14），我們要檢視兩組在測量模式係數上的情形。

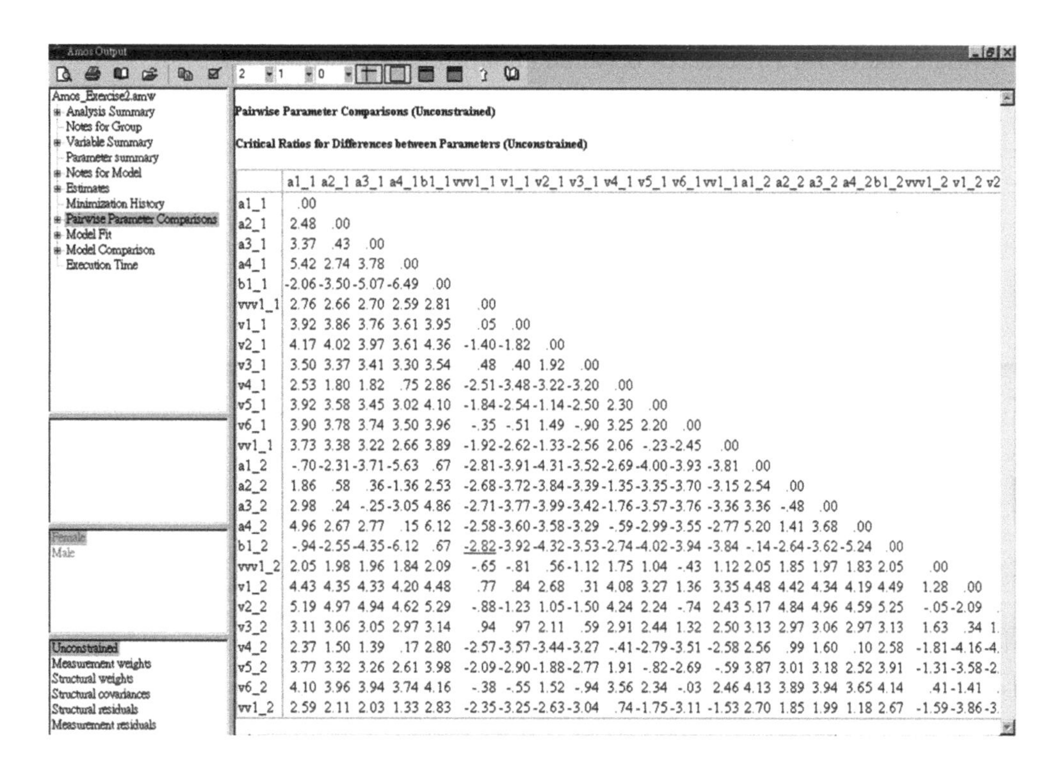

Pairwise Parameter Comparisons (Unconstrained)

Critical Ratios for Differences between Parameters (Unconstrained)

	a1_1	a2_1	a3_1	a4_1	b1_1	vvv1_1	v1_1	v2_1	v3_1	v4_1	v5_1	v6_1	vv1_1	a1_2	a2_2	a3_2	a4_2	b1_2	vvv1_2	v1_2	v2
a1_1	.00																				
a2_1	2.48	.00																			
a3_1	3.37	.43	.00																		
a4_1	5.42	2.74	3.78	.00																	
b1_1	-2.06	-3.50	-5.07	-6.49	.00																
vvv1_1	2.76	2.66	2.70	2.59	2.81	.00															
v1_1	3.92	3.86	3.76	3.61	3.95	.05	.00														
v2_1	4.17	4.02	3.97	3.61	4.36	-1.40	-1.82	.00													
v3_1	3.50	3.37	3.41	3.30	3.54	.48	.40	1.92	.00												
v4_1	2.53	1.80	1.82	.75	2.86	-2.51	-3.48	-3.22	-3.20	.00											
v5_1	3.92	3.58	3.45	3.02	4.10	-1.84	-2.54	-1.14	-2.50	2.30	.00										
v6_1	3.90	3.78	3.74	3.50	3.96	-.35	-.51	1.49	-.90	3.25	2.20	.00									
vv1_1	3.73	3.38	3.22	2.66	3.89	-1.92	-2.62	-1.33	-2.56	2.06	-.23	-2.45	.00								
a1_2	-.70	-2.31	-3.71	-5.63	.67	-2.81	-3.91	-4.31	-3.52	-2.69	-4.00	-3.93	-3.81	.00							
a2_2	1.86	.58	.36	-1.36	2.53	-2.68	-3.72	-3.84	-3.39	-1.35	-3.35	-3.70	-3.15	2.54	.00						
a3_2	2.98	.24	-.25	-3.05	4.86	-2.71	-3.77	-3.99	-3.42	-1.76	-3.57	-3.76	-3.36	3.36	-.48	.00					
a4_2	4.96	2.67	2.77	.15	6.12	-2.58	-3.60	-3.58	-3.29	-.59	-2.99	-3.55	-2.77	5.20	1.41	3.68	.00				
b1_2	-.94	-2.55	-4.35	-6.12	.67	-2.82	-3.92	-4.32	-3.53	-2.74	-4.02	-3.94	-3.84	-.14	-2.64	-3.62	-5.24	.00			
vvv1_2	2.05	1.98	1.96	1.84	2.09	-.65	-.81	.56	-1.12	1.75	1.04	-.43	1.12	2.05	1.85	1.97	1.83	2.05	.00		
v1_2	4.43	4.35	4.33	4.20	4.48	.77	.84	2.68	.31	4.08	3.27	1.36	3.35	4.48	4.42	4.34	4.19	4.49	1.28	.00	
v2_2	5.19	4.97	4.94	4.62	5.29	-.88	-1.23	1.05	-1.50	4.24	2.24	-.74	2.43	5.17	4.84	4.96	4.59	5.25	-.05	-2.09	.
v3_2	3.11	3.06	3.05	2.97	3.14	.94	.97	2.11	.59	2.91	2.44	1.32	2.50	3.13	2.97	3.06	2.97	3.13	1.63	.34	1.
v4_2	2.37	1.50	1.39	.17	2.80	-2.57	-3.57	-3.44	-3.27	-.41	-2.79	-3.51	-2.58	2.56	.99	1.60	.10	2.58	-1.81	-4.16	-4.
v5_2	3.77	3.32	3.26	2.61	3.98	-2.09	-2.90	-1.88	-2.77	1.91	-.82	-2.69	-.59	3.87	3.01	3.18	2.52	3.91	-1.31	-3.58	-2.
v6_2	4.10	3.96	3.94	3.74	4.16	-.38	-.55	1.52	-.94	3.56	2.34	-.03	2.46	4.13	3.89	3.94	3.65	4.14	.41	-1.41	.
vv1_2	2.59	2.11	2.03	1.33	2.83	-2.35	-3.25	-2.63	-3.04	.74	-1.75	-3.11	-1.53	2.70	1.85	1.99	1.18	2.67	-1.59	-3.86	-3.

圖 9.14　Pairwise Parameter Comparison

下表是簡化的表，只呈現我們要檢視的測量模式的係數。決斷值（就是交叉格所顯示的統計量）的絕對值均小於 1.96。當顯著水準設為 0.05 時，如果統計量的絕對值大於 1.96，則可解釋為「在 0.05 的顯著水準下，兩組的係數值具有顯著性差異」。當顯著水準設為 0.01 時，如果統計量的絕對值大於 2.58，則可解釋為「在 0.01 的顯著水準下，兩組的係數值具有顯著性差異」。當顯著水準設為 0.001 時，如果統計量的絕對值大於 3.29，則可解釋為「在 0.001 的顯著水準下，有顯著性差異」。

此例的統計量的絕對值為 a1_1 與 a1_2 為−0.70、a2_1 與 a2_2 為 0.58、a3_1 與 a3_2 為−0.25、a4_1 與 a4_2 為 0.15，故我們可結論：「在 0.05 的顯著水準下，均沒有顯著性差異。」換句話說，在兩組之間，「直覺思考」對「問題解決」的影響、「理性情緒」對「問題解決」的影響、「工作挑戰」對「工作滿足」的影響、「同事支援」對「工作滿足」的影響，均無顯著性的差異。

Critical Ratios for Differences between Parameters (Unconstrained)

	a1_1	a2_1	a3_1	a4_1
a1_2	−.70	−2.31	−3.71	−5.63
a2_2	1.86	.58	.36	−1.36
a3_2	2.98	.24	−.25	−3.05
a4_2	4.96	2.67	2.77	.15

Nested Model Comparison：結構模式

接著我們要在 Assuming model measurement weights to be correct（假設測量模式為真的情況下），來檢視結構模式。Structural weights 模式（結構係數模式）的 P=0.47>0.05，表示男女兩組在結構模式係數上無顯著差異。

Assuming model measurement weights to be correct

Model	DF	CMIN	P	NFI Delta-1	IFI Delta-2	RFI rho-1	TLI rho2
Structural weights	1	.52	.47	.00	.00	.00	.00
Structural covariances	2	.87	.65	.00	.00	.00	.00
Structural residuals	3	3.74	.29	.01	.01	.00	.00
Measurement residuals	9	7.73	.56	.02	.02	.00	.00

按[Pairwise Parameter Comparisons]、[Measurements weights]，在 Critical Ratios for Differences between Parameters (Measurement weights)表中，b1_1 與 b1_2 的決斷值是 0.72<1.96（圖 9.15），所以我們可以下結論：在兩組之間，「問題解決」對「工作滿足」的影響無顯著性的差異。

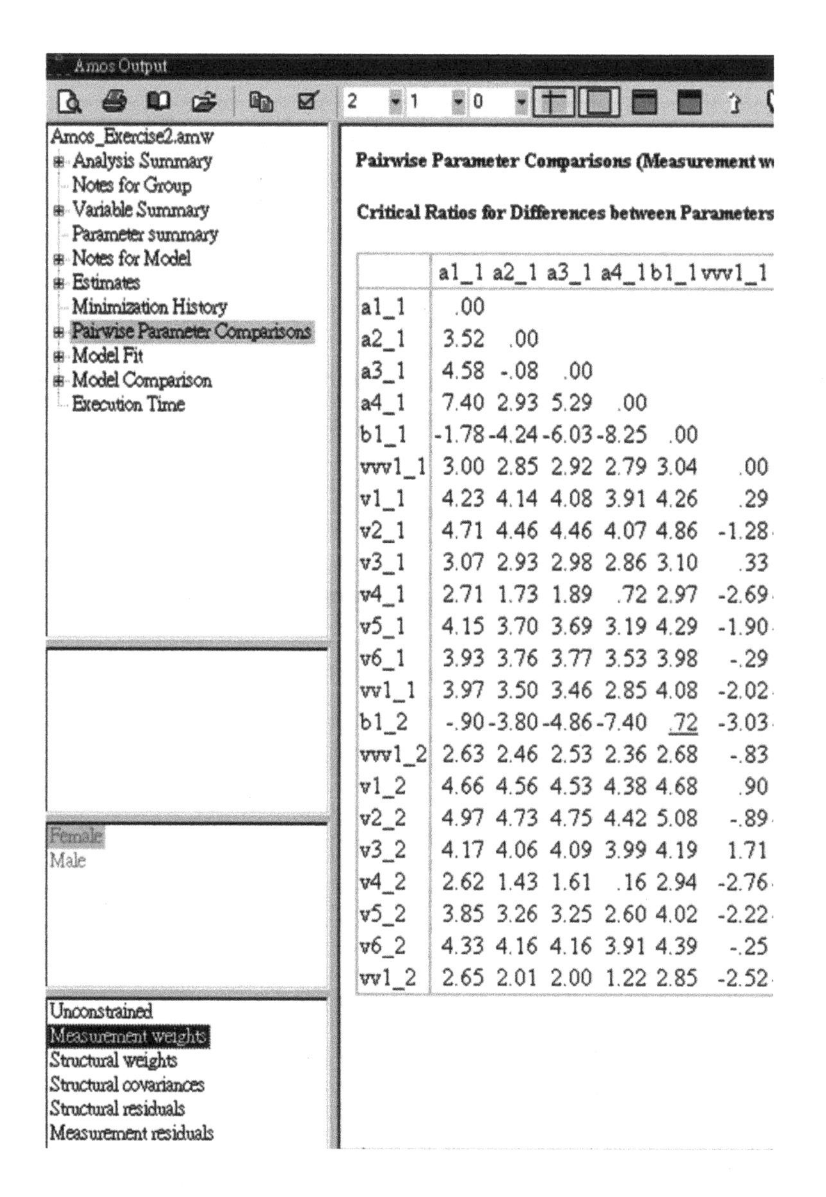

	a1_1	a2_1	a3_1	a4_1	b1_1	vvv1_1
a1_1	.00					
a2_1	3.52	.00				
a3_1	4.58	-.08	.00			
a4_1	7.40	2.93	5.29	.00		
b1_1	-1.78	-4.24	-6.03	-8.25	.00	
vvv1_1	3.00	2.85	2.92	2.79	3.04	.00
v1_1	4.23	4.14	4.08	3.91	4.26	.29
v2_1	4.71	4.46	4.46	4.07	4.86	-1.28
v3_1	3.07	2.93	2.98	2.86	3.10	.33
v4_1	2.71	1.73	1.89	.72	2.97	-2.69
v5_1	4.15	3.70	3.69	3.19	4.29	-1.90
v6_1	3.93	3.76	3.77	3.53	3.98	-.29
vv1_1	3.97	3.50	3.46	2.85	4.08	-2.02
b1_2	-.90	-3.80	-4.86	-7.40	.72	-3.03
vvv1_2	2.63	2.46	2.53	2.36	2.68	-.83
v1_2	4.66	4.56	4.53	4.38	4.68	.90
v2_2	4.97	4.73	4.75	4.42	5.08	-.89
v3_2	4.17	4.06	4.09	3.99	4.19	1.71
v4_2	2.62	1.43	1.61	.16	2.94	-2.76
v5_2	3.85	3.26	3.25	2.60	4.02	-2.22
v6_2	4.33	4.16	4.16	3.91	4.39	-.25
vv1_2	2.65	2.01	2.00	1.22	2.85	-2.52

圖 9.15　Critical Ratios for Differences between Parameters (Measurement weights)

Nested Model Comparison：共變數分析

接著我們可在 Assuming model structural weights to be correct（假設結構模式為真的情況下），來檢視結構模式。Structural covariances 模式（結構共變數模式）的 P=0.55>0.05，表示男女兩組在共變數係數上無顯著差異。

Assuming model structural weights to be correct

Model	DF	CMIN	P	NFI Delta-1	IFI Delta-2	RFI rho-1	TLI rho2
Structural covariances	1	.35	.55	.00	.00	.00	.00
Structural residuals	2	3.23	.20	.01	.01	.01	.01
Measurement residuals	8	7.21	.51	.02	.02	.00	.00

按[Pairwise Parameter Comparisons]、[Structural weights]，在 Critical Ratios for Differences between Parameters (Structural weights)表中，vvv1_1 與 vvv1_2 的決斷值是−0.59<1.96（圖 9.16），所以我們可以下結論：在兩組之間，「問題解決」對「工作滿足」的共變數無顯著性的差異。

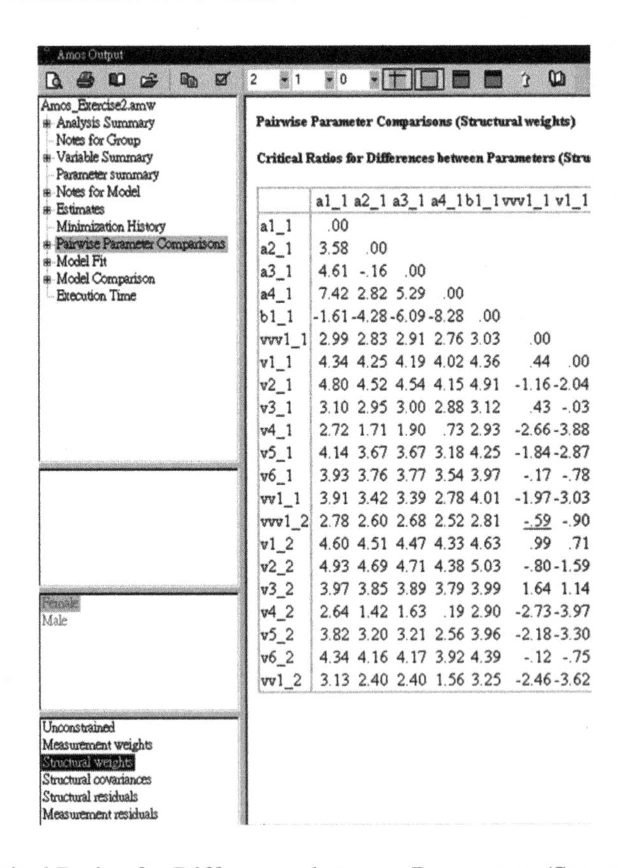

圖 9.16 Critical Ratios for Differences between Parameters (Structural weights)

如果研究者有興趣，可以繼續對殘差進行分析。由於邏輯方法相同，所以本章將不再說明。

第10章 Amos重要課題

AMOS

10.1 遞迴模式與非遞迴模式

在 PA-OV 的路徑分析有兩種應用模式：遞迴模式（recursive model）與非遞迴模式（nonrecursive model）。

遞迴模式與非遞迴模式可用兩個角度來判別：（1）變數之間有無回溯關係；（2）殘差（誤差）之間是否具有殘差相關（disturbance correlation）。表 10.1 顯示了遞迴模式、非遞迴模式的差別。

表 10.1　遞迴模式、非遞迴模式的差別

	遞迴模式	非遞迴模式
變數之間有無回溯關係	無	有
殘差（誤差）之間是否具有殘差相關	無（uncorrelated disturbance）	有（correlated disturbance）

圖 10.1 是以路徑圖的方式來說明遞迴模式、非遞迴模式的差別。

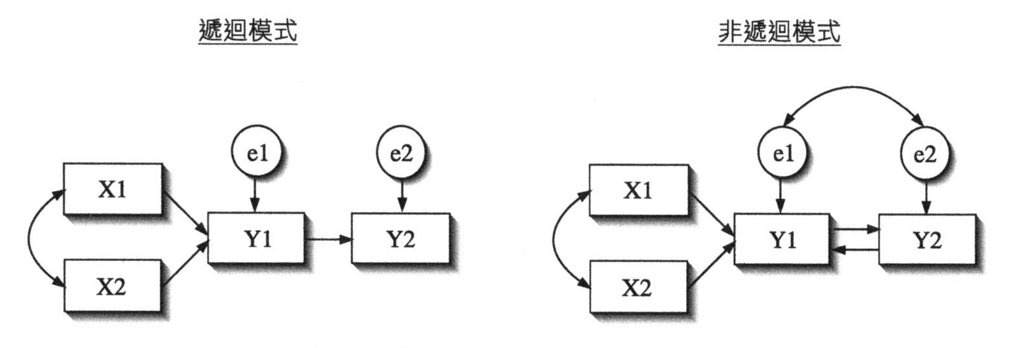

圖 10.1　以路徑圖的方式來說明遞迴模式、非遞迴模式的差別

理論背景

圖 10-1 中可看到，非遞迴模式是 2 個變數（潛在變數）互相影響：Y1 影響 Y2、Y2 影響 Y1。在有關管理的理論中，不乏這種現象。例如，快樂的員工會造成高的生產力，而生產力高的員工會快樂。根據 Bandura（1982）的自我功效理

論（Self-Efficacy Theory），個人對於自己是否能勝任地從事某一行為的信念（稱為自我功效），會決定他是否執行該項行為。[1] 但也有學者主張行為影響信念（做久了、做多了，自然會認同）。同時，根據 Fishbein 和 Ajzen（1975），人們行為的傾向態度是依據他們對行為所產生結果（outcome）的喜好而定。[2]

在非遞迴模式中，2 個變數互為因果。所以我們有必要對因果關係加以了解。

因果式研究

對因果關係所建立的假說需要比描述式研究更為複雜的方法。在因果式研究中，必須假設某一變數 X（例如廣告）是造成另一變數 Y（例如對於水族館的態度）的原因，因此研究者必須蒐集資料以推翻或不推翻（證實）這個假說。同時，研究者也必須控制 X 及 Y 以外的變數。

因果的觀念

二個（或以上）的變數之間具有關係並不能保證這個關係是因果關係（causal）。種瓜得瓜、種豆得豆就是典型的因果關係。胡適說過：「要怎麼收穫（果），先怎麼栽（因）」也是典型的因果關係敘述。因果關係至少表示了二個實體的或驗證的事件的關係（實證是指可以被我們的感官，例如視覺、觸覺或嗅覺等，直接加以測量的現象），但是何者為因，何者為果，有時並不容易判斷及證明。例如，在撞球的遊戲中，我們看到 B 球撞到 C 球，而 C 球應聲落袋，我們不能「證明」B 球「造成」C 球入袋；我們觀察到的只是一連串的事件的一部分，因為 B 球可能是 A 球所造成的結果。

因果關係

要證實 X 與 Y 有因果關係（X 是造成 Y 的因），必須滿足下列三個條件：

（1）X 與 Y 有關係存在。

---

[1] Bandura, A. “Self-efficacy: Toward a Unifying Theory of Behavioral Change,” *Psychological Review*, 84,1(February 1977), 191-215.

[2] Fishbein, M. and Ajzen, I.,“Beliefs, Attitude, Intentions and Behavior: An Introduction to Theory and Research, Addition-Wesley, Boston, MA, 1975.

（2）此種關係是非對稱性的，也就是說，X 的改變會造成 Y 的改變，但是 Y 的改變不會造成 X 的改變。

（3）不論其他的因素產生何種行動，X 的改變會造成 Y 的改變。

一般而言，X（因）發生在Y（果）之前，但是有些定義允許因果同時發生。值得注意的是，沒有任何定義允許「果」發生在「因」之前。因果可具有對稱性的關係，也就是說，二個變數互為因果（X 是 Y 的因，Y 是 X 的果；Y 是 X 的因，X是Y的果）。但是在絕大多數的情況下，因果關係是非對稱性的；在時間上 X 發生在 Y 之前。

我們可以用必要條件（necessary condition）與充分條件（sufficient condition）來看因果關係。如果除非 X 的改變，否則不會造成 Y 的改變，那麼 X 是 Y 的必要條件。如果每次 X 的改變都會造成 Y 的改變，那麼 X 是 Y 的充分條件。

把上述的觀念加以延伸的話，會產生三種組合：（1）X 是 Y 的必要條件，但不是充分條件；（2）X 是 Y 的充分條件，但不是必要條件；（3）X 是 Y 的必要條件及充分條件。

X是Y的必要條件，但不是充分條件。在這種情況之下，X 必須發生在Y 之前，但是只有 X 並不足以造成 Y 的改變。造成 Y 改變的，除了 X 之外還有其他因素。例如，假如研究發現吸菸者罹患肺癌，不吸菸者沒有罹患肺癌，我們可以說吸菸（X）是導致肺癌（Y）的必要條件。如果又有研究發現：並非所有的吸菸者都會罹患肺癌，而居住在空氣污染地區的吸菸者才會罹患肺癌。綜合上述的研究發現，吸菸（X）是罹患肺癌（Y）的部分原因，在與另外一個原因空氣污染（Z）共同發生時，才會產生 Y 的結果（肺癌）。個別原因（X 或 Z）均不能構成充分條件（雖然個別原因都是必要條件）。

X 是 Y 的充分條件，但不是必要條件。我們現在把上述的例子改變一下，認為吸菸（X）本身就會導致肺癌（Y），不需要其他條件，例如空氣污染（Z）的存在。我們再假設，空氣污染（Z）本身也會導致肺癌。然而，這二個因素 X 或 Z 中的任何一個均不是 Y 的必要條件。吸菸並非必要條件，因為肺癌的罹患並不是因為吸菸所造成的（而是因為空氣污染所造成的）；也不是因為空氣污染所造成的（而是因為吸菸所造成的）。這二個因素 X 與 Z 中必須有一個成立。所以我們可以說，X 或 Z 是造成 Y 的擇一原因（alternative cause），而不是部分原因，因為 X 或 Z 本身就能充分地造成 Y 的結果。

X 是 Y 的必要條件及充分條件。這是因果關係中最為密切、最為理想的狀況。在這種情況下，除非 X 成立，否則 Y 從來不會成立，而且只要 X 成立，Y 永遠會成立。X 是造成 Y 的完全的、唯一的原因。引用先前所舉的例子，如果吸菸是造成罹患肺癌的充分條件、必要條件（可簡稱充要條件），那麼所有的吸菸者都會罹患肺癌，而非吸菸者都不會。由於 X 是必要條件，因此就可能沒有其他的原因；而且由於X是充分條件，因此它就是完全的（而不是部分的）原因。

在企業研究中，我們在建立因果關係時，常常會造成很大的困難。我們常將不是原因的變數視為原因，因此造成結果解釋上的偏差。再說，在企業研究中，我們所用的蒐集資料方法大都是調查法，而用調查法很難判斷哪一個因素為因，哪一個因素為果，因此我們不得不將之單純化（將二個變數視為對稱性，而非因果性）。要確認因果關係最好的方法是實驗法。

研究問題與架構

如前所述，Nonrecursive Model（非遞迴模式）或可逆模式的變數之間有回溯關係，殘差（誤差）之間具有殘差相關（disturbance correlation）。我們現在舉個例子說明Nonrecursive Model。資料檔是Nonrecursive.sav。Amos檔的位置：...\Chap10\Nonrecursive.AMW。

研究者企圖發現：（1）推薦介紹對顧客忠誠是否具有顯著影響；（2）顧客關係、服務品質、品牌資產是否對顧客滿意具有顯著影響；（3）顧客忠誠對顧客滿意是否具有顯著影響；（4）顧客滿意對顧客忠誠是否具有顯著影響。

Nonrecursive Model如圖 10.2 所示，可看到顧客忠誠與顧客滿意具有非遞迴現象。

資料檔是以相關係數矩陣來建立，換言之，Amos 讀取的是相關係數矩陣的資料值，如圖 10.3 所示。

執行結果與報表解讀

經執行後，所產生的路徑係數，如圖 10.4 所示。

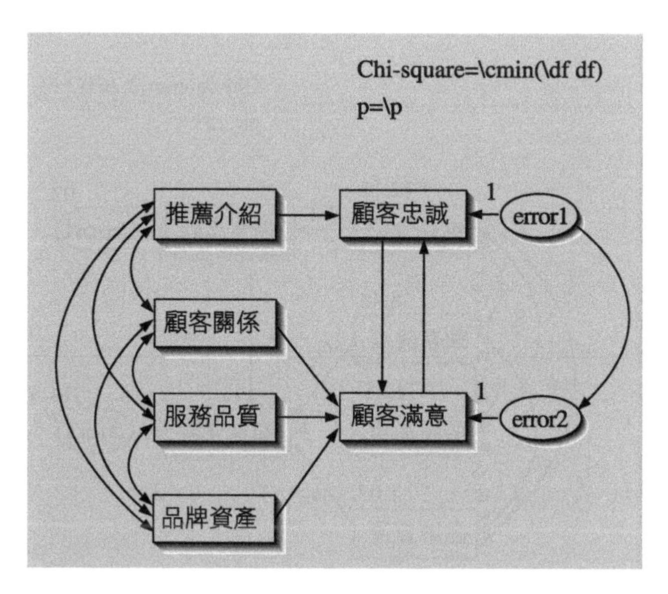

圖 10.2　非遞迴模式觀念架構（路徑圖）

Nonrecursive.sav - SPSS Data Editor

File Edit View Data Transform Analyze Graphs Utilities Window Help

1 : rowtype_　n

	rowtype_	varname_	顧客忠誠	顧客滿意	推薦介紹	顧客關係	服務品質	品牌資產
1	n		209.00	209.00	209.00	209.00	209.00	209.00
2	corr	顧客忠誠	1.00	.	.	.	.	.
3	corr	顧客滿意	.50	1.00	.	.	.	.
4	corr	推薦介紹	.49	.32	1.00	.	.	.
5	corr	顧客關係	.10	-.03	.18	1.00	.	.
6	corr	服務品質	.04	-.16	-.10	.34	1.00	.
7	corr	品牌資產	.09	.43	.15	-.16	-.27	1.00
8	stddev		.16	.49	3.49	2.91	19.32	1.01
9	mean		.12	.42	10.34	.00	94.13	2.65
10								

圖 10.3　非遞迴模式資料檔

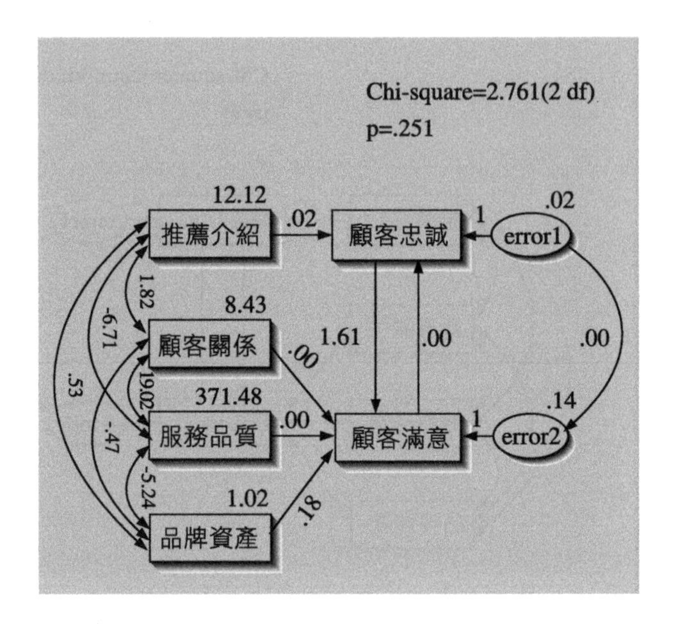

圖 10.4　路徑係數

執行分析之後，輸出報表如下：

Result (Default model)

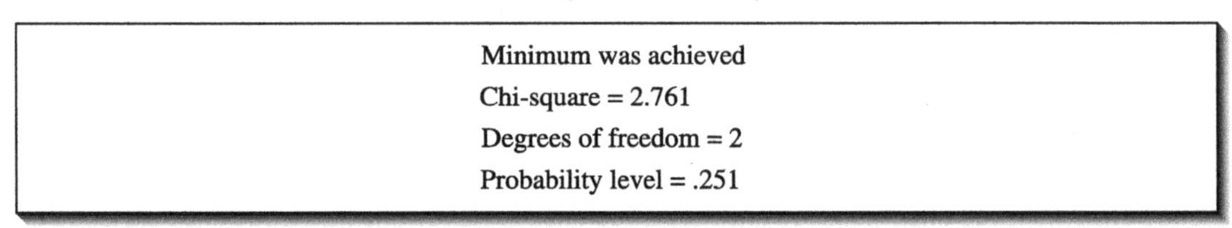
Minimum was achieved
Chi-square = 2.761
Degrees of freedom = 2
Probability level = .251

Chi-square=2.761、Probability level=0.251 值大於 0.05，可知不應棄卻此模式。

CMIN

Model	NPAR	CMIN	DF	P	CMIN/DF
Default model	19	2.761	2	.251	1.381
Saturated model	21	.000	0		
Independence model	6	228.800	15	.000	15.253

CMIN=2.761，模式與資料配合適度。

RMR、GFI

Model	RMR	GFI	AGFI	PGFI
Default model	.102	.996	.954	.095
Saturated model	.000	1.000		
Independence model	4.582	.731	.624	.522

由以上預設模式的RMR、GFI、AGFI、PGFI值可知，模式與資料配合適度。

Regression Weights: (Group number 1 - Default model)

Regression Weights: (Group number 1 - Default model)

			Estimate	S. E.	C. R.	P	Label
顧客忠誠	←	推薦介紹	.02	.00	6.24	***	
顧客滿意	←	顧客關係	.00	.01	.05	.96	
顧客滿意	←	服務品質	.00	.00	−1.32	.19	
顧客滿意	←	品牌資產	.18	.03	6.44	***	
顧客滿意	←	顧客忠誠	1.61	.35	4.60	***	
顧客忠誠	←	顧客滿意	.00	.05	−.04	.97	

從 Regression weights 表中，達到顯著性的分別為：

顧客忠誠←推薦介紹
顧客滿意←品牌資產
顧客滿意←顧客忠誠

因此我們可以結論道：推薦介紹對顧客忠誠具有顯著影響、品牌資產對顧客滿意具有顯著影響、顧客忠誠對顧客滿意具有顯著影響。顧客忠誠對顧客滿意有顯著影響，但顧客滿意對顧客忠誠的影響並不顯著，所以這個模式的「非遞迴現象」是不存在的。從這裡我們也可以這樣推論：滿意的顧客未必忠誠，而忠誠的顧客必定滿意。

10.2 直接效果與間接效果

路徑圖：...\Chap10\直接效果與間接效果.AMW，資料檔：...\Chap10\直接效果與間接效果.SPSS Data Document。

直接效果（direct effect）是某一變數對另一變數的直接影響，如圖10.5的「客觀環境」對「內部服務品質」的影響。間接效果（indirect effect）是某一變數透過某一中介變數對另一變數的直接影響，如圖10.5的「客觀環境」透過「工作滿意度」對「內部服務品質」的影響。總效果（total effect）等於直接效果加上間接效果。

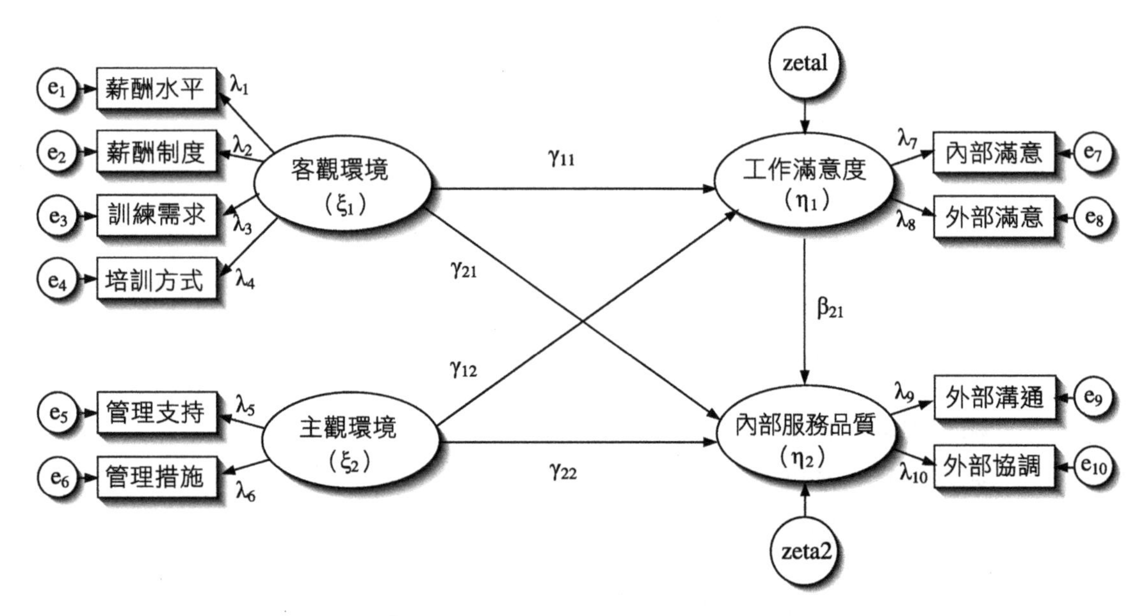

圖10.5 「直接效果與間接效果」研究的路徑圖

其計算的方式是：

直接效果：γ_{21}
間接效果：$\gamma_{11} * \beta_{21}$
總效果：$\gamma_{21} + (\gamma_{11} * \beta_{21})$

在管理或策略上的意涵是這樣的：如果直接效果＞間接效果，表示中介變數不發揮作用，管理者可忽略此中介變數；如果直接效果＜間接效果，表示中介變數具有影響力，管理者要重視此中介變數。研究者有興趣了解客觀環境對內部服務品質的直接效果與間接效果（透過工作滿意度），以決定工作滿意度是否為獲得內部服務品質的關鍵因素（重要的中介變數）。中介變數（intervening variable）與干擾變數（distorter）常混淆了許多研究者，詳細的說明可參考附錄10.1。

在Amos中，按[View]、[Analysis Properties]，在「Analysis Properties」視窗中，按[Output]，勾選「Indirect, Direct and Total Effects」，如圖 10.6 所示。接著執行（Ctrl+F9）、看輸出結果（F10）。

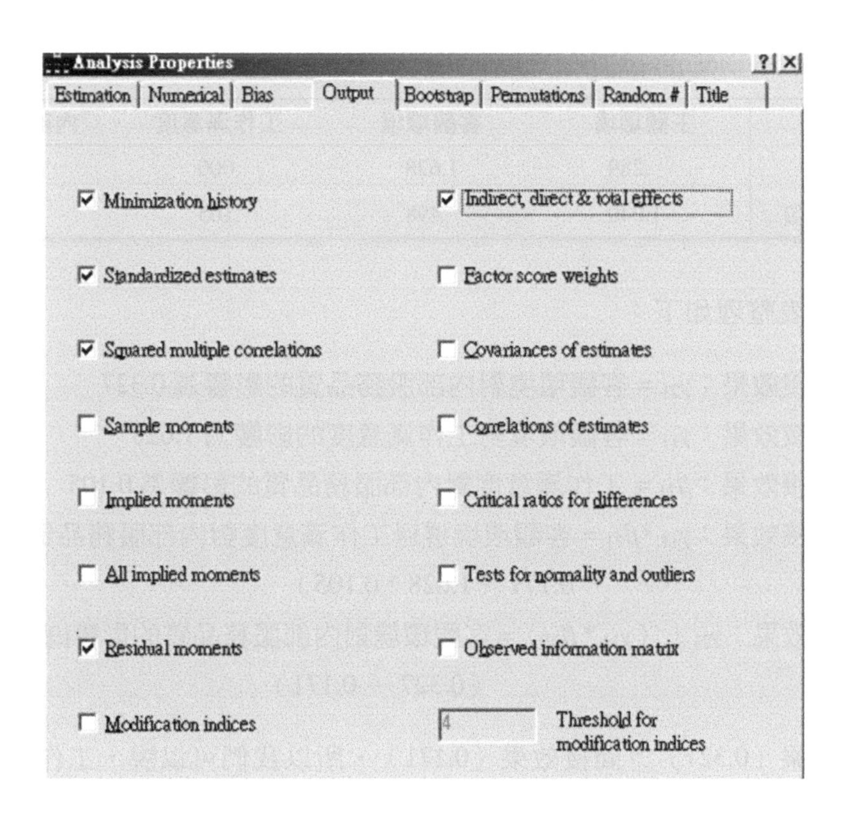

圖 10.6　勾選「Indirect, direct & total effects」

以下是簡化的輸出結果：

Standardized Direct Effects (Group number 1 - Default model)

	主觀環境	客觀環境	工作滿意度	內部服務品質
工作滿意度	.289	1.628	.000	.000
內部服務品質	−1.070	.327	.105	.000

Standardized Indirect Effects (Group number 1 - Default model)

	主觀環境	客觀環境	工作滿意度	內部服務品質
工作滿意度	.000	.000	.000	.000
內部服務品質	.030	.171	.000	.000

Standardized Total Effects (Group number 1 - Default model)

	主觀環境	客觀環境	工作滿意度	內部服務品質
工作滿意度	.289	1.628	.000	.000
內部服務品質	−1.040	.498	.105	.000

茲將上表整理如下：

直接效果：γ_{21} = 客觀環境對內部服務品質的影響為 0.327
直接效果：γ_{11} = 客觀環境對工作滿意度的影響為 1.628
直接效果：β_{21} = 工作滿意度對內部服務品質的影響為 0.105
間接效果：$\gamma_{11} * \beta_{21}$ = 客觀環境透過工作滿意度對內部服務品質的影響為 0.171（1.628 * 0.105）
總效果：$\gamma_{21} + (\gamma_{11} * \beta_{21})$ = 客觀環境對內部服務品質的影響總效果為 0.498（0.327 + 0.171）

直接效果（0.327）＞間接效果（0.171），所以我們可以說，工作滿意度並不是客觀環境影響內部服務品質的關鍵因素。換句話說，工作滿意度這個中介變數並不能發揮影響作用。

10.3 Bootstrap

如前述，Amos會做以下的假設：（1）觀察值獨立。也就是甲樣本的選取獨立於乙樣本，換句話說，就是樣本的選取是隨機的；（2）觀察變數必須滿足常態分配的要求。如果無法滿足這二個前提假設，研究者就要使用Bootstrap（資料複製）。Bootstrap 是由 Enfron（1982）所發展，在估計參數的樣本統計量分配上是一個強而有力的工具。[3]

所謂Bootstrap sample是指以原來的樣本為抽樣的母群體，採用置還隨機抽樣法，抽取同一大小的樣本，如此重複此步驟所獲得的樣本稱為Bootstrap sample或multiple subsamples of the same size（同樣大小的多個次樣本）。接著進行每一Bootstrap sample 的參數估計，最後計算出每一參數的平均值與標準誤。[4]

按[New]、[Analyze Properties]，在「Analyze Properties」視窗中，按[Bootstrap]，然後勾選「Perform bootstrap」，進行200個 Bootstrap sample 的參數估計。估計的方法是 Bootstrap ML（Maximum Likelihood，最大概似法），如圖 10.7 所示。如果我們點選所有的估計方法，就可以比較不同估計方法所產生的係數值。

讀者可在 Amos 開啟 Amos_Exercise1.AMW，資料檔為 Amos_Exercise1.SPSS Data Document。利用 Bootstrap 的方法看出結果，並與第 6 章的結果做比較。

值得注意的是，如果以共變數矩陣的形式讀入資料，必須要在「Analyze Properties」視窗中，按[Monte Carlo(parametric bootstrap)]，否則 Amos 會提出下列的警告（圖 10.8）。如果用Bootstrap而不用Monte Carlo法的話，就必須以原始資料作為資料輸入檔。

讀者可在Amos開啟bootstrap.AMW，資料檔為nonrecursive.SPSS Data Document。利用 Bootstrap 的方法看出結果，並與本章 10.1 節的結果做比較。

---

[3] B. Efron, *Bootstrap Methods: Another Look at the Jackknife*, (Annals of Statistics, 1979) , Vol. 7, pp. 1-26. Bootstrapping 原意為（長統靴的）拔靴帶，但英文中 live (raise) oneself by one's own bootstraps 有「自力更生」的意思，所以我們可以引申為「突破限制，以求解答」。

[4] 李茂能，《結構方程模式軟體 Amos》（台北：心理出版社，2006），頁 344。

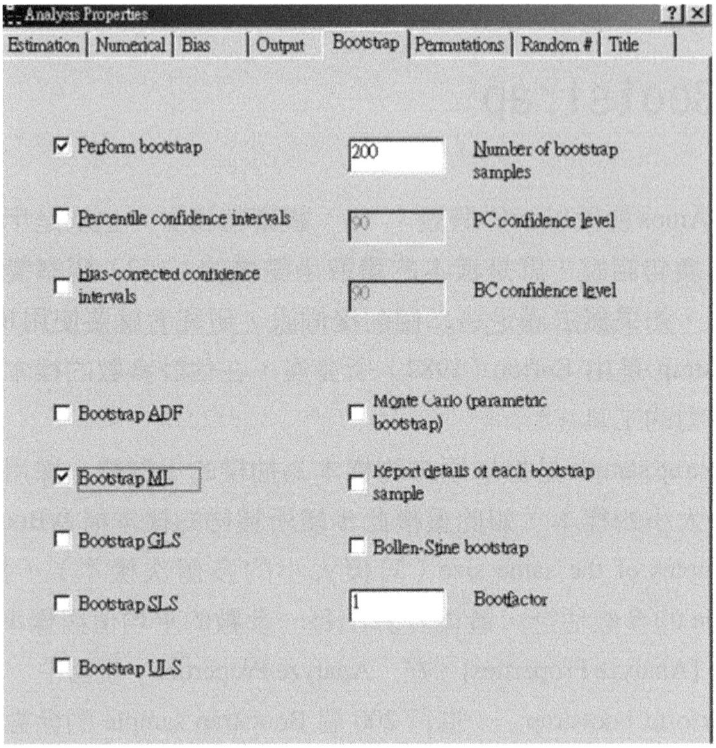

Analysis Properties

Estimation | Numerical | Bias | Output | Bootstrap | Permutations | Random # | Title

☑ Perform bootstrap — 200 — Number of bootstrap samples

☐ Percentile confidence intervals — 90 — PC confidence level

☐ Bias-corrected confidence intervals — 90 — BC confidence level

☐ Bootstrap ADF — ☐ Monte Carlo (parametric bootstrap)

☑ Bootstrap ML — ☐ Report details of each bootstrap sample

☐ Bootstrap GLS — ☐ Bollen-Stine bootstrap

☐ Bootstrap SLS — 1 — Bootfactor

☐ Bootstrap ULS

圖 10.7　Bootstrap 的設定

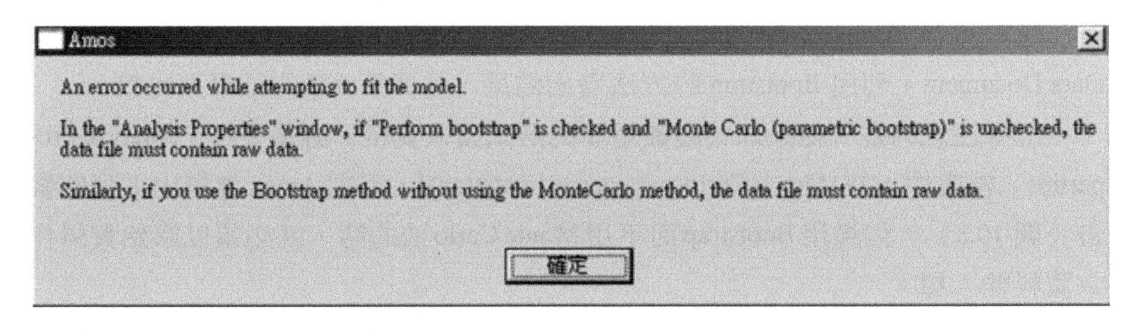

圖 10.8　Amos 提出的警告

10.4　自動產生程式

Amos 具有自動產生程式碼的功能。開啟...\Chap10\ Amos_Exercise1.AMW，在

工具列 Tools 項下按[Write a Program]，在「Write a Program」視窗內選擇「Sem.path "v1", "F1"」，如圖 10.9 所示。以下資料檔，本書三版與四版共用。

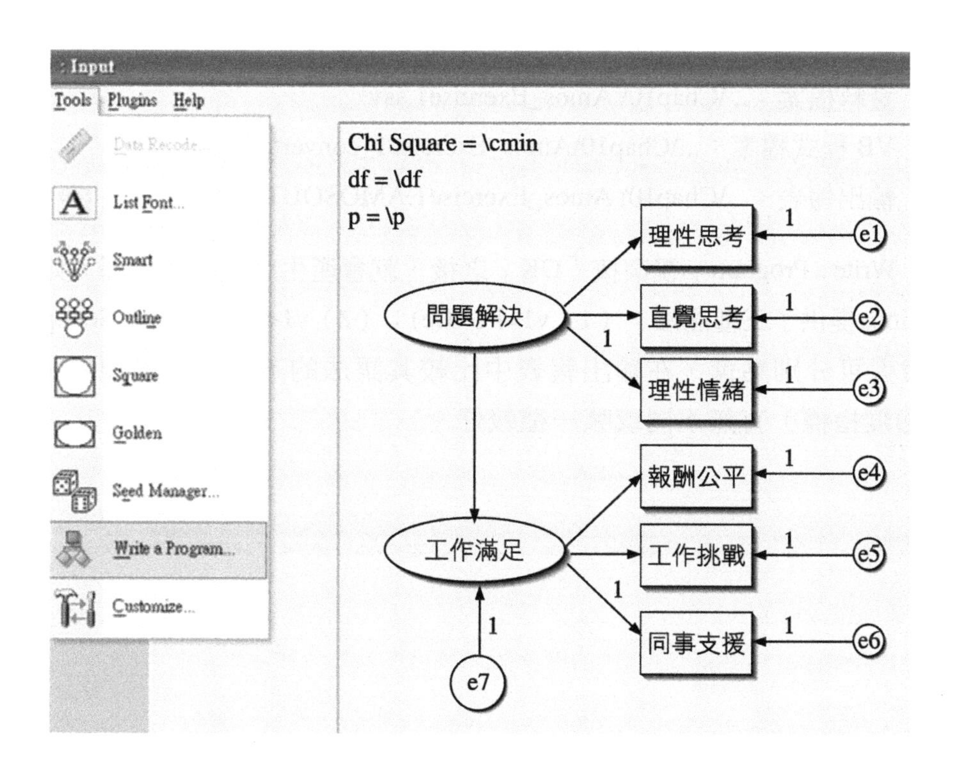

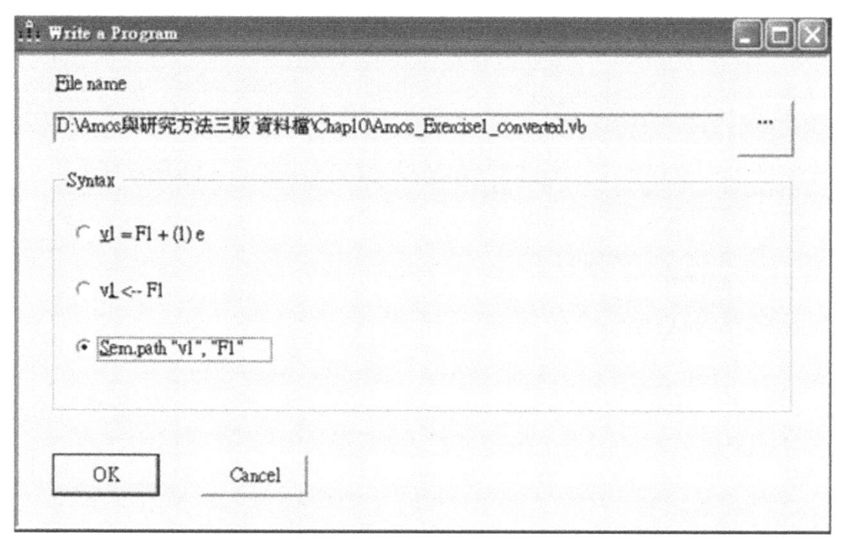

圖 10.9 「Write a Program」視窗

路徑圖及 Amos Basic 程式

路徑圖檔案：...\Chap10\ Amos_Exercise1.AMW
資料檔案：...\Chap10\ Amos_Exercise1.sav
VB 程式檔案：...\Chap10\Amos_Exercise1_converted.vb
輸出報表：...\Chap10\ Amos_Exercise1.AMOSOUTPUT

在「Write a Program」視窗按「OK」之後，就會產生完整的程式碼，如圖 10.10 所示。Amos提供了三種語法：（1）v1=F1+1(e)；（2）v1<--F1；（3）Sem.path "v1", "F1"。讀者可分別點選，在輸出報表中比較其語法的不同，並檢視結果（路徑值、配適度指標）有無不同或哪一種較好。

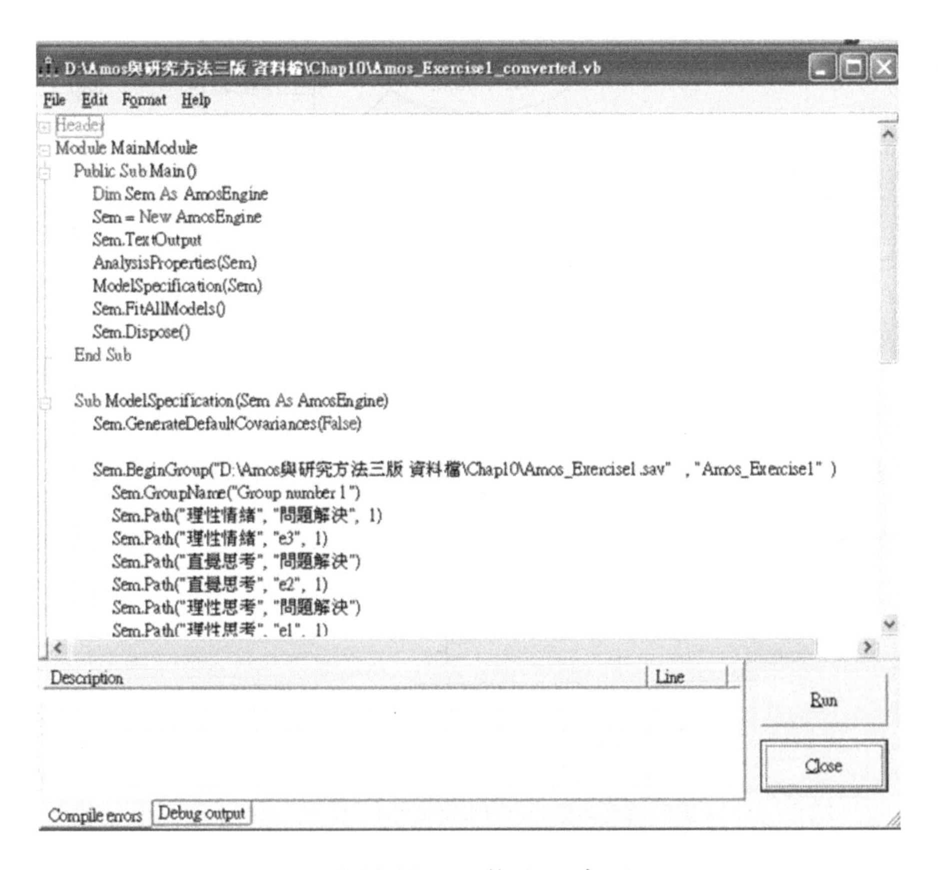

圖 10.10　完整的程式碼

在圖 10.10 的視窗內按[Run]，Amos 就開始執行（圖 10.11 左），然後產生輸出報表（圖 10.11 右）。

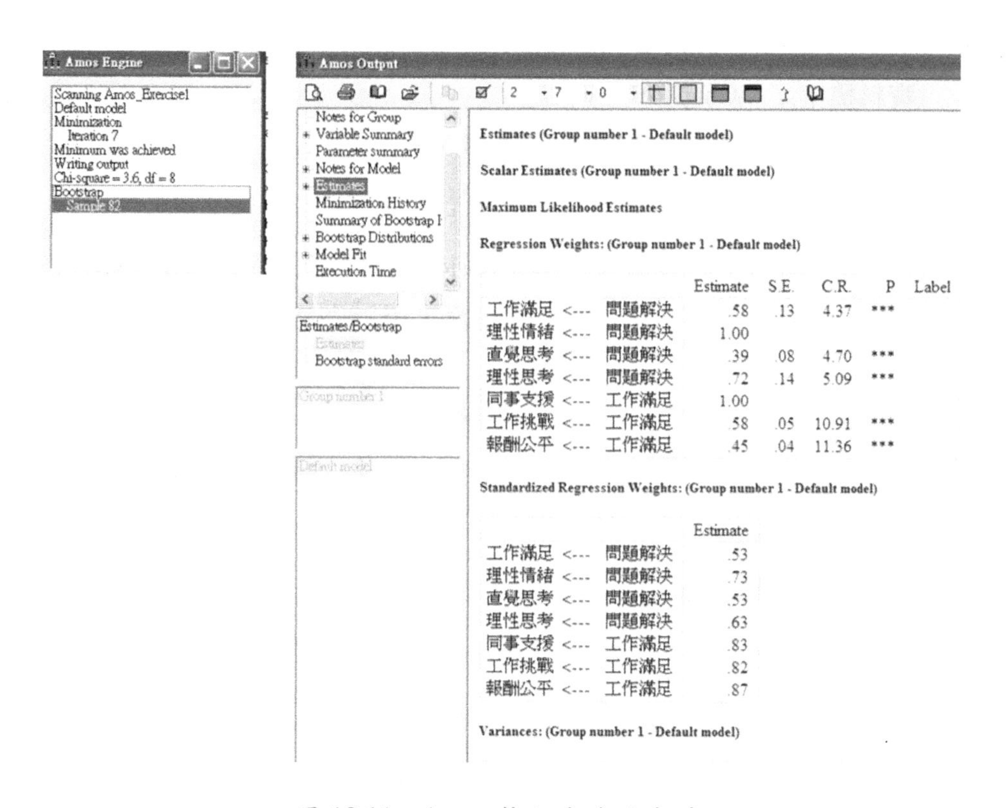

圖 10.11　Amos 執行與產生報表

10.5 Amos Basic 程式說明

現在我們舉兩個例子說明Amos Basic程式的構成；我們可從這兩個例子中了解 Amos Basic 程式的語法。Amos Basic 並不難學習及了解。

例一

研究者固然可以用繪圖的方式，經執行後產生路徑係數，同時也可用撰寫 Amos Basic 的方式來產生輸出結果。我們現在舉例說明。

路徑圖及 Amos Basic 程式

VB 程式檔案：...\Chap10\Basic_1.vb。
資料檔案：...\Chap10\Basic_1.csv
路徑圖檔案：...\Chap10\Basic_1.AMW。
輸出報表：...\Chap10\Basic_1.AMOSOUTPUT。

圖 10.12 同時顯示了路徑圖及 Amos Basic 程式（請注意，在實際執行時路徑圖與程式不會同時顯示，為了便於參照閱讀，所以在這裡同時顯示）。

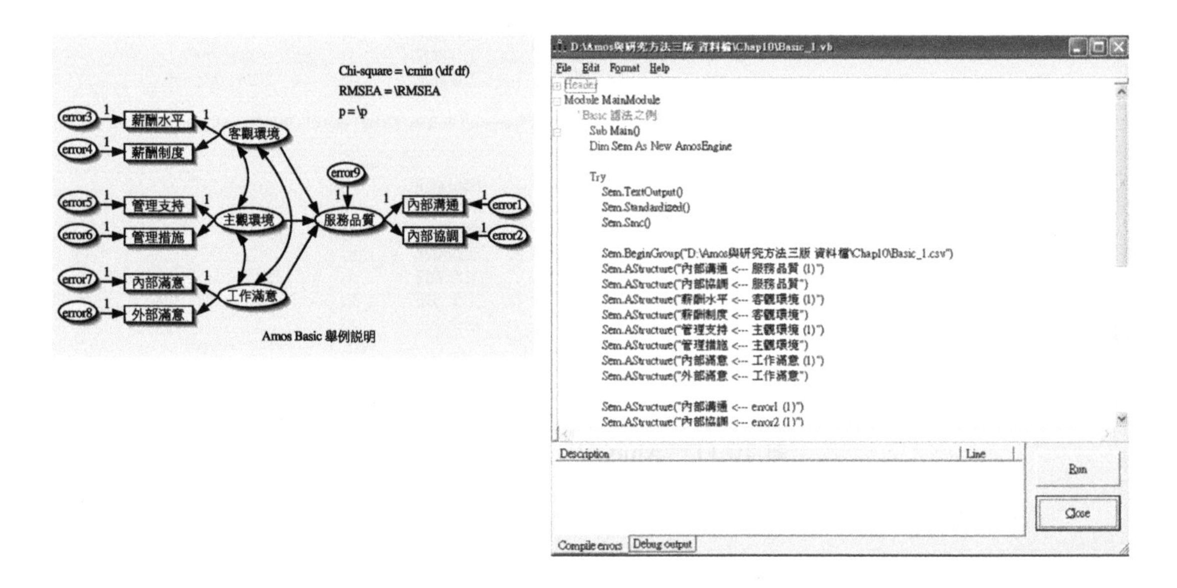

圖 10.12　Amos Basic 例一的路徑圖及程式

在Windows內，按 [開始]、[所有程式]、[IBM SPSS Statistics]、[IBM SPSS Amos 19]、[User-Defined Estimands]，在出現的「Unnamed.vb」視窗內開始撰寫程式。或者按 [File]、[Open]，讀取舊程式。

茲將程式說明如下：

原程式	說明
#Region "Header"	
Imports System	匯入有關程式
Imports System.Diagnostics	
Imports Microsoft.VisualBasic	
Imports AmosEngineLib	
Imports AmosGraphics	
Imports AmosEngineLib.AmosEngine.TMatrixID	
Imports PBayes	
#End Region	
Module MainModule	
' Basic 語法之例：	加「'」號表示註解說明，程式不會執行
Sub Main()	程式開始
Dim Sem As New AmosEngine	定義「Sem」為「新 AmosEngine」
Try	
Sem.TextOutput()	產生文字輸出
Sem.Standardized()	產生所有參數的標準差
Sem.Smc()	產生所有參數的「Smc」（squared multiple correlations），即相關係數平方（或判定係數）
Sem.BeginGroup("D:\Amos 與研究方法四版資料檔\Chap10\Basic_1.csv")	讀入「Basic_1.csv」資料檔（註：要注意檔案的資料夾位置，如果讀者存放資料的位置不同，要做適當的修改）
Sem.AStructure("內部溝通 ← 服務品質（1）")	建立潛在變數「服務品質」與預測變數「內部溝通」的關係，並加以等化（可參考第 6 章 6.3 節對等化的說明）
Sem.AStructure("內部協調 ← 服務品質")	建立潛在變數「服務品質」與預測變數「內部協調」的關係
Sem.AStructure("薪酬水平 ← 客觀環境（1）")	建立潛在變數「客觀環境」與預測變數「薪酬水平」的關係，並加以等化
Sem.AStructure("薪酬制度 ← 客觀環境")	建立潛在變數「客觀環境」與預測變數「薪酬制度」的關係
Sem.AStructure("管理支持 ← 主觀環境（1）")	建立潛在變數「主觀環境」與預測變數「管理支持」的關係，並加以等化
Sem.AStructure("管理措施 ← 主觀環境")	建立潛在變數「主觀環境」與預測變數「管理措施」的關係
Sem.AStructure("內部滿意 ← 工作滿意（1）")	建立潛在變數「工作滿意」與預測變數「內部滿意」的關係，並加以等化

原程式	說明
Sem.AStructure("外部滿意 ← 工作滿意")	建立潛在變數「工作滿意」與預測變數「外部滿意」的關係
Sem.AStructure("內部溝通 ← error1（1）")	建立預測變數「內部溝通」的誤差變數 error1
Sem.AStructure("內部協調 ← error2（1）")	建立預測變數「內部協調」的誤差變數 error2
Sem.AStructure("薪酬水平 ← error3（1）")	建立預測變數「薪酬水準」的誤差變數 error3
Sem.AStructure("薪酬制度 ← error4（1）")	建立預測變數「薪酬制度」的誤差變數 error4
Sem.AStructure("管理支持 ← error5（1）")	建立預測變數「管理支持」的誤差變數 error5
Sem.AStructure("管理措施 ← error6（1）")	建立預測變數「管理措施」的誤差變數 error6
Sem.AStructure("內部滿意 ← error7（1）")	建立預測變數「內部滿意」的誤差變數 error7
Sem.AStructure("外部滿意 ← error8（1）")	建立預測變數「外部滿意」的誤差變數 error8
Sem.AStructure("服務品質 ← 客觀環境")	建立潛在變數「服務品質」與潛在變數「客觀環境」的關係
Sem.AStructure("服務品質 ← 工作滿意")	建立潛在變數「服務品質」與潛在變數「工作滿意」的關係
Sem.AStructure("服務品質 ← 主觀環境")	建立潛在變數「服務品質」與潛在變數「主觀環境」的關係
Sem.AStructure("服務品質 ← error9（1）")	建立潛在變數「服務品質」的誤差變數 error9
Sem.FitModel()	執行函數 FitModel
Finally	
Sem.Dispose()	
End Try	
End Sub	
End Module	程式結束

執行

程式撰寫完成，語法檢查無誤之後，便可按 [File]、[Run]，以執行此程式，或者圖 10.12 右下角的「Run」執行。

輸出報表

執行之後所產生的輸出報表如圖 10.13 所示。限於篇幅，此報表只顯示參數估計的部分。從這裡我們可以了解，如果多加練習，便能得心應手。

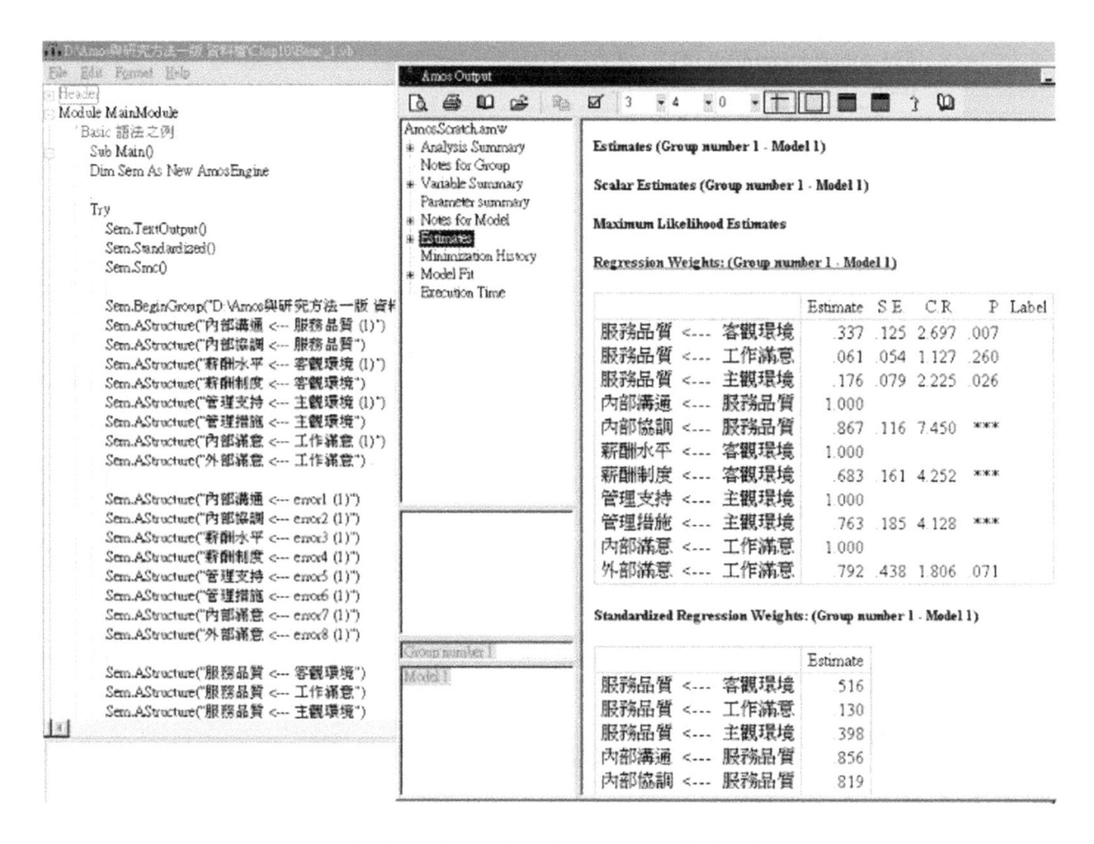

			Estimate	S.E.	C.R.	P	Label
服務品質	<---	客觀環境	.337	.125	2.697	.007	
服務品質	<---	工作滿意	.061	.054	1.127	.260	
服務品質	<---	主觀環境	.176	.079	2.225	.026	
內部溝通	<---	服務品質	1.000				
內部協調	<---	服務品質	.867	.116	7.450	***	
薪酬水平	<---	客觀環境	1.000				
薪酬制度	<---	客觀環境	.683	.161	4.252	***	
管理支持	<---	主觀環境	1.000				
管理措施	<---	主觀環境	.763	.185	4.128	***	
內部滿意	<---	工作滿意	1.000				
外部滿意	<---	工作滿意	.792	.438	1.806	.071	

			Estimate
服務品質	<---	客觀環境	.516
服務品質	<---	工作滿意	.130
服務品質	<---	主觀環境	.398
內部溝通	<---	服務品質	.856
內部協調	<---	服務品質	.819

圖 10.13　Amos Basic 例一的輸出結果

例二—Bootstrap

路徑圖及 Amos Basic 程式

VB 程式檔案：...\Chap10\Basic_2.vb。
資料檔案：...\Chap10\Basic_2.sav
路徑圖檔案：...\Chap10\Basic_2.AMW。
輸出報表：...\Chap10\Basic_2.AMOSOUTPUT。

圖 10.14 同時顯示了路徑圖及 Amos Basic 程式。

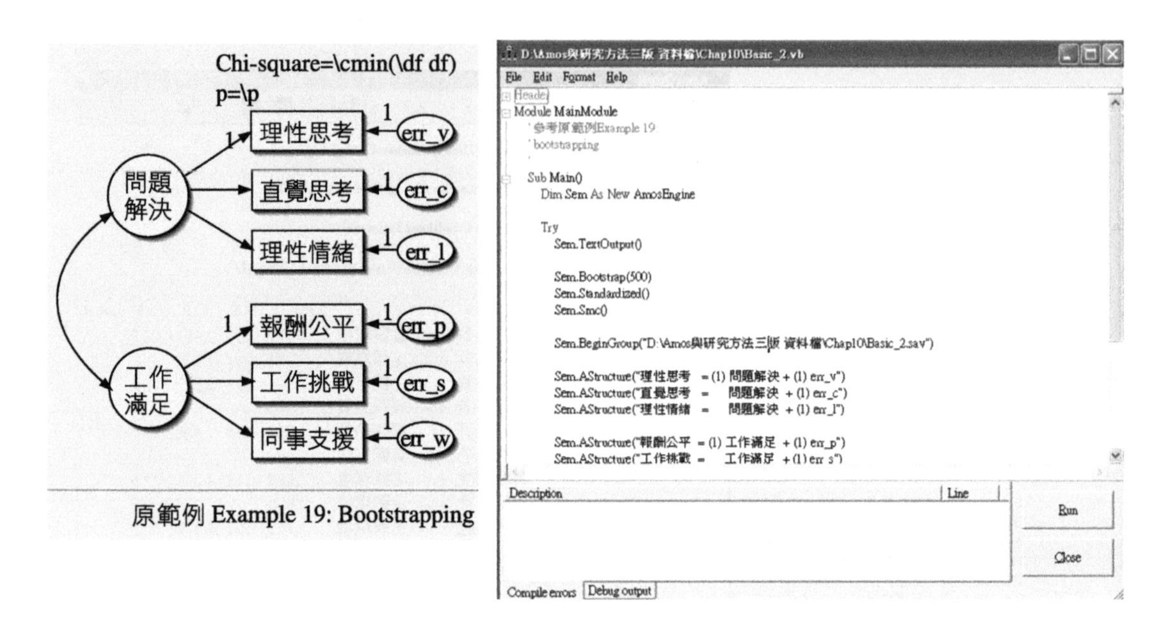

圖 10.14　Amos Basic 例二的路徑圖及程式

值得注意的是，Bootstrap的程式寫法與上述的一般形式稍有不同。茲將程式說明如下：

原程式	說明
#Region "Header"	
Imports System	匯入有關程式
Imports System.Diagnostics	
Imports Microsoft.VisualBasic	
Imports AmosEngineLib	
Imports AmosGraphics	
Imports AmosEngineLib.AmosEngine.TMatrixID	
Imports PBayes	
#End Region	
Module MainModule	
'參考原範例 Example 19:	加「'」號表示註解說明，程式不會執行
' bootstrapping	
'	
Sub Main()	程式開始
Dim Sem As New AmosEngine	定義「Sem」為「新 AmosEngine」

原程式	說明
Try	
Sem.TextOutput()	產生文字輸出
Sem.Bootstrap(500)	將 Bootstrap 樣本數設為 500
Sem.Standardized()	產生所有參數的標準差
Sem.Smc()	產生所有參數的「Smc」（squared multiple correlations），即相關係數平方（或判定係數）
Sem.BeginGroup("D:\Amos 與研究方法四版資料檔\Chap10\Basic_2.sav")	讀入「Basic_2.sav」SPSS 資料檔
Sem.AStructure("理性思考 =（1）問題解決+（1）err_v")	建立潛在變數「問題解決」與觀察變數「理性思考」、誤差變數 err_v 的關係
Sem.AStructure("直覺思考 = 問題解決 +（1）err_c")	建立潛在變數「問題解決」與觀察變數「直覺思考」、誤差變數 err_c 的關係
Sem.AStructure("理性情緒 = 問題解決 +（1）err_l")	建立潛在變數「問題解決」與觀察變數「理性情緒」、誤差變數 err_l 的關係
Sem.AStructure("報酬公平 =（1）工作滿足 +（1）err_p")	建立潛在變數「工作滿足」與觀察變數「報酬公平」、誤差變數 err_p 的關係
Sem.AStructure("工作挑戰 = 工作滿足 +（1）err_s")	建立潛在變數「工作滿足」與觀察變數「工作挑戰」、誤差變數 err_s 的關係
Sem.AStructure("同事支援 = 工作滿足 +（1）err_w")	建立潛在變數「工作滿足」1與觀察變數「同事支援」、誤差變數 err_w 的關係
	執行 FitModel 函數
Sem.FitModel()	
Finally	
Sem.Dispose()	
End Try	
End Sub	
End Module	程式結束

輸出報表

執行之後所產生的輸出報表如圖 10.15 所示。限於篇幅，此報表只顯示參數估計的部分。

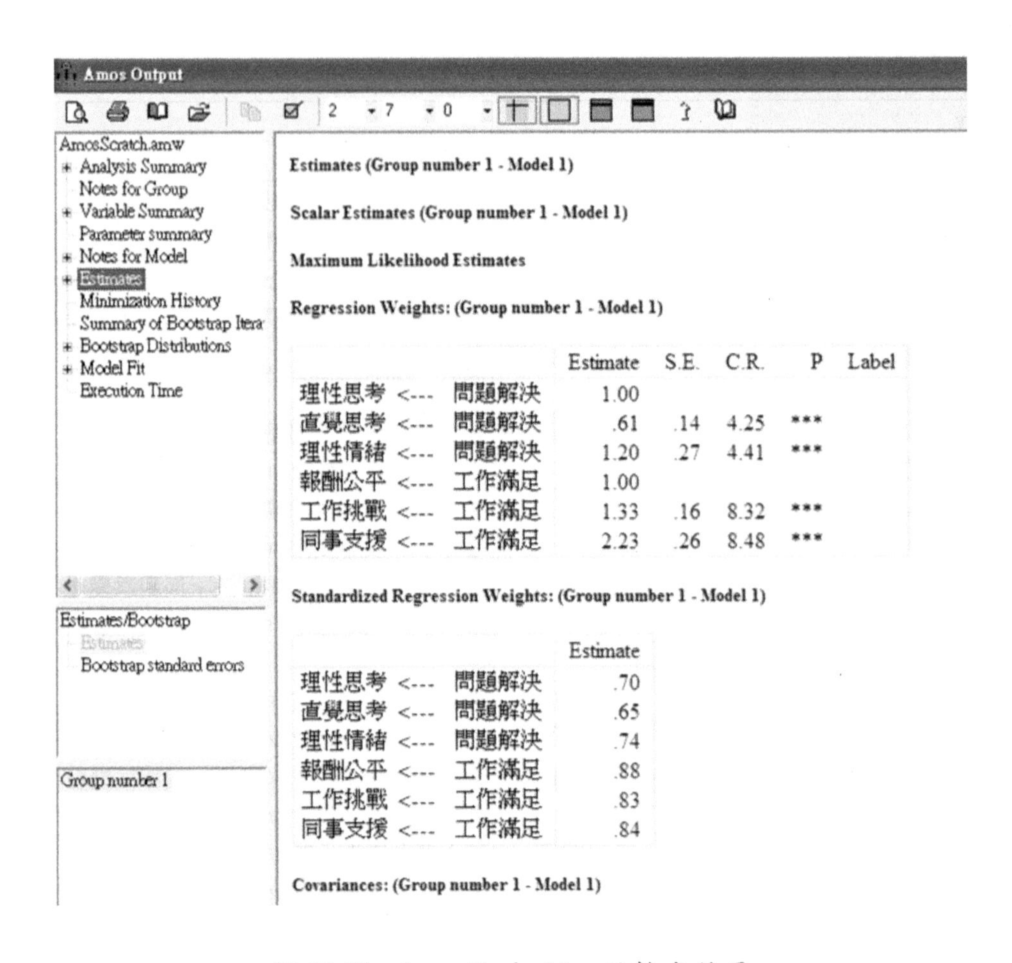

Estimates (Group number 1 - Model 1)

Scalar Estimates (Group number 1 - Model 1)

Maximum Likelihood Estimates

Regression Weights: (Group number 1 - Model 1)

			Estimate	S.E.	C.R.	P	Label
理性思考	<---	問題解決	1.00				
直覺思考	<---	問題解決	.61	.14	4.25	***	
理性情緒	<---	問題解決	1.20	.27	4.41	***	
報酬公平	<---	工作滿足	1.00				
工作挑戰	<---	工作滿足	1.33	.16	8.32	***	
同事支援	<---	工作滿足	2.23	.26	8.48	***	

Standardized Regression Weights: (Group number 1 - Model 1)

			Estimate
理性思考	<---	問題解決	.70
直覺思考	<---	問題解決	.65
理性情緒	<---	問題解決	.74
報酬公平	<---	工作滿足	.88
工作挑戰	<---	工作滿足	.83
同事支援	<---	工作滿足	.84

Covariances: (Group number 1 - Model 1)

圖 10.15　Amos Basic 例二的輸出結果

附錄 10.1　變數之間的關係

偽關係（或有無中介變數存在）

我們有時候會先入為主地認為二個變數之間有著明顯的關係存在，但在仔細推敲之後，發現這二個變數並不會互相影響。如果我們發現城市的動物園大小與犯罪率有正相關，我們可以認為，獅子、老虎是造成犯罪率的主因嗎？我們會做出這麼奇怪的結論，是因為我們沒有考慮到第三個變數（城市大小）。由於城市大小與動物園大小、城市大小與犯罪率高低之間均有正相關存在，因此使我們誤認為動物園大小與犯罪率高低之間有關係存在。二個變數看起來似乎有關聯性，但是這個關聯性是因為第三個變數所造成的，那麼這二個變數的關係稱為偽關係（spurious relationship），如附圖 10.1 所示。

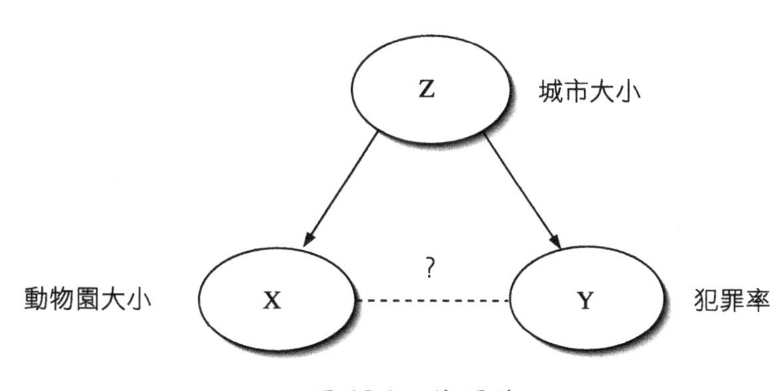

附圖 10.1　偽關係

通常二變數之間的明顯關係是因為中介變數（intervening variable）存在的關係。中介變數可以定義為「在理論上會影響所觀察的現象的因素，但是這些因素不容易被察覺、測量或操弄。它的存在及效應可從自變數對所觀察的現象的影響做推論而來」。[5] 因此，變數 X 和變數 Y 也許有高度相關性，但是這種關係是因為 X 影響到第三個變數 Z，而且 Z 影響到 Y 所造成的。在這個例子中，Z 為中介

---

[5] Bruce Tuckman, *Conducting Educational Research* (New York: Thomas Y. Crowell, 1968), p. 5.

變數，如附圖 10.2 所示。

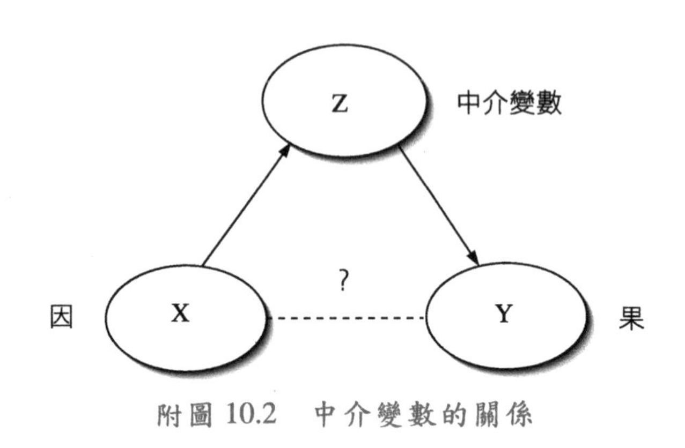

附圖 10.2　中介變數的關係

例如，電視看久了會造成腰痠背痛嗎？如果我們發現其間有正相關，就可以遽下結論嗎？不然，可能是因為電視看愈久，坐姿就愈來愈不正，因而造成了腰痠背痛，在這個例子中，坐姿就是中介變數。

早期的研究發現行為和態度是相關的，也就是人們的態度決定了行為，但是，如果說人們看電視（行為）是因為喜歡電視節目（態度），或部屬逃避工作（行為）是因為討厭工作（態度），這很可能會犯了遽下結論的錯誤，然而，在 1960 年代，態度和行為的假說卻受到了質疑，對許多探討態度和行為間關係的研究結果發現，態度和行為間並無關聯，最多也只具有極低的相關，[6] 最近有研究指出，如果把中介變數（intervening variable）考慮進去，態度和行為間的關係就比較明顯了。

用特定的行為和態度可以幫助我們發現行為和態度間的關係，[7] 但是一個人的態度傾向於「環保」是一回事，他的態度是趨向於「購買無鉛汽油」又是另外一回事。愈是特定的態度，我們就愈能確認特定的行為，而把態度和行為之間的相關性顯示出來的機率就愈大，例如 1970 年代，法律並沒有明文規定車子必須使用無鉛汽油。無鉛汽油雖然比較貴，但卻對環境污染的程度較小。有一些研究人員針對這個問題對駕駛人做了各種問卷調查（問卷中的問題從一般性的問題，

---

[6] A. W. Wicker, "Attitude Versus Action: The Relationship of Verbal and Overt Behavioral Responses to Attitude Objects," *Journal of Social Issues*, Autumn 1969, pp. 41-78.

[7] T. A. Heberlein and J. S. Black, "Attitudinal Specificity and the Prediction of Behavior in a Field Setting," *Journal of Personality and Social Psychology*, April 1976, pp. 474-479.

例如對環境保育的關心，到特定的問題，例如個人對購買無鉛汽油的義務），結果發現，愈是特定的問題，愈能測量出駕駛人的態度和使用汽油的關係（相關係數從 +0.12 提高到 +0.59）。影響行為的另外一個中介變數是社會壓力或限制（social constraint）。社會壓力對個體的影響會造成行為和態度間的差異，並使其行為遵循某一規範。例如群體的壓力可以解釋為什麼一個反工會的勞工卻參加工會集會的原因。影響行為的第三個中介變數是經驗，如果個體具有經驗，則態度和行為間的關聯就更強，例如你詢問沒有工作經驗的大學生什麼因素會使他們辭職時，可能沒有辦法預測人們真正離職的行為。

抑制變數（或干擾變數）

Rosenberg（1968）提出了「偽零關係」(spurious zero relationship）的看法。[8] 偽零關係是指：二個變數其實是有關係的，但看起來沒有關係，因為這二個變數中的每一個變數均與第三個變數有關。Rosenberg將這個變數（也就是第三個變數）稱為抑制變數（suppressor）或干擾變數（distorter），因為它壓抑了或干擾了原先二個變數之間的關係。抑制變數與二個變數中的其中一個有正向關係，但與另外一個有負向關係，因此壓抑了這二個變數之間的關係。如果把抑制變數控制住（或剔除），則原先的二個變數之間的關係就會顯露出來。

讓我們來舉例說明。教育程度與所得呈正相關是件相當合理的假說。但是我們的研究結果發現，教育程度與所得呈負相關。同時，在研究中我們也發現了：

- 年齡與教育程度呈負相關；
- 年齡與所得呈正相關。

附圖 10.3 描繪了這些關係。為何教育程度愈高，所得反而愈低？這是因為「年齡」這個抑制變數干擾了它們之間的關係。低的年齡拉高了教育程度，壓低了所得；高的年齡拉高了所得，壓低了教育程度。如果我們針對某一個年齡層的樣本，來研究其教育程度與所得的關係，則會發現其間的正向關係。

---

[8] M. J. Rosenberg, The Logic of Survey Analysis (New York: Basic Book, 1968).

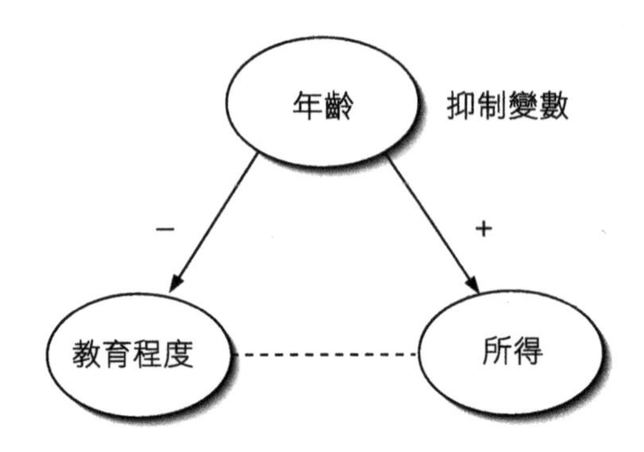

附圖 10.3　抑制變數的關係

附錄A 實際演練題

資料檔：......\附錄 A\環境、滿意度與服務品質.SPSS Data Document。

圖 A.1 為研究的路徑圖，研究題目為：環境、滿意度與服務品質之研究。

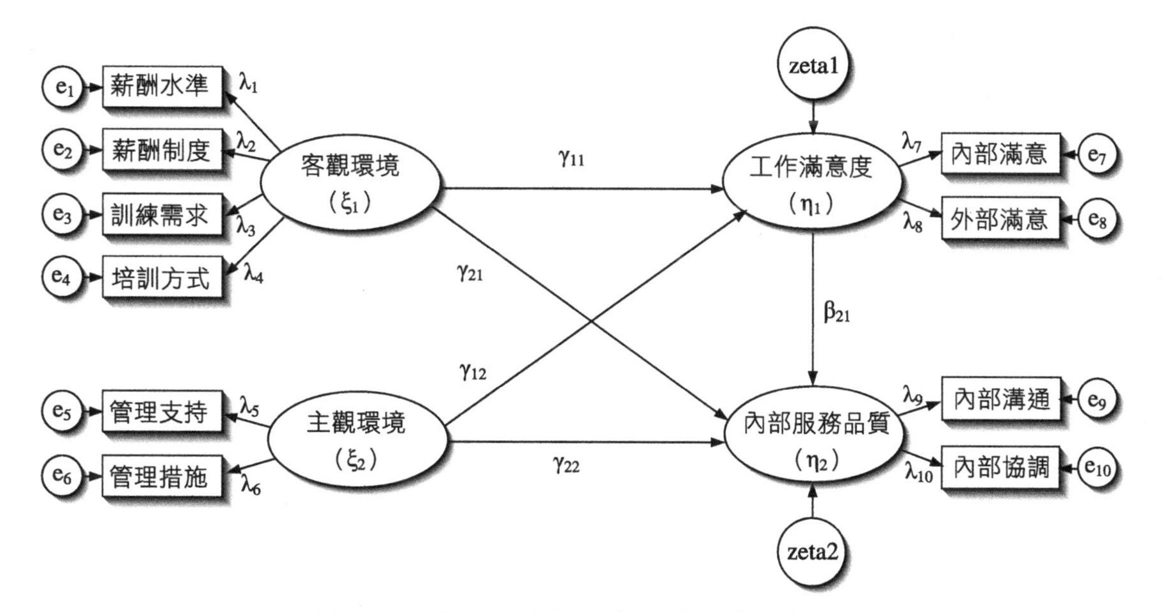

圖 A.1 環境、滿意度與服務品質路徑圖

•練習題

(1) 利用 Amos 建立「環境、滿意度與服務品質.AMW」（路徑圖），並在路徑圖上方加上重要參數，如χ^2、p、GFI、RMR、RMSEA（雖然在 CD 中附有此路徑圖，但筆者強烈建議讀者應自行繪製，從實作中學習）。

(2) 說明此研究的目的並建立適當的假說（hypotheses）。

(3) 讀入檔案，並進行違犯估計的檢驗、常態性檢定，並對極端值作適當的處理。

(4) 分別計算出客觀環境、主觀環境、工作滿意度與內部服務品質的建構效度。

(5) 說明假說檢驗的結果。

(6) 說明直接效果(direct effect)、間接效果(indirect effect)與總效果(total effect)。

(7) 說明(6)的結果在管理上的意涵。

(8) 讀取資料檔，並將資料分成「女生組」(以0代表)與「男生組」(以1代表)。

(9) 分別檢定(a)測量模式與(b)結構模式在此兩組之間有無顯著性的差異。

(10) 說明(9)的結果在管理上的意涵。

附錄B 利用Amos製作SEM的有效步驟

讀完本書並實際演練各練習之後，讀者應對於如何利用 Amos 來建立 SEM，並進行分析與解讀報表有了完整的認識。現在我們將各步驟加以整理，以便於快速複習與查閱。

在使用Amos之前……

在使用 Amos 之前，對於研究要做到以下各項：

（1）具有完整而清晰的觀念性架構。

（2）設計與執行有效的初級資料蒐集方法（例如利用網路問卷）。

（3）有效率地建立原始資料檔，並適當地賦予變數名稱。

使用Amos……

步驟	目的	說明
1	建立模式	
	（1）製作潛在變數	按[Diagram]、[Draw Unobserved]，然後在繪圖區中從左上到右下拉出一個橢圓形。
	（2）製作指示變數（觀察變數與誤差變數）	指示變數包括預測變數及誤差變數。按[Diagram]、[Draw Indicator Variable），然後在繪圖區中的橢圓形（潛在變數）上按一下，就會出現指標變數（指示變數），每多按一下，就會多出一個指示變數。 視需要，按[Reflect the indicator of a latent variable]圖示，在潛在變數上按一次可改變觀察變數的識別，如再按一次可對指標變數做鏡像調整；按[Rotate the indicator of a latent variable]圖示一次，可對指標變數做 90 度調整。
	（3）複製*	按[Edit]、[Select All]，將所有的物件（圖示）加以全選，或者按[Edit]、[Select]，對物件做選擇性的點選。然後按[Edit]、[Duplicate]），將所有的物件（圖示）拖曳到想要複製的地方，然後鬆手。
	（4）建立潛在變數之間的關係	按 [Diagram]、[Draw Path]），並在這兩個潛在變數之間按一下及拖曳。

步驟	目的	說明
	(5)讀取資料檔案	按 [File]、[Data Files]，在出現的「Data Files」視窗中，按「File Name」，在出現的「開啟」的視窗中，選擇要讀入的檔案。
	(6)交代變數的名稱	交代觀察變數、潛在變數、誤差變數名稱。 ・觀察變數名稱 觀察變數名稱可用讀取的方式，按 [View]、[Variables in Dataset]，就會 出現「Variables in Dataset」視窗，此時先按住變數名稱，然後拖曳到適當的觀察變數上後鬆手。 ・潛在變數名稱 在潛在變數、誤差變數的名稱設定方面，在該變數上雙擊滑鼠左鍵，此時這個變數的周圍會有虛線的長方形出現，在所產生「Object Properties」視窗中的「Variable Name」（變數名稱），鍵入文字即可。 ・誤差變數名稱 然後要對每個誤差變數加以命名。可以按[Plugins]、[Name Unobserved Variables]，讓 Amos 自動產生誤差變數名稱。也可以用手動的方式來自行設定或修改。
2	分組*	如果資料檔案有必要分組，在讀取資料檔案之後，要分別交代Group Variable、Group Value。
3	進行分析	
	(1)分析屬性視窗設定	按[View]、[Analysis Properties]，在「Analysis Properties」視窗的 Output 中點選要分析的係數。
	(2)參數名稱設定	按 [Plugins]、[Name Parameters]，在出現的「Amos Graphics」視窗中，點選要命名的參數。
	(3)計算估計值	交代要分析的統計量。按[Analyze]、[Calculate Estimates]，以計算估計值。
4	輸出	
	檢視輸出估計值	按「輸出路徑圖」的圖示，我們可檢視其估計值（路徑係數）。如果資料有分組，可分別點選分組名稱，以分別檢視其估計值（路徑係數）。按[View]、[Text Output]看文字輸出。

*表示具有選擇性，也就是可做、可不做。

報表解讀

違犯估計

違犯估計是指模式內統計所輸出的估計係數，超出了可接受的範圍，也就是模式獲得不適當的解（improper solution）的情況違犯估計的項目有：

（1）負的誤差變異數存在。

（2）標準化係數超過或太接近 1（通常以 0.95 為門檻）。

常態性檢定與極端值處理

Assessment of normality 表中的 c. r.代表偏態係數或峰度係數除以標準誤的臨界值。最後一行為 Mardis 多變量峰度係數、c. r.。當 c. r.值>2 時，即暗示有些單變量可能具有極端值；當 c. r.值>1.96 時，即表示有些單變量違反常態分配的假設，我們必須再去探究哪一個（或哪些）變數發生問題。違反多變量常態分配的條件會導致高估$\chi 2$ 值及低估參數估計值的標準誤。因此，多變量常態性檢定是 SEM 最重要的基本動作。

例如，如果多變量 c. r.值是 2.28，可以發現有些單變量可能具有極端值，所以我們必須對這些可能的極端值加以處理。

Observations farthest from the centroid (Mahalanobis distance)表中，通常 p2 值比 p1 值更能反應出非常態分配的個案。因此，當 p2 值很小時（通常以小於 0.05 為判斷基準）即表示該觀察值可能為極端值（outlier）。

在 SPSS 每刪除一筆資料，就要在 Amos 內讀入刪除後的新檔，並在計算估計值、產生輸出報表後，檢視其 CMIN（卡方值）、顯著性值（P 值）。

Critical Ratios for Differences between Parameters (Default model)

Critical Ratios for Differences between Parameters是參數差異決斷值的簡要報表。以W1（直覺思考對問題解決的迴歸係數）、W2（理性思考對問題解決的迴歸係數）為例，在交叉格所顯示的統計量是 2.60。當顯著水準設為 0.05 時，如果統計量的絕對值大於 1.96，則可解釋為「在 0.05 的顯著水準下，有顯著性差異」。當顯著水準設為 0.01 時，如果統計量的絕對值大於 2.58，則可解釋為「在 0.01 的顯著水準下，有顯著性差異」。當顯著水準設為 0.001 時，如果統計量的絕對值大於 3.29，則可解釋為「在 0.001 的顯著水準下，有顯著性差異」。如果研究的顯著水準設定在 0.05，則此例的統計量的絕對值為 2.60>1.96，故我們可結論：「在

0.05 的顯著水準下，W1、W2 具有顯著性差異」。

建構效度

潛在變數的建構效度為模式內在品質的判斷標準之一。若潛在變數的建構效度>0.60，則表示模式的內在品質良好。計算建構效度會利用到報表中的因素負荷量（也就是標準化迴歸係數表中的 Estimate 值）與誤差變異量來估算。

另一個與建構效度類似的指標是「平均變異數抽取量」（average variance extracted, AVE），以ρ_v表示。「平均變異數抽取量」可解釋：潛在變數所解釋的變異量中有多少變異量來自於指標變數。「平均變異數抽取量」愈大，表示指標變數可解釋潛在變數的程度愈高。「平均變異數抽取量」亦是模式內在品質的判斷標準之一。一般而言，若潛在變數的「平均變異數抽取量」>0.50，則表示模式的內部品質很佳。

本書已經為讀者以 Excel 建立好計算建構效度與平均變異數抽取量的公式。讀者可稍加修改自行沿用。（檔名：...\chap06\建構效度與平均變異數抽取量的計算.xls）。

配適度（或適合度、配合度）

輸出報表的配適度 （或稱適合度、配合度）方面，各種指標均呈現出三種模式：Default model（預設模式）、Saturated model（飽和模式）、Independence model（獨立模式）。

Default model（預設模式）：我們所建立的模式。

Saturated model（飽和模式）：對觀察變數的變異數、變數之間的所有關係進行估計的模式。

Independence model（獨立模式）：只對觀察變數的變異數進行估計的模式。

配適度綜合說明

在模式配適度 (goodness-of-fit) 評估方面，若模型配適度愈高，則代表模型可用性愈高，參數的估計愈具有其涵義。Amos是以卡方統計量（χ^2）來進行檢定，一般以卡方值 $P > 0.05$ 作為判斷，意即模式具良好的配適度。但是卡方統計量容易受到樣本大小影響，因此除了卡方統計量外，還須同時參考其他配適度指標。下表列舉了學者較常使用的其他測量指標。

配適指標	判斷準則
絕對配適度指標	
χ^2	一般以卡方值P > 0.05 作為判斷，意即模式具良好的配適度。
GFI (goodness of fit index)	愈接近 1 表示模型適合度愈佳，通常採 GFI > 0.9
RMR (root mean square residual)	愈接近於 0 表示模型配適度愈佳，通常採 RMR < 0.05
RMSEA (root mean square error of approximation)	愈接近於 0 表示模型配適度愈佳，通常採 RMSEA < 0.1
增值配適度指標	
AGFI (adjust goodness of fit index)	愈接近 1 表示模型適合度愈佳，通常採 AGFI > 0.9
NFI (normed fit index)	愈接近 1 表示模型適合度愈佳
CFI (comparative fit index)	愈接近 1 表示模型適合度愈佳
IFI (incremental fit index)	愈接近 1 表示模型適合度愈佳
精簡配適度指標	
AIC（Akaike's Information Criterion）指赤池資訊基準。	可利用 AIC 來比較多個模式，AIC 愈小表示該模式較優。
CAIC（Consistent Akaike's Information Criterion）一致赤池資訊基準	可利用 AIC 來比較多個模式，CAIC 愈小表示該模式較優。

模式修正

在 Regression Weights 表中，可看到 Modification Indices（M. I.）值，找出誤差變數之間最大的項目。如果我們建立這兩個指標變數的關聯，將使 Chi-square 減少最大。使 Chi-square 減少，P 值增加，是我們修正模式的主要目標。

探索最佳模式

按 [Analyze]、[Specification Search]，在出現的「Specification Search」工具列中，按最左邊虛線「Make arrows optional」的圖示，然後在路徑圖中各變數之間的箭頭上分別加以點選，使它們呈現出虛線。

在「Specification Search」工具列中，點選「Option」圖示，或按 Alt+O，在出現的「Options」視窗中，其 Current results 選「Zero-based (min=0)」。按 [Next search]， 在「Retain only the best ___model」左邊的方格中，將數值設為「10」。這表示所設定的探索要產生至多 10 個具有 1 個參數的模式、至多 10 個具有 2 個參數的模式等等。

在「Specification Search」工具列中，按「Perform specification search」（執行模式探索）圖示，就會產生「配適指標彙總表」，根據 BCC 與 BIC 來決定最佳的模式。在「Specification Search」視窗中，先按γ圖示（Show parameters estimates on path diagram），再在模式所代表的數字上點兩下，就會出現該模式的路徑圖係數。

（研究者可在上述的模式修正這一步驟之前先進行模式探索，然後選擇適當的模式）。

多群組分析

分組資料的讀取與單一（不分組）資料基本上是相同的。讀入檔案，在「Data Files」視窗中，交代 Grouping Variable（分組變數）與 Group Value（分組值）。

首先，我們要說明是否對不同的群組設計了不同的路徑圖。大多數的研究都會以相同的路徑圖來檢定兩組在各迴歸係數（或路徑係數）上的差異，但不同的研究者有不同的目的，所以如果我們對不同的群組設計了不同的路徑圖，就要按[View]、[Interface Properties，在出現的「Interface Properties」視窗中按[Misc]，並在「Allow different path diagrams for different groups」（允許不同的群體有不同的路徑圖）處打勾。

分組妥善之後，我們就要交代要分析什麼。按[View]、[Analyze Properties]，在「Analyze Properties」視窗的 Output 勾選「Critical ratios for differences」（參數差異決斷值）。這個值可比較 2 組在迴歸係數上的差異是否顯著。

接著，我們要設定參數名稱，以及要分析的模式。按[Analyze]、[Multiple-Group Analysis]。

在「Multiple-Group Analysis」視窗中，呈現了 5 個模式，分別是 Measurement weights（測量模式的係數）、Structural weights（結構模式的係數）、Structural co-variances（結構模式的共變數）、Structural residuals（結構模式的殘差）、Measu-rement residuals（衡量模式的殘差）。

按[Analyze]、[Manage Models]，我們要進行模式管理。

模式設計妥善之後，我們就要執行，按[Analyze]、[Calculate Estimates]或Ctrl+

F9，就會在「顯示區」看到 OK 的字樣。

遞迴模式與非遞迴模式

在 PA-OV 的路徑分析有兩種應用模式：遞迴模式（recursive model）與非遞迴模式（nonrecursive model）。遞迴模式與非遞迴模式可用兩個角度來判別：（1）變數之間有無回溯關係；（2）殘差（誤差）之間是否具有殘差相關（disturbance correlation）。

直接效果與間接效果

直接效果（direct effect）是某一變數對另一變數的直接影響。間接效果（indirect effect）是某一變數透過某一中介變數對另一變數的直接影響。總效果等於直接效果加上間接效果。

在管理或策略上的意涵是這樣的：如果直接效果>間接效果，表示中介變數不發揮作用，管理者可忽略此中介變數；如果直接效果<間接效果，表示中介變數具有影響力，管理者要重視此中介變數。研究者有興趣了解客觀環境對內部服務品質的直接效果與間接效果（透過工作滿意度），以決定工作滿意度是否為獲得內部服務品質的關鍵因素（重要的中介變數）。直接效果與間接效果。

Bootstrap

Amos會做以下的假設：（1）觀察值獨立。也就是甲樣本的選取獨立於乙樣本，換句話說，就是樣本的選取是隨機的；（2）觀察變數必須滿足常態分配的要求。如果無法滿足這二個前提假設，研究者就要使用Bootstrap（資料複製）。Bootstrap 是由 Enfron（1982）所發展，在估計參數的樣本統計量分配上是一個強而有力的工具。

所謂Bootstrap sample是指以原來的樣本為抽樣的母群體，採用置還隨機抽樣法，抽取同一大小的樣本，如此重複此步驟所獲得的樣本稱為Bootstrap sample或multiple subsamples of the same size（同樣大小的多個次樣本）。接著進行每一Bootstrap sample 的參數估計，最後計算出每一參數的平均值與標準誤。

按[New]、[Analyze Properties]，在「Analyze Properties」視窗中，按[Bootstrap]，然後勾選「Perform bootstrap」，進行200個Bootstrap sample的參數估計。估計的方法是Bootstrap ML（Maximum Likelihood，最大概似法）。如果我們點選所有的估計方法，就可以比較不同估計方法所產生的係數值。

國家圖書館出版品預行編目資料

Amos 與研究方法／榮泰生著.
—四版.—臺北市：五南，2011.02
面； 公分.
ISBN: 978-957-11-6191-4（平裝）
1.統計套裝軟體 2.統計分析
512.4 99025465

1H49

Amos與研究方法

作 者 — 榮泰生(437)
發行人 — 楊榮川
總經理 — 楊士清
總編輯 — 楊秀麗
主 編 — 侯家嵐
責任編輯 — 侯家嵐
文字編輯 — 余欣怡
封面設計 — 徐浩亮、侯家嵐
出版者 — 五南圖書出版股份有限公司
地 址：106 台北市大安區和平東路二段 339 號 4 樓
電 話：(02)2705-5066 傳 真：(02)2706-6100
網 址：http://www.wunan.com.tw
電子郵件：wunan@wunan.com.tw
劃撥帳號：01068953
戶 名：五南圖書出版股份有限公司

法律顧問 林勝安律師事務所 林勝安律師

出版日期 2007 年 9 月初版一刷
2008 年 10 月二版一刷
2009 年 8 月三版一刷
2011 年 2 月四版一刷
2020 年 9 月四版三刷

定 價 新臺幣 380 元